·『十三五』国家重点出版物出版规划项目·

云南民盟史

中国民主同盟云南省委员会 编
张维 张耀勇 执笔

群言出版社
QUNYAN PRESS
·北京·

图书在版编目（CIP）数据

云南民盟史 / 中国民主同盟云南省委员会编 . -- 北京：群言出版社，2020.7
（民盟历史文献）
ISBN 978-7-5193-0585-7

Ⅰ. ①云… Ⅱ. ①中… Ⅲ. ①中国民主同盟－史料－云南 Ⅳ. ①D665.2

中国版本图书馆 CIP 数据核字（2020）第 097052 号

责任编辑：李　群
封面设计：逸品书装设计

出版发行：群言出版社
地　　址：北京市东城区东厂胡同北巷 1 号（100006）
网　　址：www.qypublish.com（官网书城）
电子信箱：qunyancbs@126.com
联系电话：010-65267783　65263836
经　　销：全国新华书店

印　　刷：北京柏力行彩印有限公司
版　　次：2020 年 7 月第 1 版　2020 年 7 月第 1 次印刷
开　　本：880mm × 1230mm　　1/32
印　　张：13
字　　数：269 千字
书　　号：ISBN 978-7-5193-0585-7
定　　价：58.00 元

《云南民盟史》编委会名单

前　言

中国民主同盟成立于1941年3月，正值抗日民族统一战线遭到国民党独裁统治破坏的危难之际。民盟以贯彻抗日主张、实践民主精神、尊重思想自由、提倡依法治国为政治纲领。民盟凝聚了当时绝大多数进步知识分子和社会精英，可谓群贤毕集。在不同的历史时期，黄炎培、张澜、沈钧儒、杨明轩、闻一多、李公朴、梁漱溟、史良、胡愈之、楚图南、吴晗、费孝通……这些民盟前辈精英们纵横捭阖、开阔放达，本着知识分子的人文良知和社会责任"奔走国是"，在政治、经济、军事、外交、教育、社会等领域都提出了明确的纲领和主张，将平等、民主、自由的思想播撒在中国的土地上。

在那苍黄翻覆、陵谷变迁的大时代，在那风云变幻、波澜壮阔的动荡岁月里，历史的浪潮将中国民主同盟，将有志于民族振兴的贤良才俊推上了风口浪尖，他们在改变中国命运的同时，也改变了自己的人生轨迹。他们为历史的进程，为国家富强、民族振兴和民主政治的进步做出了卓越的贡献；他们将自己的荣辱与民族存亡紧紧地联系在一起，为中国的民主、繁荣奋斗了一生，为后人留下了许多宝贵的精神财富；他们关于新民主主义社会的探索，至今仍具有巨大的影响和现实意义。

在和平盛世的今天，为了保存这珍贵的历史财富，为了让后人记住先辈们的独立之精神、自由之思想以及他们为国为民、励精图治的奋斗事迹，我们通过多年的精心准备和积累，出版了《民盟历史文献》丛书，这不仅仅是追忆往昔、缅怀先贤，也不仅仅是为了从学术研究的角度去厘清历史、臧否人物，更重要的是：通过回顾那段曲折的历史，传承民盟与中国共产党肝胆相照、荣辱与共的真挚感情；纪念民盟先贤为新中国做出的巨大贡献；呈现近现代中国社会的嬗变和进步知识分子的爱国情怀；同时也是为了民盟薪火相传、与时俱进的需要；为了让那些隽永传奇的人物和可歌可泣的历史再现后人的眼前。

路漫漫其修远兮，吾将上下而求索。《民盟历史文献》丛书的出版，是对先贤们多党合作历史的尊崇和传承。

《民盟历史文献》编委会

目 录

第一章

中国民主政团同盟成立

（1941 年 3 月）

第一节　统一建国同志会
——中国民主政团同盟的雏形

20世纪初，孙中山领导的同盟会提出了“驱除鞑虏，恢复中华，创立民国，平均地权”的革命纲领，主张争取中华民族的独立自由，实现中国的民主革命，发展国民经济。孙中山在亲手制定的《国民政府建国大纲》中，把宪政规划为“军政、训政、宪政”建国三部曲的最后一个环节：“国民政府本革命之三民主义、五权宪法，以建设中华民国。……建设之程序分为三期：一曰军政时期；二曰训政时期；三曰宪政时期。……宪法颁布之日，即为宪政告成之时，而全国人民则依宪法行全国大选举。国民政府则于选举完毕之后三个月解职，而授政于民选之政府，是为建国之大功告成。”按照孙中山的规划，当达到宪政阶段之时，也就意味着同时实现了“人民主权”即民主，而国民大会本身就是行使直接民权的一种形式。

在《建国方略》中，孙中山更是把宪政提升为“革命”最终的目的和归宿：“第一为破坏时期……第二为过渡时期……第三为建设完成时期，拟在此时期施行宪政……此宪政时期，即建设告竣之时,而革命收功之日。此革命方略之大要也。”

从辛亥革命开始,大批仁人志士为实现《国民政府建国大纲》的革命目标而奋发努力,勇敢探索,为发扬孙中山的革命精神和传统而前仆后继。

20 世纪 30 年代,是中华民族灾难深重的年代。日本帝国主义者于 1931 年侵占了我国东北,继而向华北扩张。可是,蒋介石任主席的国民政府竟对日妥协投降,推行“攘外必先安内”的政策。内忧外患,使中国社会基本矛盾更加激烈化。为了挽救民族危机和争取自身的生存,民主革命力量逐渐组织起来。1932 年 12 月,以宋庆龄为首的国民党民主派,联合其他爱国民主人士,组建了“中国民权保障同盟”,以争取民主、保障民权为宗旨。1935 年 7 月,以国民党爱国将领李济深和民主派为主的“中华民族革命同盟”在香港成立,其基本政治主张是:争取民族独立,建立人民政权。华北事变后,中国民族危机进一步加深。“一二·九”运动后,全国抗日救亡运动进一步高涨,上海及全国各地的具有正义感的爱国知识分子和民主人士纷纷组织爱国团体。1935 年年底,“上海文化界救国会”“上海妇女界救国会”“上海各大学教授救国会”“上海大中学校学生救国会”相继成立。1936 年 1 月 28 日,上海各界救国联合会宣告成立。之后,北平、南京、武汉、天津等地也成立了各界救国会。

1936 年 5 月,“全国各界救国会”在上海成立,以团结全国救国力量、统一救国方针、保障领土完整、图谋民族解放为宗旨。“全国各界救国会”的成立,推动了抗日救国运动的深入发展,促进了人民的觉醒和民主力量的发展。

救国会七君子：沈钧儒(左四)、李公朴(右二)、沙千里(右三)、史良(左二)、王造时(左一)、章乃器(左三)、邹韬奋(右一)

1937年7月7日，日本侵略者发动“卢沟桥事变”，中华民族掀开了全民奋起抗日的历史篇章。中共中央以建立抗日民族统一战线的策略，广泛动员、团结全国各阶层爱国人士及爱国的地方实力派，一致对外。可是，国共两党之间却时有程度不等的摩擦。

1939年6月，国民党制造了“平江惨案”，把国共摩擦推向了高潮。国民参政员、著名民主人士梁漱溟自抗日前线视察后于8月下旬回到重庆，向社会各界汇报了前线国共摩擦的情况，引起了诸多有识之士的关注和忧虑。梁漱溟与著名民主人士张澜、沈钧儒、黄炎培等人形成共识，在国民参政会上一致要求国民党结束一党专制，实施宪政，团结全国各方力量，共同抗战。

10月1日，沈钧儒、张澜、章伯钧、左舜生、李璜、张君劢、张申府、江问渔、王造时、褚辅成等人以参政员身份，首先在重庆发起邀请各界知名人士举行宪政问题座谈会。座谈会先后举行了八次，与会者讨论热烈，社会反响强烈。11 月，沈钧儒等人又组织起宪政促进会，并向全国各地推动。不长时间内，全国多地出现宪政促进会，举办演讲活动，出版刊物，在有文化的民众阶层中普及宣传民主宪政的观念，鼓动国民坚持团结、民主、抗日。

此外，梁漱溟、黄炎培、张澜三人还酝酿商议，拟联合各爱国党派和抗日救亡团体的代表人物组织政团，以促进国共合作，坚持要求民主，推动抗战大业。此时，社会上已有救国会、中华职业教育社、中华民族解放运动委员会、国家社会党、中国青年党等爱国党派在活动，纷纷表达抗战、民主、统一建国的主张。

于是，梁漱溟、黄炎培、张澜三人联络了救国会的沈钧儒、邹韬奋、张申府、章乃器，中华职业教育社的江问渔、冷遹，中华民族解放运动委员会的章伯钧、丘哲，国家社会党的罗文干、胡石青、罗隆基(后来退出该党)，中国青年党的曾琦、李璜、左舜生、余家菊以及无党派的光升等人，于 1939 年 11 月 23 日组成"统一建国同志会"。

"统一建国同志会"制定了《统一建国同志会信约》十二条和《简章》八条，以"巩固统一积极建国为帜志"，以"集合各方热心国事之上层人士，共就事实，探讨国是政策，以求意见之一致，促成行动之团结"为宗旨，主张实施宪政，反对内战，各党派一律平等。

梁漱溟、黄炎培受众同志推举于 29 日与国民政府主席蒋介石晤谈，要求政府允许民主人士"有此一联合组织"。蒋介石审查了《统一建国同志会信约》，提出在不组织正式政党的前提下，允许成立"统一建国同志会"。

《统一建国同志会信约》精要地表达了当时爱国党派及民主

进步人士关于国事的重要主张，成为日后在以统一建国同志会为主要力量成立起来的中国民主政团同盟的思想基础和主要方针。日后中国民主政团同盟的宗旨和主张，追根溯源，盖出于此。仅是在中国民主政团同盟的成立纲领中，删除了《统一建国同志会信约》中第二条的提法——“拥护蒋先生为中华民国领袖，并力促其领袖地位之法律化。”

从组织上看，统一建国同志会实为两年后成立的中国民主政团同盟的雏形；从宗旨上看，统一建国同志会则为两年后成立的中国民主政团同盟的基石。

统一建国同志会信约

（一九三九年十一月）

（一）吾人以诚意接受三民主义为抗战建国最高原则，以全力赞助其彻底实行，并强调“国家至上，民族至上”。

（二）吾人以最纯洁的心情，拥护蒋先生为中华民国领袖，并力促其领袖地位之法律化。

（三）吾人认定：中国今后唯需以建设完成革命，从进步达到平等；一切国内之暴力斗争及破坏行动，无复必要，在所反对。

（四）吾人相信，中国今后须为有方针有计划之建设。此建设包括新政治、新经济乃至整个新社会文化之建设而言，且彼此间须为有机的配合。

（五）吾人承认今日较之以前已进于统一；但为对外抗战，对内建设，吾人要求为更进一步之统一。今日之统一，非出于武力，而为国人抗日要求之一致所形成。今后仍应本此方向以求之；务于国人之意志集中、意志统一上，求得国家之统一。

（六）吾人主张宪法颁布后，立即实施宪政，成立宪政政府。凡一切抵触宪法之设施，应即中止；一切抵触宪法之法令，应即宣告无效。

（七）凡遵守宪法之各党派，一律以平等地位公开存在；但各单位间应有一联系之组织，以共同努力为国是国策之决定与推行。

（八）一切军队属于国家，统一指挥，统一编制，并主张切实整军，以充实国防实力。

（九）吾人不赞成以政权或武力推行党务，并严格反对一切内战。

（十）吾人要求吏治之清明，而以铲除贪污、节约浪费为其最低条件。

（十一）吾人主张现役军人宜专心国防，一般事务官吏宜尽瘁职务，在学青年宜笃志学业，均不宜令其参与政党活动。

（十二）吾人主张尊重思想学术之自由。

第二节　中国民主政团同盟的政治主张

“统一建国同志会”成立前后，即着力推动国统区的各中间党派开展宪政活动。

1939年10月1日,沈钧儒、张澜、章伯钧、左舜生、李璜、张君劢、张申府、江问渔、王造时、褚辅成等人以参政员身份首先在重庆发起举行宪政问题座谈会,邀请各界知名人士参加。座谈会先后举行了八次,讨论热烈,社会反响强烈。

11月,沈钧儒等人又筹组宪政促进会,并向全国各地推动。短短一段时间,多地很快筹组起宪政促进会,他们举办演讲活动,出版刊物,发表言论,积极宣传民主宪政的观念。

在抗日根据地,中国共产党也十分重视民主宪政运动。早在1937年5月,中共在延安召开全国代表会议,提出"和平""民主""抗战"三位一体的口号。中共领导人毛泽东多次强调,要"使边区成为民主的模范,推动整个国家的民主化"。1937年6月20日,陕甘宁边区提出了《民主政府施政纲领》。1937年年底,边区在普选的基础上产生了议会。边区的民主抗日政策得到了全国人民的支持。

1939年,毛泽东在《共产党人》发刊词中正式提出了"三大法宝"(统一战线、武装斗争、党的领导)的著名论断,毛泽东说:"正确地理解了这三个问题及其相互的关系,就等于正确地领导了全部中国革命。"其中"统一战线"的思想,为中国共产党同各民主党派和无党派人士的合作提供了理论基础。

在国民参政会上,来自共产党的参政员提出:"在政治方面,容纳各党各派人才,切实保障人民有言论出版集会结社及武装抗敌之权利,在党派关系方面,明令保障各抗日党派之合法权利,严令禁止对共产党及其他抗战党派之压迫行为,严禁因所谓党籍及思想问题而妨害到各界人民及青年之职业及人权之保障,不因党派私见摒弃国家有用人才。”[①]中共中央于 1939 年 10 月、12 月,两次向全党发出关于支持宪政运动的指示。毛泽东等中共领导人还亲自发起成立了“延安各界宪政促进会”,推动延安、华北、华中等抗日根据地的民主宪政运动如火如荼地开展起来。

中共的几位主要领导人分别发表了令全国各界民主人士情绪振奋的言论。

1940 年 2 月 20 日,毛泽东在延安各界宪政促进会成立大会上的演说中提出:“中国缺少的东西固然很多,但是主要的就是少了两件东西:一件是独立,一件是民主。宪政是什么呢?就是民主的政治。”[②]

毛泽东还说:“在政权问题上,我们主张统一战线政权,既不赞成别的党派一党专政,也不主张共产党的一党专政,而主张各党各派各界各军的联合专政,即统一战线的政权。共产党人在敌人后方消灭敌伪政权建立抗日政权之时,应采取我党中央决定的“三三制”。不论政府人员中或民意机关中,共产党员只占三分之一,而使其他党派及无党无派人士占三分之二。”“不论何人,只要不投降不反共,均可参加政府工作,任何党派只要是不投降不反共的,应使其在抗日政权下有存在与活动之权。”

刘少奇说:“有人说:共产党要夺取政权,要建立共产党的

---

① 毛泽东等:《我们对于过去参政会工作和目前时局的意见》,重庆《新华日报》1939 年 9 月 9 日。重庆市政协文史资料研究委员会等编:《国民参政会纪实(上卷)》,513 页、514 页,重庆出版社,1985。

② 毛泽东:《新民主主义的宪政》,《毛泽东选集》(第二卷),731 页,人民出版社,1991。

‘一党专制’,这是一种恶意的造谣和污蔑。共产党作为民主的势力,愿意为大多数人民、为老百姓服务,为抗日各阶级联合的民主政权而奋斗……只要一有可能,当人民的组织已有相当的程度,人民能否选举自己所愿意的人来管理自己事情的时候,共产党和八路军、新四军就毫无保留地还政于民,将政权全部交给人民所选举的政府管理。共产党并不愿意包办政府,也是包办不了的。……共产党除了人民的利益与目的外,没有其他的利益与目的。”①

“在敌后建立抗日民主政权,实行民主政治,实行三民主义,实行抗战建国纲领,实行民族利益、抗日利益高于一切的原则,这就是最合法的。而不实行的,是不合法的。大多数人民承认的,选举的,就是合法的。相反,大多数人民不承认的,反对的,自己把持霸占的,就是非法的。中央政府不‘还政于民’,不改组为抗日民主政府,也是不合法的。”②

1941 年 5 月 1 日,中共中央批准了由边区中央局起草的《陕甘宁边区施政纲领》,同月 21 日,延安《解放日报》在头版发表社论《施政纲领——到群众中去》,号召全党在纲领的旗帜下忠实地工作,为在全国实现这个纲领而奋斗。社论一气呵成,以连续十四组对比,描绘了贯彻施政纲领的陕甘宁边区与国统区的不同景象:那里是一党专政;这里是实行“三三制”,共产党员与这

---

① 《论抗日民主政权》(1940 年 12 月),《刘少奇选集》(上卷),172—177 页,上海人民出版社,1981。

② 《论抗日民主政权》(1940 年 12 月),《刘少奇选集》(上卷),175 页,上海人民出版社,1981。

些党外人士实行民主合作。那里是国家政权操之少数豪贵之手,人民权利与自由,毫无保障;这里是保证一切抗日人民(地主、资本家、农民、工人)等的人权、政权、财权及言论、出版、集会、结社、居住、迁徙之自由权。那里是特务横行,生杀任意;这里是改进司法制度,坚决废止肉刑,重证据不重口供。那里是贪污成风、官官相护;这里是厉行廉洁政治,严惩公务人员之贪污行为,共产党员有犯法者从重治罪……

中共中央机关报《解放日报》指出:

"让全国人民看到我们高举起来的民主旗帜,是飘扬着多么鲜明的色彩!仅仅政府明令保障人民的民主自由是不够的,公务人员知道要保障人民的民主自由还是不够的,必须人民自己珍贵这种只有在抗日民主根据地的边区才能获得的权利,要求它在边区得到切实的保障,并把它推到全国的范围里去。当广大的人民掌握到民主自由的权利时,它不仅成为物质的力量,还将成为不可战胜的力量。"①

1941 年 11 月,毛泽东就在陕甘宁边区参议会上宣布:"国事是国家的公事,不是一党一派的私事。因此,共产党员只有对党外人士实行民主合作的义务,而无排斥别人、垄断一切的权利。""共产党的这个同党外人士实行民主合作的原则是固定不移的,是永远不变的。"

"统一建国同志会"等中间党派明确地看到中共的政治主张与自己一致,在对宪政民主的追求上有共识,于是在政治立场上

---

① 《解放日报》1941 年 5 月 26 日。

逐渐向中共靠拢。

随着中共和中间党派对宪政民主的努力追求和宣传，在多方面力量的共同推动下，追求民主、要求实施宪政成为一股社会潮流。但是，国民党顽固派表面上同意国民参政会一届四次会议的决议，内里却又在1940年9月宣布国民大会因“交通不便”不能按期召开；表面上蒋介石对实施宪政做出了公开政治承诺，要继承孙中山先生和先烈遗志，而实际上却采取多种办法限制宪政团体的活动，压制各地的民主宪政运动，强化“一党专政”和个人独裁。①

此外，国民党还在10月间开始发动第二次反共高潮，不断制造摩擦，对抗日党派和主张抗日的无党派人士也不断实行高压政策，肆意摧残民主，消灭异己，逮捕民主人士杜重远，拘留直言批评蒋介石的马寅初，封闭邹韬奋在各地开设的生活书店。12月，又无理取消许多主张抗日的党派领导人和社会贤达的参政员资格。②

目睹这些现实，亲历这些高压，各中间党派对国民党的失望情绪日益蔓延。这一切使各中间党派领导人感到，必须进一步联合起来，才能对抗国民党的迫害，发展民主力量。

1941年1月初发生的“皖南事变”，把这种失望情绪推向了高潮，促进了中间党派与中共在政治主张倾向上更加靠近，继而

---

① 《国民政府主席蒋中正训词》，载重庆市政协文史资料研究委员会等编：《国民参政会纪实（下卷）》，1305页，重庆出版社，1985。

② 中国民主同盟中央委员会编：《中国民主同盟七十年》，群言出版社，2011。

催生了各中间党派要尽快联合起来组成一个爱国民主大党派的行动。

在“皖南事变”发生的两个月前，国民政府军事委员会正、副参谋长何应钦、白崇禧，命令黄河以南的新四军、八路军在一个月内全部撤到黄河以北。中国共产党从维护抗战大局出发，答应将皖南的新四军调到江北。1941 年 1 月 4 日，新四军军部及所属的一个支队共九千余人出发北移，两天后行至皖南泾县茂林地区时，遭到国民党军八万多人的伏击。经过七昼夜浴血奋战，新四军弹尽粮绝，除两千余人突出重围外，一部分人被俘，大部分人壮烈牺牲。军长叶挺与对方谈判被扣押，副军长项英、参谋长周子昆、政治部主任袁国平牺牲。

17 日，蒋介石竟然宣布新四军为“叛军”，取消其番号，并声称要将叶挺交军法审判。1 月 18 日重庆《新华日报》发表了周恩来同志的亲笔题词：“千古奇冤，江南一叶；同室操戈，相煎何急！”同日，中共中央发言人发表谈话，揭露“皖南事变”的真相，声讨国民党反共顽固派摧残抗日力量，破坏统一战线的严重罪行。针对蒋介石取消新四军番号的决定，中共中央军委于 1 月 20 日发布重建新四军军部的命令。

1 月 22 日，中共中央主席毛泽东发表谈话，指出“皖南事变”是国民党酝酿已久的全国性反共突然事变的开端，揭露蒋日勾结，蓄谋灭共和打击人民军队的罪行，号召全国人民起来斗争，并提出了取消 1 月 17 日的反动命令，惩办“皖南事变”祸首，恢复叶挺自由，交还新四军全部人枪，废止国民党一党专政，实行民主政治等 12 条解决“皖南事变”的根本办法。

尔后，经社会各界的努力和斡旋，国共两党暂时达成了和解，但由此引发的国共关系的重大改变，已使国共合作成为泡影。“皖南事变”成了抗战期间国共关系逆转的起点。各爱国团体和民主人士们同情中国共产党的正义立场，对国共关系的重大转折忧心忡忡，加深了对蒋介石的失望情绪，为国家和民族的抗日前途甚为担心。

1941 年 2 月 10 日，中共代表周恩来在重庆与各党派领导人有一次重要的聚谈，在坦诚的关于国事的交谈中，各党派“深感为民主与反内战而团结之必要”，深感必须加紧联合的步伐，尽快成立一个爱国民主大党派。各党派“经过反复讨论，决定在统一建国同志会的基础上组建‘中国民主政团同盟’”，[①]把各民主政团团结在一起，形成一支为追求“抗战到底，加强团结，保障人权，结束党治，革新内政”，对全国政治发生影响的重要力量，成为在国民党与共产党之间的第三种力量。

1941 年 2 月 25 日至 3 月 13 日，黄炎培、梁漱溟、左舜生、张君劢、章伯钧、张澜、罗隆基、李璜等人，多次秘密召开筹备会议，推定梁漱溟、左舜生、罗隆基起草政治纲领和宣言，章伯钧、李璜、罗隆基起草组织规程，并酝酿领导人选，为民主政团同盟的建立做准备。

最早设想并酝酿成立这个政团同盟的是梁漱溟、黄炎培和张澜。他们曾和中共交换过意见，争取中共的支持帮助。对各

---

① 参见中国民主同盟中央委员会编：《中国民主同盟七十年》，群言出版社，2011。

党派急切希望联合起来的愿望,中共表明了热烈支持的态度。中共南方局负责人周恩来电告中共中央,指出:“皖南事变”后,各抗日民主党派“对国民党大为失望,痛感有加强团结的必要。由章伯钧、左舜生等拟发起成立民主联合会,以团结各党各派无党无派和国民党左派,与我党合作共同进行民主和反内战运动。他们已与我们交换意见,我等深表赞同”。①

3 月 19 日下午,中国民主政团同盟成立大会暨第一次中央执行委员会议在重庆上清寺特园秘密召开。出席大会的有各党派推荐和协商产生的中央执行委员:中华职教社的黄炎培、江问渔、冷遹,乡村建设协会的梁漱溟,青年党的左舜生、李璜、林可玑、杨赓陶,民社党的张君劢、罗隆基(蒋匀田代),解放行动委员会的章伯钧、丘哲,社会贤达张澜,共十三人。会议讨论了政治形势和组织机构等问题,通过了《中国民主政团同盟政纲》《敬告政府与国人》和《中国民主政团同盟简章》,确认与会十三人为中央执行委员,推选黄炎培、左舜生、张君劢、梁漱溟、章伯钧五人为中央常务委员,黄炎培为中央常务委员会主席(同年 10 月,黄炎培辞去主席职务,由张澜接任),左舜生为总书记,章伯钧为组织部部长,罗隆基为宣传部部长。

沈钧儒原为同盟的倡议人之一,但是因为沈钧儒所属的全国各界救国联合会与中国共产党关系密切,为避免国民党当局找麻烦,当时决定救国会暂不参加同盟,到 1942 年才正式加入。

---

① 南方局党史资料征集小组编:《南方局党史资料大事记》,重庆出版社,1986。

就这样，包括中国青年党、国家社会党、中华民族解放行动委员会、中华职业教育社、乡村建设协会及社会贤达在内的中国民主政团同盟便在重庆秘密成立。后来救国会加入中国民主政团同盟。号称“三党三派”。①

9月18日，中国民主政团同盟的机关报《光明报》在香港正式出版，梁漱溟为社长，萨空了为经理，俞颂华为总编辑。10月10日，《光明报》发表“启事”，宣告中国民主政团同盟已在重庆成立，并公布了《中国民主政团同盟成立宣言》和经过修改的《中国民主政团同盟对时局主张纲领》（即“十大政治纲领”），正式公开了中国民主政团同盟的政治主张和斗争目标。②

中国民主政团同盟成立宣言

中国民主政团同盟今次成立，为国内在政治上一向抱民主思想各党派一初步结合，同人等愿将此次结合动机及今后旨趣，作简要之叙说如次：

同人等从国人之后，奔走国事盖有多年，从来所见国事好转无逾今日者。第一，中国受外患侵凌数十百年，寖贫寖弱，几绝翻身之望。而今则对抗强敌既越四年，举世刮目相看，信为不可征服，民族自信亦以永固。以此基础，值兹国际反侵略声势日盛之会，解脱枷锁，要不难期，此从来之所未有者一也。第二，国内苦于不统一久矣，自民国初建以迄

---

① 中国民主同盟中央委员会编：《中国民主同盟七十年》，群言出版社，2011。

② 中国民主同盟中央委员会编：《中国民主同盟七十年》，群言出版社，2011。

抗日之前，扰攘几无宁岁，国力之所用，不以对外而日以对内，不以求进而日以事破坏，我民族生命，其不毁灭于此者几希。而今则以同仇敌忾之故，地方对于中央，各党派对于执政党，无不竭诚拥护，上下内外居然统一气象，此从来之所未有者二也。凡此二者，故皆国人之所共见，是人心曾不以失地过半而有所动摇。

虽然，国事好转诚在最近之四五年，而其间前后又有不同，大抵国际情势后胜于前，而国内情势则入后转不如初，此其事亦皆在人耳目，无烦缕指。要而言之，国际阵线方明朗有利，外援渐增，而在我则反不得协力制敌，甚而至于内力相销，本末相衡，可忧实大。时机坐失，宁可复期？

同人于此，曾本严正之态度，为宛转之尽力，而卒未有补。瞻望徘徊，深惧国不亡于暴敌，功不败于寡助，而顾由吾人自丧其前途，是真民族之不肖子孙，上无以对先民，下无以对后世。同人因是不敢以无补时局，自息存肩。爰自为结合，以作团结全国之始，将以奉勉国人者，先互勉于彼此之间。以言结合动机，端要如是。

同人对于时局之主张，汇为纲领十则，散布于世，将准此以致其力。十者无烦一一剖释，而有扼要一言必愿以陈于国人之前：中国之兴必兴于统一；中国之亡必亡于不统一，尽人可晓。而统一之道果何在，亦阖取三十年间事而深长思之乎？民国以来统一之可数者，元年革命成功，一度也；五年恢复共和，一度也；十七年北伐完成，一度也。每一度各有人心同趋者，其统一实为国人意志之统一。武力于此为统一之具，而非统一之本。最后统一，莫著于抗战，而为意志集中之结果，尤彰彰矣，今则并此统一之具，亦未尝用也。凡此事实，宁不足以资人深省！更转看此四五年间，统一气象后不如初者，其几之动，毋亦各恃其力，而有忽于人心之向背耶！不求于心而求于力；人心抑闭，武力充塞，寖假而至于今日，弥漫周匝，唯是强霸之力。以此为国，真可痛哭！

回忆抗战之初，政府延致党外人士，始为国防参议会，继为国民参政会，凡所以团结各方，集中意志者，其意岂不甚盛？而卒有今日，盖亦相激相宕，不期而然。今后领导国人，挽回大局，仍不能不以望于。古人有言："唯不嗜杀人者能一之"。今人顾信不及此耳，苟其信之，请以武力属之国家，而勿分操于党；彼此互以理性相见，而视大众趋向为依归。国家统一，夫岂难定，申言之，即必须军队国家化，政治民主化是已。此其事本相关而不可离，其言有二，其义则一，唯此乃永奠统一，必兴民族。苟不此之图，则相杀至于何时为止，不敢知矣！年来国民党以抗战建国领导国人，同人既从国人之后，相与勉于此一大事，而深维抗战建国之本，有在于是者。今后所为献其心力，将奉是为鹄的，以诤于国人之前，国人其谅许之乎？揭此衷曲，唯国人其惠教之！①

---

① 中国民主同盟中央委员会编：《中国民主同盟历史文献》（1941—1949），中国社会科学出版社，2012。

《中国民主政团同盟成立宣言》充分表达了组成同盟的动机和宗旨，及今后将不懈地奔走国事的决心，还表露了对未来国家的发展与进步充满的信心。同盟诸同人的目标，扼要概括说，就是希望“执政之国民党”以“国家统一”为大目标，与中共“彼此互以理性相见”，顺应广大民众希望的民主潮流，实现“军队国家化，政治民主化”。

中国民主政团同盟对时局主张纲领

（一九四一年十月十日）

一、贯彻抗日主张，恢复领土主权之完整，反对中途妥协。

二、实践民主精神，结束党治，在宪政实施以前，设置各党派国事协议机关。

三、加强国内团结，所有党派间最近不协调之点，亟应根本调整，使进于正常关系。

四、督促并协助中国国民党切实执行抗战建国纲领。

五、确立国权统一，反对地方分裂，但中央与地方须为权限适当之划分。

六、军队属于国家，军人忠于国家，反对军队中之党团组织，并反对以武力从事党争。

七、厉行法治，保障人民生命财产及身体之自由，反对一切非法之特殊处置。

八、尊重思想学术之自由，保护合法之言论出版集会结社。

九、在党治结束下，应注意下列各点：（一）严行避免任何党派利用政权在学校中及其他文化机关推行党务。(二)政府一切机关,实行选贤与能之原则,严行避免为一党垄断及利用政权吸收党员。(三)不得以国家收入或地方收入,支付党费。(四)取消县参议会及乡镇代表考试条例。

十、在当前政务上亟应注意下列各项:(一)厉行后方节约运动,切实改善前方待遇。(二)纠正各种行政上妨碍生产之措施,以苏民困,并力谋民生之改善。(三)健全监察机关,切实为各种行政上弊端之澄清。①

中共中央机关报《解放日报》对中国民主政团同盟的成立及其"对时局主张纲领"及时做了报道,于 10 月 28 日发表社论《中国民主运动的生力军》,赞许民主政团同盟宣布的纲领强调了"抗战到底,加强团结,保障人权,结束党治,革新内政的必要",指出这是抗战期间"对我国民主运动的一个新的推动。民主运动得此推动,将有更大的发展,开辟更好的前途"。社论说:"应当指出民主运动的要求,是完全合乎时势需要和人民愿望的……目前推行民主政治……关键在于结束一党治国。民主政团同盟纲领,对此亦特别加以注意。因为此问题一日不解决,则国事势必包揽于一党之手,才智之士,从无引进,良好建议,不能实行,而所谓民主,无论搬出何种花样,只是空有其名而已。唯有党治结束之后,全国人才,方能悉力从公,施展其抱负,而各党各派人士亦得彼

① 中国民主同盟中央委员会编:《中国民主同盟历史文献》(1941—1949),中国社会科学出版社,2012。

此观摩，相互砥砺，共求进步，发挥政治上最大的效果。”①

中国民主政团同盟成立后，孙科等国民党要员表态，坚决否认有民主政团同盟的存在。鉴于这种情况，民主政团同盟中央常委经过研究，决定“冒着被打击压迫的危险”，在重庆公开民主政团同盟组织，以正视听。政团同盟主席张澜、总书记左舜生、组织部部长章伯钧、宣传部部长罗隆基四人，于 1941 年 11 月 16 日在重庆举行茶会，邀请国共两党代表和国民参政员出席，由左舜生向各界人士报告了中国民主政团同盟的成立经过及其政治主张，公开宣布了中国民主政团同盟的成立。

中国民主政团同盟的成立是中国民主运动的一件大事。不过，政团同盟内部各派别之间是有一定分歧的。主要成员在“团结抗日、民主建国”的大目标下求大同存小异，走到了一起，站在了联合的旗帜下，但他们其实各有不同的政治立场，中共对这一点掌握得非常清楚。“皖南事变”以后，中共党内对这些中间派的政治立场有一个情况通报，准确明白地说明了这一点：

> （中间党派）可以大体分为三类：一是小资产阶级的代表，如救国会及第三党，与我最接近，是最同情我们的；一是民族资产阶级的代表，如黄炎培、张澜等，对大资产阶级不满，但在紧要关头，便成和事佬；一是失意政客，如张君劢、左舜生等，希望从国共纠纷中谋自己升官发财的利益。得了参政会主席团时，面目就变了。但因他们都反对国民党

① 《解放日报》，1941 年 10 月 28 日。

的一党专政，黄炎培、左舜生、张君劢、梁漱溟等正在发起组织“民主联盟”以求自保和发展，所以仍是一种中间地位。①

《中国民主政团同盟对时局主张纲领》和《中国民主政团同盟成立宣言》，充分表述了民主政团同盟响应中共提出的“坚持抗战，反对投降；坚持进步，反对倒退；坚持团结，反对分裂”的团结抗日方针，提出了贯彻抗日主张，实践民主精神，加强国内团结，执行抗战建国纲领，保障人民自由等十大政治主张和斗争目标，为两年后在抗战大后方云南成立的政团同盟第一个地方组织——昆明支部，指明了斗争方向。

中国民主政团同盟从成立之日就没有以夺取政权为目标，只是希望在当时国民党一党专制的政治体制下，以民主的方式、和平的方法去追求民主的权利，以言论以理性去获得大众的拥护和支持，进而代表最广大的中间阶级和阶层的利益，发挥影响，参与政治。中国民主政团同盟没有任何武力做其政治要求的后盾，正如后来新华社“时评”中指出的：“民主同盟只是一个赤手空拳的组织，他们连‘一支手枪也没有’，并且不打算有，他们的凭借就是言论、出版。”②——这也正是一年半之后于1943年5月成立的中国民主政团同盟昆明支部的活动方式和方法。

---

① 见《中共中央一九四一年三月政治情报》(1941年3月22日)，重庆市政协文史资料研究委员会等编：《国民参政会纪实(下卷)》，918页，重庆出版社，1985。

② 新华社1947年11月6日时评：《蒋介石解散民盟》，《人民日报》1947年11月7日。

第二章

中国民主政团同盟昆明支部的筹备与建立

（1943年5月—1944年9月）

第一节　中国民主政团同盟在昆明成立地方支部的有利条件

一、抗战爆发后大批知识分子会集昆明

昆明作为抗战大后方，汇集了大批爱国的自由知识分子与进步学者，具备发展同盟成员、扩大同盟组织的社会基础——这成为中国民主政团同盟在昆明建立地方组织的第一个有利条件。

抗战爆发后，清华大学、北京大学、南开大学三校迁到昆明成立了国立西南联合大学。此外，先后迁入云南的内地院校还有国立同济大学、国立中山大学、私立中法大学、私立华中大学、国立国术体育专科学校、国立艺术专科学校、唐山工学院、国立中正医学院、中央政治大学分校等十余所，另外还有一些研究机构也陆续迁入云南。再加上相当数量的内地教授、学者应聘到国立云南大学执教，昆明成了抗战时期全国的文化、教育中心之一。在会集昆明的内地与云南籍的教授、学者、专家、知名人士中，有许多是从欧美留学归来的。他们中不少人接受了西方的民主思想，也有希望在中国实施民主的思想基础。

先后来到昆明的包括吴晗、闻一多、潘光旦、潘大逵、曾昭抡、费孝通、尚钺、夏康农、闻家驷、李德家、朱驭欧、王赣愚、胡毅、时宜新、李何林、陈白尘、吕剑、常任侠、张光年、赵沨、陆钦墀、吴富恒、吴征镒、辛志超、胡毅、姜震中、寸树声、杨一波等在内的大批知识分子。抗战初期国内的思想和政治态度基本上是拥护国民政府及领袖蒋介石,支持蒋介石领导抗战的。他们为了抗战甘愿吃苦受累,毫无怨言,在学校认真教书,精心培育学生,做好学术研究。自 1938 年 9 月底日本飞机第一次轰炸昆明后,昆明就不断遭到日机的轰炸。物价也快速上涨,大批知识分子的生活非常艰苦,为躲避敌机的轰炸,疏散下乡,多次搬家,但他们节衣缩食,克服困难,仍坚持不懈地做学问。进入抗战中、后期,国民党日益严重的腐败、专制倾向及严重的社会不公,引起了他们的深刻思考,他们对政府的信任逐渐减弱。看到国家越来越糟,他们非常心痛,对国家的命运和民族的前途深感担忧。

二、进步民主人士的"九老会"

20 世纪 40 年代初,在昆明出现了一个经常以聚餐会形式活动的进步民主人士聚会——"九老会"。

"九老会"由郑一斋和孙起孟发起,刚开始时,常常是固定的九位友人(杨春洲、孙起孟、楚图南、冯素陶、艾志诚、张天放、李公朴、周新民、郑一斋)参加,后来渐有新的友人参加,亦不时有临时应邀参加的其他进步人士。

郑一斋是联系"九老会"各位成员的重要纽带。

郑一斋(1891—1942),云南玉溪人,是昆明一位进步的爱国

楚图南(后排左一)、冯素陶(后排左三)

1942年3月,孙起孟发起,李公朴、郑一斋、张天放、楚图南、冯素陶、杨春洲、艾志诚、周新民等人两周一次轮流聚餐,交换对时局的看法,因最初发起人为九人,遂称“九老会”。“九老会”的活动为民盟云南地方组织的建立做了思想和组织准备

工商业者,早年由云南省立师范学校毕业,做过小学教员。后因薪金微薄,无法养活家人,遂弃教经商,设法在昆明开了一家“景明号”商店,经营纸烟及颜料。由于他讲求信誉,作风正派,经营有方,生意渐有起色,业务也逐渐开拓,这家商店成为“英美烟草公司”“中国南洋兄弟烟草公司”和美国“南星颜料厂”在云南的总经销。郑一斋也在短短几年间成为殷实富有的知名工商业人士。但他的生活依然俭朴,对子女严格要求,对朋友和社会公益事业却慷慨大方,仗义疏财,扶危济困,兴学育才。

郑一斋性格豪爽,热情好客,喜欢交友,慷慨助人,尤其愿意支持进步出版事业,赞助文化事业。他曾设法筹款帮助读书生活出版社把被扣在广州湾的18大箱书籍抢救出来，还主动为新华日报社捐赠了印刷机。他在经济方面支持过好几个文艺团体和文艺刊物，并资助过不少到外地求学或做事的有志青年及外地流亡入滇的有困难的文化人，还寄款帮助过重庆一所经费困窘的难童学校，又给云南大学及其附中捐赠过价值不菲的图书。

郑一斋为人忠厚，待人友善，对朋友真诚，对真心服务于教育或文化的朋友尤其敬重和慰勉，因而成了杨春洲、孙起孟、楚图南、冯素陶、艾至诚、张天放、李公朴、周新民等许多民主进步人士和地下党员的知心朋友。有空时，郑一斋喜欢邀约这些友人到他家中小聚，或会餐，或茶叙，大家借这样的机会交换对形势和时局的看法。

中华职业教育社的领导人孙起孟、华北解放区来的民主人士李公朴和中共南方局派到昆明来的地下党员周新民三人的参与，加强了这个聚餐活动的政治色彩，这个聚餐活动渐渐成为介绍中共团结抗日统一战线政策，交流对国事的看法，商讨如何推动云南抗日民主运动的一块阵地（新中国成立后大家才知道，孙起孟与周新民都是中共南方局负责人周恩来委派来滇做统一战线工作的）。

孙起孟（1911—2010），安徽休宁人，1930年从东吴大学政治系毕业后在苏州开始了教育生涯。“九一八”事变后，他与其他进步教师一道，带领学生上街宣传抗日救国的道理，为支援东北抗日义勇军募捐。1936年参加黄炎培等人发起成立的中华职业教育社工作，立志教育救国，后任该社副总干事。1938年10月任中华职教社四川办事处副主任。次年7月任职教社总社书记，致力恢复和发展职教事业，开展难民救济工作，积极支持中共团结抗日主张，成为中国共产党忠实的朋友。1942 年夏，孙起孟调任职教社昆明办事处主任，并受周恩来委托在昆明开展上层统一战线工作，协助中共地下党组织在办事处储藏室设置秘密电台。后来孙起孟在 1945 年抗战胜利后参与组织民主建国会，为该会筹备干事之一。同年 12 月 16 日中国民主建国会正式成立，他被选为该会第一届常务理事兼秘书处主任。

楚图南（1899—1994），云南文山人，家境贫寒，后靠刻苦自学考上昆明的中学，后又考上官费生进北京高师深造。大学时期，直接受到李大钊、蔡和森的影响，走上革命道路。1926 年加入中国共产党，并受李大钊的派遣，到东北开展革命活动。三十年代初被捕入狱，四年之后出狱转移到开封中学任教，与中共组织失去联系。抗战爆发后，于 1938 年春回到昆明，先在云南大学附中执教，一个学期后入云南大学文法学院任教，历任副教授、教授，1941 年春兼任文史系代理主任。

张天放（1893—1984），云南腾冲人，曾参加辛亥腾越起义和五四运动。1918 年夏，张天放在昆明创办了云南第一家白话文刊物《救国日刊》。1923 年作为云南代表之一赴上海参加各界联欢会，受到孙中山接见。后到日本留学，1930 年毕业于日本早稻田大学政治科。同年回国后，参加中华平民教育会农村实验工作，任定县中华平民教育促进会公民教育部专员。抗日战争爆发后，回到昆明开办农村合作事业，竭力推广木棉生产。

艾志诚（1907—1976），云南巍山人，昆明工商界进步人士，1926 年加入中国共产党。1928 年 12 月，中共云南省临委决定在蒙化(今巍山)、鹤庆建立特别支部。艾志诚被委派为蒙化特别支部书记,到蒙化建立组织,两个月后又被调往个旧矿山工作。1930年5月,中共省临委派艾志诚回滇西设法建立滇西党组织。后来中共云南省委遭破坏,省委主要领导人牺牲,艾志诚与上级失去了组织联系。

周新民(1897—1979),安徽庐江人,中共党员,出身于普通农民家庭,1918年考入安徽省立法政专科学校,攻读法律。五四运动时积极投身安庆的学生爱国运动,被推选为筹备委员会副主任,尔后又担任安徽学生联合会副会长。1922年,周新民加入"中国社会主义青年团",同年赴日本明治大学研究院攻读法学,次年留学归国,在母校安徽省立法政专科学校任教。1926年在上海加入中国共产党。1929年起先后在上海复旦大学、法政学院等几个大学教授法学课程,并参加了左翼社联活动。1935年"一二·九"爱国学生运动爆发后,周新民积极从事抗日救亡运动,与李公朴、沈钧儒等人发起成立"上海各界救国会"和"全国各界救国联合会"。1938年,周新民按董必武指示到第五战区安徽参加抗日救亡动员工作,任组织部副部长兼总干事,开展统战工作。

1942年,周恩来任书记的中共中央南方局为巩固抗日民族统一战线,提出国统区的中共党员要加强同民主人士的联系。同年,周新民遵照中共中央南方局的指示,以"救国会"成员资格在重庆加入中国民主政团同盟。随后,为贯彻执行中共的统战政策,他按照周恩来、董必武的指示,到昆明开展统一战线工作。周新民初到昆明的身份是应褚辅成之邀,来担任"国民参政会宪政期成会云南办事处”秘书。褚辅成是办事处主任。不久,因周新民与潘大逵早先都是上海各大学救国会的负责人,潘大逵特介绍周新民与云南大学法律系主任王伯奇相识,通过王伯奇的推荐,云南大学聘周新民为法律系教授。自此,周新民进入云南大学,以教授的公开身份出面开展爱国民主运动。他常在“九老会”介绍中共团结抗日的统一战线政策。

“九老会”中最活跃、最积极的人物是李公朴,把这个聚餐会戏称为“九老会”的就是李公朴。

李公朴(1902—1946),江苏武进人,出生于一个贫苦家庭,有着漂泊动荡的经历。他从小学徒出身,刻苦读完中学后升入沪江大学半工半读,第一次国共合作时期投军北伐。1928 年赴美留学,边读书边打工,并撰文发表在邹韬奋主编的《生活》周刊上,向国内介绍美国社会情况。1930 年回国后,投身于进步的出版、新闻、文化事业。在上海积极投入各种救亡活动,与邹韬奋等筹办《生活日报》,在史量才支持下创办《申报》流通图书馆、《申报》业余补习学校和妇女补习学校。1934 年他和艾思奇一起创办《读书生活》,次年与沈钧儒、邹韬奋等人一道发起成立了救国会,1936 年年底被国民党政府逮捕,是著名的“七君子”之一。

出狱后,李公朴继续积极投身于抗日救亡工作,在武汉主办《全民周刊》,到山西主办“山西民族革命大学”培训青年参加抗战,并经周恩来同意,担任了“民族革命战争战地总动员委员会”委员兼宣传部部长,开展统一战线工作。后来又两度到延安,受到毛泽东、周恩来的接见。在中国共产党的支持下,他曾组织“抗战教学团”到晋察冀边区工作。

1941 年初“皖南事变”后，当时在重庆直接领导中共中央南方局的周恩来为了防备国民党的突然袭击，决定大量疏散干部。周恩来把李公朴也当作中共的干部看待，支持他经云南去缅甸，并送给路费。但李公朴到昆明后，国民党政府外交部驻昆明办事处却不给他办出国签证，李公朴只好在昆明暂住。在不长的时期内，他很快便在工商界、地方士绅、宗教界，乃至国民党的军政人员之间交了一批朋友，对他们宣传抗日救亡的主张，扩大抗日民族统一战线的影响。他乐观向上，忍辱负重，在生活极端困难的情况下，仍在为抗日救亡事业积极奔走。

杨春洲（1903—2000），云南石屏人，毕业于国立北平师范大学，后留学日本，读东京帝国大学的研究生。归国后在北平第一中学教过书，后来到上海担任国立暨南大学附中的教导主任，1937 年 8 月由上海回到昆明，应云南大学校长熊庆来之聘出任云南大学附中主任（相当于附中校长）。

冯素陶（1906—2010），云南禄丰人，1945 年在昆明加入民盟。1924 年由云南省立第一中学毕业后考入南京大学，1926 年在广州加入中国共产党。1927 年冬参加广州起义，1933 年任上海“反帝大同盟”秘书长，1935 年在河南开封北仓女中任教，1937 年 8 月在上海任“抗战干部训练班”学员队队长。1937 年秋回到昆明，任云南大学及附中教员，并主编《战时知识》，1938 年任云南文化界抗敌协会理事会主席。

应郑一斋的热情相邀，上述八人不时在郑宅相聚。为使这个聚餐活动保持下去，经郑一斋和孙起孟提议，大体定为每两周举行一次，地点就在郑一斋家中，对外就说是聚餐会。郑一斋是东道主，加上八位客人，共有九人，性格开朗的李公朴便把这个聚餐会戏称为“九老会”。其实这当中有的人并不老，开始时经常聚会的多是他们九人，后来实际上参加聚会的渐渐便不再限于这九人。陆续分别参加过聚会的还有刘达夫、杨一波、寸树声、周禾书、徐嘉瑞、赵沨、蒋仲仁等人，有时还有少许临时邀请参加的人士。“九老会”的称法无形中也成为一种对进步活动的掩护，不引人注意。

参加过“九老会”的这些友人，或者是中共地下党员，或者是民主人士，或者是进步知识分子。他们被郑一斋这一条重要的纽带，密切联系在了一起。

在“皖南事变”后相当一段时间的昆明，还不能公开地开展抗日民主活动，“九老会”便以这种聚餐会的形式，积极进行不公开的活动，传播抗日信息，鼓舞民主斗志。“九老会”的成员还注重对进步青年的关心和支持，鼓励他们不断进步。这些进步青年包括杨绍廷（筹办《诗与散文》刊物）、王健（北门书屋的助手）、辛志超等人。

“九老会”的成员还注意加强与云南地方军政上层人物的联系，在龙云周围的上层军政人员中开展统战工作。其中，与云南彝族抗日名将、龙云很倚重的军长张冲的联系较多，关系很深。张冲是云南石屏人，绿林出身，投身军旅，曾率滇军在台儿庄浴血奋战。台儿庄大捷后，又率滇军到武汉附近与日寇作战。后来因看破蒋介石积极反共、消极抗日及借抗日之名欲削弱各地杂牌军的阴谋，因而为蒋所猜忌，便退职返滇。楚图南、李公朴、艾志诚、杨春洲结识张冲后，常登门看望，多次就国内外时事问题与之交换意见，彼此之间到了无话不谈的地步。张冲警惕性高，为避免特务注意，他与“九老会”成员暗中来往很多，但不参加“九老会”的聚餐活动。张冲不仅多方面支持政团同盟的工作，在抗战胜利后也走上了革命道路，在中共的安排帮助下，举家奔赴延安，参加了革命队伍，后来还加入了中国共产党。

“九老会”的活动客观上为日后“中国民主政团同盟昆明支部”的建立作了预先的思想准备和组织准备。参加过“九老会”的成员们日后大都成为“中国民主政团同盟昆明支部”的成员，其中，楚图南、周新民、冯素陶、李公朴、赵沨、寸树声等人还先后成为云南民盟的领导人。

“九老会”对于推动昆明大后方抗日民主运动的发展，起到了不可低估的积极作用。“九老会”在昆明团结了相当一部分爱国的民主进步人士——这是中国民主政团同盟在昆明建立地方组织的第二个有利条件。

三、北门书屋——“民主之家”

李公朴到昆明不到两个月，凭借自己为人的热情和很强的活动能力，很快就组织起了一个“青年读书会”，并出版了《青年周刊》。1942 年 12 月，李公朴克服困难，靠自己的努力和友人郑一斋、艾志诚、杨春洲等的投资帮助，在北门街开设了一家“北门书屋”，介绍、出售进步书刊，宣传革命理论和抗日救国思想。

“北门书屋”的房子是两层小木楼，是昆明商会会长李琢庵无偿借用的，楼下是书店，楼上是李公朴的寓所。北门书屋出售各种进步书刊，每天顾客很多。来访的朋友也很多，他们在这里

昆明北门街北门书屋旧址

1942 年，李公朴创办“北门书屋”发售进步书刊，传播爱国民主思想，次年又办起“北门出版社”出版进步书刊，扩大民主影响。日后北门书屋成了盟员和民主人士聚会的地方，被称为“民主之家”

谈论时局，交流思想。民主进步人士的不少聚会都在书屋楼上李公朴的寓所举行，有宪政座谈会、时事谈论会、文艺民主问题座谈会、政团同盟的小组会、妇女联谊会等。“外地来的民主人士和文化界的朋友们也把那里当作中转站、联络点。萨空了同志从四川集中营里释放出来，到昆明经常在那里与各界朋友会面。赵丹同志从新疆监狱出来到了昆明，就在那里和昆明文化界的朋友们集会。朋友们把李公朴先生的家说成是‘文化沙龙’，称誉它是‘民主之家’。在那里有时显得十分紧张严肃，但有时又感到那么轻松活泼。每到周末，青年朋友们、同学们也都愿意到公朴先生家里做客，很自然地形成了各种各样的晚会。如果诗人张光年同志在场那就很可能是个诗歌朗诵会；假若音乐家赵沨同志去参加，就会成了音乐欣赏会，常常是兼而有之。”[①]这里成了许多知名学者的重要聚集地，这幢老屋在当时的进步人士口中也被称之为“群星楼”。

李公朴身上有一种凝聚力。“公朴对真理和正义的追求，有火一样的热情和锲而不舍的斗志。他善于与有着各种不同出身、经历和社会职业的人包括所谓三教九流、上下左右的人接触和交往，并善于用自己的热情、政治见解影响别人，因此他不仅是一个忠诚的民主斗士，也是一位优秀的组织者。他在昆明举办过青年学习讲座，参加民主同盟早期在昆明的活动。在昆明有一定的影响。”[②]

北门书屋的进步活动，有力地宣传了团结抗日、独立民主的思想，扩大了中共抗日统一战线的影响，并团结了一批进步力量——这成为中国民主政团同盟在昆明建立地方组织的第三个有利条件。

四、龙云地方政权与中央政权存在尖锐矛盾

云南的政治形势十分复杂。自 1929 年就担任云南省主席的龙云，经过多年经营，势力渐为雄厚，不愿服从蒋介石的控制。早在抗战初期，龙云赴南京参加国际会议时，先去到西安，之后与周恩来、朱德、叶剑英同机到达南京。在与中共几位领导人接

① 王健：《李公朴与北门书屋》，《云南师范大学学报》（哲学社会科学版），1980 年 3 期。

② 楚图南：《战友李公朴印象记》，《楚图南集》（第二卷），云南教育出版社，1999。

触中，龙云对中共中央坚持抗日民族统一战线、团结御侮的决心有所了解，并深为这种决心所感动，他甚至向朱德表示，愿与中共延安建立秘密的电台联系。

1941年3月，中国民主政团同盟在重庆秘密成立后，中国民主政团同盟主席黄炎培于当年夏天来到昆明，与云南地方上层人物接触，龙云与之交换过对国内外反法西斯战争形势及云南前途的看法。

而对于地方军阀长期割据、地方势力雄厚的云南，蒋介石却处心积虑地要加强控制。以龙云为首的云南地方实力派为竭力维护自身既得利益，不愿听从蒋介石随意摆布，表面上服从中央，实际上却反对蒋介石的控制，让中央很难插手。这样，在蒋介石的中央政府与龙云地方政权之间，就存在着一种"控制"与"反控制"的矛盾，这种矛盾在不断地激化。

蒋介石政府认为龙云主宰下的云南是"自由太多"的地方，也是中央难于插手的地方。当抗战中龙云的滇军大部分奔赴抗日前线后，蒋介石就不断渗透，逐渐将自己的嫡系中央军调入云南，企图一步步控制云南。进入四十年代初期，龙云日益不满蒋介石的独裁腐败和对云南的控制，与蒋介石的矛盾日趋尖锐，他更不愿将云南拱手相让。龙云利用自己昆明行辕主任的身份和权力，规定中央军不得进入昆明市区；中央宪兵不得在昆明市区执行任务。这个规定既保护了龙云自己的地盘，在客观上也起到了有利于昆明民主进步人士开展活动的效果。

这成为中国民主政团同盟在昆明建立地方组织的第四个有利条件。

以上四个有利条件的存在，既是中国民主政团同盟决定首先在昆明建立地方组织的理由，也为昆明支部的成立奠定了一定的社会基础和组织基础。

罗隆基、潘光旦、周新民、潘大逵、唐筱蓂

1942 年冬，中国民主政团同盟派罗隆基来昆明建立地方组织，他会同潘光旦、潘大逵积极开展筹备工作。1943 年 2 月，中共中央南方局派具有盟员身份的中共党员周新民来昆明帮助民盟筹建地方组织。1943 年 4 月，中国民主政团同盟云南地方组织筹备小组成立，罗隆基、潘光旦、周新民、潘大逵、唐筱蓂任筹备委员。1943 年 5 月 5 日，中国民主政团同盟昆明支部成立

第二节　中国民主政团同盟昆明支部成立

一、中国民主政团同盟建立首个地方组织——昆明支部

1942 年秋冬之交，中国民主政团同盟中央执委兼宣传部部长罗隆基来到昆明开展政团同盟的发展工作，着手建立民主政团同盟的第一个地方组织。

罗隆基出身清华，与西南联大和云南大学中的多位教授、学者素有交谊，对追求民主充满热情，才情横溢，文笔甚好，是民主政团同盟领导成员中来昆明发展同盟组织的最佳人选。在罗隆

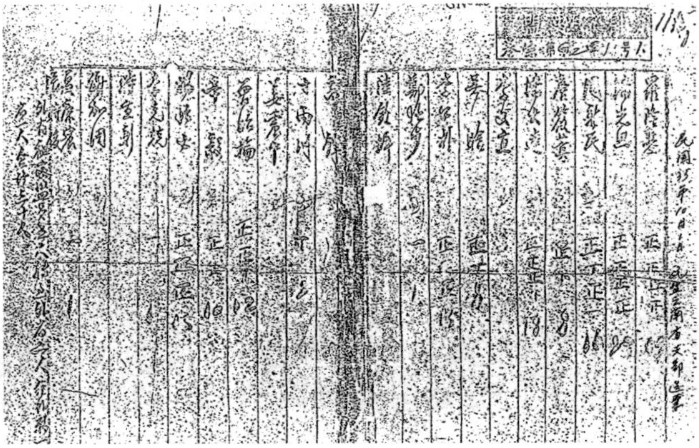

支部大会选举统计票

1944 年 10 月 1 日，昆明支部召开盟员大会（共三十人），更名为“中国民主同盟云南省支部”。选举罗隆基为主任委员，潘光旦、周新民、潘大逵、李公朴、闻一多、楚图南、吴晗、费孝通为委员，李文宜任妇委会主任

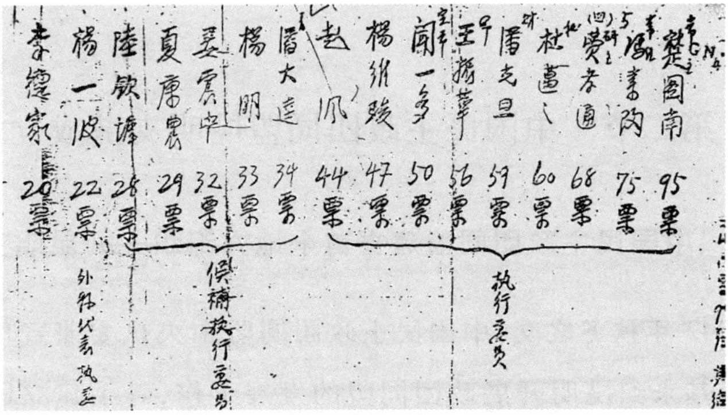

第一次盟员大会选票

1945 年 12 月 23 日，民盟云南省支部召开第一次盟员大会，通过了《中国民主同盟云南省支部组织简章》，选举楚图南、冯素陶、费孝通、闻一多、杜迈之、潘光旦、王振华、赵沨、杨维骏、刘宝煊、杨一波十一人为执行委员，楚图南任主委

基之前到达昆明的同盟成员、云南大学教授潘大逵已在昆明与一些进步教授多有交往，联络民主进步力量。罗隆基到达昆明后不久，具有中国民主政团同盟盟员身份的中共党员周新民受中共组织的安排，也到达昆明，开展抗日统一战线工作。罗隆基和潘大逵、周新民成为民主政团同盟昆明支部得以建立的核心成员。

罗隆基、潘大逵、周新民和李公朴、西南联合大学教授潘光旦，及青年党中央委员唐筱蓂（前云南省省长唐继尧的长子），多次在唐家花园聚会，谋划在昆明建立民主政团同盟的地方组织。

罗隆基（1898—1965），江西省安福县人，知名的爱国民主人士和政治活动家，中国民主政团同盟的创始人之一。

从小天资聪颖的罗隆基1913年以江西总分第一的优异成绩考入北京清华留美预备学校。五四运动时他对政治有着强烈的参与热情，以清华学校辛酉级学生领袖的身份，走在示威队伍的最前列。

1922年罗隆基留学美国，先后入威斯康星大学和哥伦比亚大学攻读政治学，后又赴伦敦政治经济学院，获得政治学博士学位。留学期间他还参加组织了“大江学会”。1928年秋回国后，在胡适任校长的上海中国公学担任政治经济系主任并兼任光华大学政治系主任。

在光华任教时，罗隆基参加创办了《新月》杂志并担任主编，在《新月》发表了大量文章，或撰文介绍，或翻译英美的政治学理论，并以自己对政治学的理解批评政府行为的不合法性，批评国民党的思想专制、政治独裁，同时也批评共产主义。

他还发起了“新月”人权运动，发表反对国民党一党专政的言论，而因此被逮捕关押了一段时间。“九一八”事变后，他在上海各大学公开演讲，主张武力抗日。“皖南事变”后，他以国社党领导人的身份积极参加发起创建中国民主政团同盟，并担任了政团同盟中央常务委员兼宣传部部长。在国民参政会上，他和张澜、沈钧儒等几位政团同盟参政员，支持中共参政员的立场，谴责国民党反动派的倒行逆施，与中共同进退，拒绝出席国民党为粉饰抗战营垒内的裂痕、减少国内外的谴责而诱骗中共出席的二届一次国民参政会。

接着，罗隆基宣布脱离早先所属的国社党，并转赴昆明，进入西南联大任教，讲授“英国宪法史”“中国政治思想史”等课程。同时开展创建中国民主政团同盟地方支部的工作，以壮大政团同盟组织的力量，推动昆明抗日民主运动的开展。

罗隆基到昆明后，除在西南联大和云南大学等高校有诸多同学故旧的广泛人际关系外，还与在美国留学时的同学缪云台交往甚密。缪云台时任云南省财政厅长，是省主席龙云的亲信，被称为龙云的“洋账房”。罗隆基通过缪云台的引见，结识了龙云，并渐成知交。龙云和缪云台、罗隆基三人经常在一起密谈，形成铁三角关系。这成为罗隆基在云南发展政团同盟组织、开展民主活动的一个有利条件。

潘大逵（1902—1991），四川开县人，青少年时期在上海、北京求学，深受民主科学新思想的熏陶影响，向往光明，富于正义感。此后潘大逵先后在美国斯坦福大学、哥伦比亚大学攻读政治学，与罗隆基是同学。留学期间，他深受西方民主思想的影响,为他后来毕生致力于祖国的和平民主事业打下了思想基础。三十年代初从美国留学归来后,他便追随沈钧儒等民主人士从事爱国民主运动。“九一八”事变后,他以极大的热情投入到抗日救亡的斗争中。1935 年,平津沪抗日救亡运动日趋高涨,他参与发起成立“上海文化界救国会”,任执行委员;又与沈钧儒等人发起成立“上海大学教授救国会”,任常务理事。

1936 年 11 月,国民党政府悍然逮捕救国会领导人沈钧儒、邹韬奋、李公朴等七人,制造了震惊中外的“七君子”事件。为声援、营救“七君子”,同反动当局打击镇压抗日救亡运动作针锋相对的斗争,1937 年 7 月 5 日,潘大逵与胡愈之、彭文应等人随宋庆龄到苏州高等法院,抗议羁押“七君子”,要求入狱与“七君子”共患难。这次“救国入狱”事件激发了民心,为要求释放“七君子”向当局施加了很大的舆论压力。

抗战全面爆发后,潘大逵回到四川,利用先后在各大学执教的机会,积极贯彻救国会的主张,并担任了中共四川地下组织领导的“星芒通讯社”社长,积极向民众宣传民主思想和抗日主张。后来因此遭到当局的压力,不得不离开四川,于 1942 年 9 月来到昆明,担任云南大学政治系教授,将对救国会未竟事业的热忱转移到民盟的活动中。

潘光旦(1899—1967),江苏宝山人,与罗隆基、闻一多是清华留美预备学校的同学。他 1913 年考入清华,成绩优异,论文多次受到导师梁启超的激赏。他在校跳高时不幸摔伤,锯去一条腿,休学一年,延至 1922 年毕业。他毕业后即赴美留学,先后在达茂大学和哥伦比亚大学研究生院学习,主修动物学、古生物学、遗传学。1924 年参加了“大江学会”,与学会同人一道,提倡国家主义,反对帝国主义侵略,反对军阀专横,提倡自由、民主,拥护人权,主张加强建设,发展经济。

潘光旦 1926 年获得硕士学位后归国,在上海吴淞政治大学任教。1934 年回到母校清华大学任社会学系主任兼教务长。“七七”事变后,随学校迁至昆明,在重组的国立西南联合大学讲授优生学、中国社会思想史、西洋社会思想史等课程。授课之外,他常常为报刊撰文,为公众讲演,传播民主思想。他提倡为提高人口质量而优生优育,主张学术自由。

唐筱蓂(1905—1973),他是青年党中央委员和云南负责人,同罗隆基私交甚好。其父是 1927 年去世的云南省省长唐继尧,其住宅是昆明甚至西南地区有名的私家花园,称“唐家花园”,俗称“唐公馆”。十多年前其父曾在园内建立过“东陆图书馆”,供市民和学生免费阅览。园地宽阔,园内房舍极多,客厅尤为宽敞。唐筱蓂参加昆明支部的活动不多,但他为支部的创立和发展做出了自己力所能及的贡献。除把自家的花园、客厅提供给昆明支部作为活动场所外,他还不时提供一些经费供支部活动使用。此外,开展民主活动、促进抗日民族统一战线工作的“西南文化研究会”“西南文献研究室”“学术界宪政研究会”等团体,都经常在唐家花园举行活动。

罗隆基、潘光旦、周新民、潘大逵、唐筱蓂和李公朴经过一段时间的酝酿商议,于 1943 年 4 月成立了中国民主政团同盟云南地方组织的筹备小组,罗隆基、潘光旦、周新民、潘大逵、唐筱蓂为筹备委员。5 月 5 日,中国民主政团同盟的第一个地方组织在唐家花园成立，命名“中国民主政团同盟昆明支部”。

昆明支部最初仅有六名成员：罗隆基、潘光旦、周新民、潘大逵、唐筱蓂、李公朴。其中，潘光旦、周新民、潘大逵、唐筱蓂、罗隆基为委员。罗隆基为主委兼任宣传委员，周新民任组织委员，潘大逵任青年委员，潘光旦任财务委员，杨怡士（青年党在云南的负责人之一）担任支部的秘书。

昆明支部是中国民主政团同盟最早成立的地方组织，也是最早在云南建立和开展活动的民主党派组织。自此开始，中国民主政团同盟在昆明地区发展的盟员不断增多，逐渐发展成为云南大后方“坚持抗战、反对投降，坚持进步、反对倒退，坚持团结、反对分裂”的一支中坚力量。

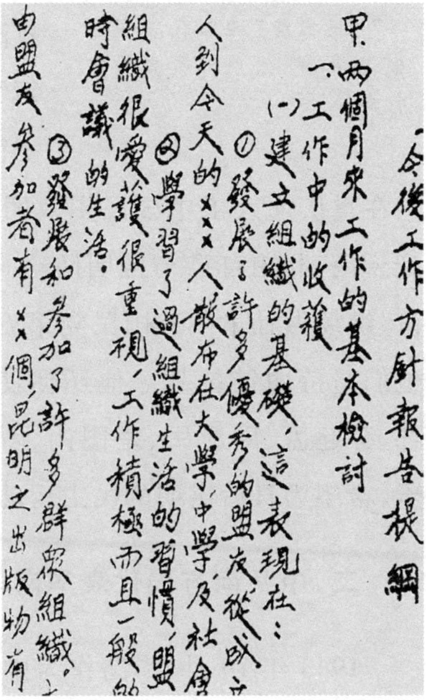
今後工作方針報告提綱
甲、兩個月來工作的基本檢討
一、工作中的收穫
(一)建立組織的基礎，這表現在：
①發展了許多優秀的盟友，從成立
人到今天的×××人，散布在大學、中學及社會
②學習了過組織生活的習慣，盟
組織很愛護很重視，工作積極而且一般的
時會議的生活。
③發展和參加了許多群眾組織，
由盟友參加者有××個，昆明之出版物有

1946 年 4、5 两个月民盟云南省支部工作总结会议记录

昆明支部成立两个月后，1943 年 7 月，民主政团同盟的重要成员杜斌丞（1945 年成为西北民盟支部的筹建者和负责人），由重庆来到昆明做云南军政上层的统战工作，与政团同盟昆明支部的同仁们对如何开展云南的民主运动多有交流。

杜斌丞是陕西米脂人，教育家和政治活动家。1917 年

闻一多先生为民盟云南省支部篆刻的秘密代称“田省三”“刘宓”“杨亦萱”的印章

为防止国民党当局的迫害和特务破坏，云南省支部分别以“田省三”“刘宓”“王祖平”“杨亦萱”四印代表省支部、秘书处、组织部和宣传部行文

他从北京高等师范学校史地部毕业后，先后担任过陕西多所中小学和师范学校的教师、校长，1930 年任国民党第十七路军杨虎城部总参议。1936 年“西安事变”时，杜斌丞主张“跟共产党走”。“西安事变”后，杜斌丞任陕西省政府秘书长，两年后被要排除异己的蒋介石解除职务。1941 年他到广西与爱国人士李济深、朱蕴山等接洽，宣传抗日、民主、救国，并到云南向陕籍国民党高级将领关麟征、杜聿明等宣传团结抗日、实行民主政治的主张。同年秋，杜斌丞在重庆加入了中国民主政团同盟。这一次，是杜斌丞第二次到云南，利用自己与昆明防守司令杜聿明的家族关系和师生之谊，继续做杜聿明和国民党第五军军长关麟征的统战工作，希望他们坚持团结抗战。他还促使杜聿明和关麟征出面宴请李公朴、孙起孟、周新民、楚图南、罗隆基、张天放、冯素陶等民主人士，希望为日后昆明的民主运动创造宽松一些的环境。

二、中共南方局代表华岗与抗日民族统一战线

1943 年 10 月，华岗作为中共南方局的代表，受周恩来委派到昆明推动抗日民族统一战线工作。

此时可以说是抗战最艰苦的年代。1943 年 9 月，自抗战以

华岗、罗隆基、缪云台、龙云

1943 年 10 月，中共南方局派华岗来昆明开展抗日民族统一战线工作。民盟积极协助华岗作云南省主席龙云的统战工作，促成了华岗（代表中共南方局）与罗隆基（代表民盟）、缪云台（代表龙云）的紧密联系

来便暗中与中共时有联系的龙云，派人向中共云南省工委有关人员提出，邀请周恩来到昆面晤。中共云南省工委派欧根赴重庆向中共南方局汇报，周恩来决定派华岗作为南方局代表来滇工作。“当时华岗同志的公开身份是中共中央南方局派到云南龙云处的代表，公开任务是清理和收容长征时散失在云南各地的红军转战指战员。实际上，他到昆明还负有更重要的使命：做龙云等人的工作，争取他们和共产党合作，另外……对昆明的民主运动，文化教育界和青年学生运动积极地进行指导和开展工作。”①

华岗（1903—1972），浙江衢州人。1924 年加入社会主义青年团，次年加入中国共产党，中断了学业，成为一位职业革命者。他先后担任过南京地委书记、河北省委书记、中央华北局巡视

① 楚图南：《记和华岗同志在一起工作的日子》，《楚图南集》（第二卷），云南教育出版社，1999。

员。1928年曾出席在莫斯科召开的中共六大;1932年至1937年坐过国民党的监狱,是一位久经考验的忠于党的优秀干部,赴滇前在重庆八路军办事处工作,担任《新华日报》总编辑,党内职务是中央南方局宣传部部长。

华岗是一位很有能力、很有才学、文化修养很高的干部,也是一位优秀的统战工作组织者,又是一位颇有水平的马克思主义哲学家和史学家,著有《苏联外交史论》等著作,并早在1930年便完成了《共产党宣言》的翻译工作,由华兴书局秘密出版。他于1931年出版的《1925—1927年中国大革命史》是学术界详细论述中国第一次大革命历史的唯一著作。

华岗到达昆明后,仔细了解云南民主运动和文化教育界等各方面的情况,给昆明政团同盟和积极投身民主运动的骨干们带来了中共南方局周恩来、董必武等领导人对昆明民主运动及文化教育界和青年学生的关切,以及对如何开展工作的及时指示。

华岗此次到昆明,并没有公开的职业。为了能更方便地在昆明开展工作,经华岗和楚图南等人商议后,由楚图南以云南大学文史系系主任的身份,向云大校长熊庆来和云大文法学院院长胡小石推荐华岗入校任教。几经周折后,由熊庆来校长聘请华岗担任云大社会学系教授。

华岗化名为林少侯对外开展革命活动。为了配合他的工作,楚图南等人还介绍了一位追求进步、忠实可靠的青年王志诚到云大担任助教,做华岗的助手。自此,华岗便能以云大社会学系教授的身份公开地与云南知识分子和各界人士接触、联系,开展各方面的工作,还可以发表文章,扩大影响。他发表文章时多用笔名“林石斧”。华岗学识渊博,才思敏捷,除讲授课程《社会发展史》和《中国社会思想史》外,还开设专题讲演,旁征博引地阐述国内外问题和一些有影响的学术问题,如《马克思的思想发展》《中国历史的演变》等,云大和西南联大的学生都踊跃前来听讲。

华岗的到来,为云南大后方的统一战线和民主运动与文化教育界的活动开拓了一个新局面。

首先,华岗开始了对云南军政上层的统战工作。民主政团同盟昆明支部负责人罗隆基利用自己与缪云台是留美同学的关系,陪华岗与缪云台相晤,继而与龙云会见。华岗向龙云介绍了形势及解放区情况,还建议他设法与川康绥靖公署主任邓锡侯、西康省政府主席刘文辉等地方实力派建立联系。

华岗这些介绍与建议对龙云都产生了不小的影响。华岗对时局高屋建瓴的见解与鞭辟入里的分析,也使龙云折服。此后,龙云指派缪云台作为他的代表,与代表中共南方局的华岗和代表民盟的罗隆基,建立了三方的经常联系的关系,秘密开展抗日民族统一战线活动,共同商讨如何联系西南几省地方实力派,支持前方抗战,帮助中国共产党领导的抗日人民武装。

龙云与华岗当面商定了设秘密电台的具体事宜,答应全力与中共配合。龙云同意出资购买电台设备,报务员由中共地下组织派出。之后南方局派了报务员杨才到昆明,在五华山的滇黔绥靖公署内设立了秘密电台,并先后与重庆八路军办事处和延安取得了联系。这个秘密电台被称为“滇黔绥靖公署无线电总台第三机班”。

秘密电台的设立,成为华岗和龙云与中共南方局联系的渠道。后来,电台迁到城北圆通山后的小菜园,坚持与延安联系,传输云南的情报,抄录新华社的新闻和中共中央的指示。直到1945年10月昆明发生“十三”事件后,中央军杜聿明部控制昆明时,电台才停止使用。这个秘密电台,为抗战时期中共地下组织在云南的活动发挥了重要作用。

秘密电台设立后,华岗又建议龙云同意在昆明开设《新华日报》昆明营业处。《新华日报》社派彭少彭到昆明,带来了朱德给龙云的亲笔信。龙云看后表态说:“《新华日报》是蒋委员长批准发行的,既然可以在重庆公开发行,当然也可以在昆明公开发行。”于是,《新华日报》得以在昆明开设营业处,由重庆航空邮寄到昆明销售,销量最高时一天达三千多份。营业处还销售民主政团同盟的《民主周刊》和《群众》周刊等进步书刊,使中共和民主政团同盟的影响日益扩大。

三、西南文化研究会

华岗到昆明后,积极开展对高级知识分子的统一战线工作。他根据周恩来的指示精神,分别与楚图南、闻一多、张奚若、曾昭抡、潘光旦、吴晗、尚钺等西南联大、云南大学教授多次深谈,建立起彼此间的信任和友谊。

在与多位进步教授初步建立起信任的基础上,华岗倡议成立了一个“西南文化研究会”。通过这种基本定期的聚会,同各方面有代表性的学者、专家和文化教育界人士交换意见,探讨对国内外政治形势的看法,把进步知识分子团结在一起,推动抗战统一战线工作。研究会是一个不公开的学术性政治团体，主要成员有罗隆基、潘光旦、楚图南、费孝通、吴晗、周新民、冯素陶、李文宜、闻一多。

闻一多是华岗特意提名邀请他参加的。当时，有的人对争取团结像闻一多这样的知识分子尚有一些偏见，认为他早年是“新月派”人物，信奉过国家主义，抗战开始后，又醉心于经史楚辞的研究，不可能成为同道。针对这种情况，华岗把周恩来写给他的一封亲笔信展示给别人，信的大意是：“像闻一多这样的知识分子，对国民党反动派的腐败是反抗的，他们也在探索，在找出路，而且他们在学术界，在青年学生中，还是有广泛的社会联系和影响的，所以应当争取他们，团结他们。”①

周恩来的信表明了中共统一战线的策略思想。于是，在这种思想指导下，民主政团同盟昆明支部的主要成员和闻一多的接触增多，逐渐加强了相互了解。华岗本人也主动到闻一多家中交谈，“知识分子的气质，和对共产党的信任，缩短了彼此间的距离，两人都有相见恨晚的感觉。这时，华岗提出邀请闻一多参加正在筹备的西南文化研究会，闻一多很高兴地表示一定参加”。②

闻一多在与华岗多次开诚布公的促膝长谈之后，摆脱了长期的徘徊苦闷，看到了前行的方向。闻一多的思想发展进步过程中，受到华岗较多的影响。进入 1945 年后，思想越来越进步的

---

① 楚图南：《记和华岗同志一起工作的日子》，《楚图南集》（第二卷），云南教育出版社，1999。

② 王宏志、闻立树：《怀念吴晗：百年诞辰纪念》，中国社会科学出版社，2009。

闻一多对自己的学生说过这样的话："过去我只知道爱国，不知爱什么国，甚至还错误地认为国家主义就是爱国主义，现在我知道爱国只能爱新民主主义的国，现在为新民主主义而奋斗，将来为共产主义而奋斗。"后来他还写了一篇文章，题目是《人民的世纪——今天只有"人民至上"的口号是正确的》。

闻一多(1899—1946)，原名闻家骅，湖北浠水县人。1912 年考入清华留美预备学校，1919 年五四运动时积极参加学生运动，曾与罗隆基等五人代表清华赴上海出席全国学联大会。1922 年赴美国芝加哥美术学院学习。1925 年 5 月回国后，历任国立第四中山大学(1928 年更名为中央大学)、北京艺术专门学校、政治大学、武汉大学、青岛大学教授，曾任北京艺术专门学校教务长、南京第四中山大学外文系主任、武汉大学文学院长、青岛大学文学院长，1932 年 8 月起任清华大学中文系教授。1937 年抗战开始，他随学校先迁长沙，再迁昆明，进入西南联大中文系任教。1941 年任清华大学中文系主任兼清华文科研究所中国文学部主任。抗战之初，他即留下胡须不剃，发誓抗战不胜利不剃须，表达了其抗战到底的决心。

西南文化研究会开会的地点大多数时候是在北门街的唐家花园，政团同盟昆明支部成员唐筱蓂本人不参加研究会，但却把自家一间舒适的大客厅借给研究会开会用。研究会有时也到滇池租条小木船驶进滇池，就在船上开会。研究会大体上是每两周开一次会，最初是侧重讨论学术问题，后一段时期主要是讨论政治问题，交流对时局的看法，传阅中共领导人的有关著作。通过学术讨论，化解各种矛盾。后来相继参加进研究会的还有尚钺、潘大逵、曾昭抡、辛志超、闻家驷等人。不久，在华岗的建议下，又建立了“西南文献研究室”，由吴晗负责，出版进步书刊，扩大对外影响。

研究会每次一个主题，由某位与会者事先做好准备，在会上做有关的学术报告，然后大家一起讨论。政治和时事报告主要由华岗讲，他分次介绍过苏联民主、社会学任务、《新民主主义论》、解放区的情况等。罗隆基做过欧洲民主的报告，潘光旦做过关于云南民族问题的报告，闻一多作过关于儒家学说的报告——这篇报告便是后来收入《闻一多全集》中的题为《儒家、墨家与土匪》的那篇文章。吴晗做过《论贪污》《说士》《贪污史的一章》的报告，也都被写成文章在报上发表了。研究会还学习中共的方针政策及有关文件材料，包括毛泽东的《论联合政府》和朱德的《论解放区战场》，以及《新华日报》的某些重要文章，等等。研究会讨论的问题都有一定的深度，与会者深入分析时事，讨论时局。

研究会的成员后来说：

“在这些会上，我们初步知道中国社会两头小中间大、统一战线政策、个人和集体的关系等等道理。以后我们又得到《论联合政府》《新民主主义论》《论解放区战场》等党的文献和《新华日报》《群众》等刊物，如饥似渴地抢着阅读，对政治的认识便日渐提高了。”[①]“这样经常的协商、座谈、讨论、争辩，逐渐消除了本省人和外省人，云大和联大之间的隔阂，也消除了高级知识分子

---

① 吴晗：《拍案而起的闻一多》，载《人民日报》1960 年 12 月 1 日。

之间诸如留美派、留欧派、洋教授和土教授等门户之见。大家在抗日救亡、争取民主和进步的旗帜下团结起来,统一起来。"①

研究会前后持续了将近两年,在华岗的领导下,研究会成员在理论上和思想上都有很多收获。

1945 年 10 月华岗离开昆明后,研究会的活动结束。参加研究会的成员中的非盟员,在 1944 年民主政团同盟改组为民主同盟后,全部都加入了民盟。在研究会活动这一段时间内,尚钺、赵沨、曾昭抡、王赣愚、胡毅、朱驭欧、夏康农、李德家、辛志超、姜震中、吴富恒、张光年、王健、刘宝瑄、方仲伯等人先后加入了民盟。

尔后,参加研究会的全部成员中,多数还成为民盟云南省支部的领导成员,除闻家驷和尚钺两人外,其余各人还在 1945 年均当选为民盟第一届中央委员。在这个意义上可以说,中共通过西南文化研究会的活动,支持和协助民盟培养了一批优秀干部,形成了民盟云南省支部的中坚力量。

西南文化研究会虽然活动的时间仅有两年,但却以颇强的凝聚力,实质上成为中共所领导的昆明知识界开展爱国民主统一战线工作的核心力量。

四、昆明学术界宪政研究会

1944 年 2 月 5 日,在昆明的学术界人士正式成立昆明学术界宪政研究会。

---

① 楚图南:《解放前云南民盟工作和民主运动》,《楚图南集》(第二卷),云南教育出版社,1999。

这是在大后方掀起第二次宪政运动热潮的大背景下成立的，是各地成立宪政研究会、宪政促进会之类组织的领先者。

当时，实行宪政是全国人民的共同愿望和要求。虽然三年前开展的第一次宪政运动由于国民党当局的压制而不了了之，但三年后再次轰轰烈烈展开的第二次宪政运动重新点燃了全国人民对实行民主宪政的希望。

积极推进宪政运动也是民主政团同盟成立以来的一项重要工作。早在1939年召开的一届四次国民参政会上，围绕宪政问题，一直渴求民主的救国会等多个中间党派就提出了六项提案，从而拉开了抗日民主宪政运动的序幕。此后，国内要求民主宪政的呼声越来越高。

1941年10月，中国民主政团同盟刚成立半年，便在《对时局主张纲领》中明确提出，"实践民主精神，结束党治""厉行法治，保障人民生命财产及身体之自由"。在次月召开的二届二次国民参政会上，张澜、张君劢、左舜生、罗隆基等政团同盟参政员，又提出了《实现民主以加强抗战力量，树立建国基础案》，要求国民党政府立即结束训政，实施宪政。

抗战后期，由于国民党在军事上的溃退和政治上的腐败，造成了抗战以来空前未有的严重危机。蒋介石专制独裁统治日益加剧，人民的言论、集会、结社等自由权利有名无实，人身安全及财产安全得不到保障，全国人民的不满情绪日益强烈，各界人士要求实行宪政的呼声也日益增强，纷纷要求国民党实行民主政治，放弃一党专政，甚至国际舆论对此也多有关注和呼声。

在这种压力下，国民党政府不得不再次打起"宪政"旗号。

1943年9月，国民党五届十一中全会通过了《关于实施宪政总报告之决议案》，重新提出“关于筹备国民大会及开始实施宪政各项应有之准备，由政府督饬主管机关负责办理”。蒋介石在全会上也被迫做出许诺，在战争结束后一年内即召开国民大会，制颁宪法。于是，各民主党派与中共一道，利用蒋介石公开做出宪政允诺这一有利时机，再度掀起了轰轰烈烈的民主宪政运动。

9月18日，民主政团同盟主席张澜以小册子的形式发表了《中国需要真正民主政治》的著述，指出真正的民主政治是实施宪政的前提条件，强烈主张国民党立即“放弃一党专政，结束党治，取消党化”“从速准备实施宪政”。民主政团同盟的多名领导人和重要成员在大后方各地积极创办宣传、推动宪政运动的刊物，组织宪政实施协进会和民主宪政促进会，举办各种形式的宪政座谈会，以扩大民主宪政的宣传和影响，如黄炎培创办、张志让主编的《宪政》月刊，左舜生主编的《民宪》，章伯钧主编的《中华论坛》等。稍后一段时间，又有李公朴、闻一多等在昆明创办的《自由论坛》杂志，在成都的政团同盟成员负责编辑工作的成都《华西晚报》，政团同盟西北总支部主办的《秦风日报·工商日报联合版》，政团同盟昆明支部创办的《民主周刊》等。这些刊物、报纸在国统区形成了相当大的社会舆论，特别是《宪政》月刊和《民主周刊》，在大后方引起了轰动，成为国统区最有影响的宣传民主宪政的讲坛。

为了配合国内宪政运动的开展，共同推动第二次宪政运动的热潮，中共云南地下党组织负责人郑伯克和华岗商定，由华岗通过在民主政团同盟工作的周新民、潘大逵等人，以民主政团同盟昆明支部的名义,发起成立昆明学术界宪政研究会。民主政团同盟昆明支部的周新民、罗隆基、潘光旦、潘大逵等人出面,争取到国民党元老褚辅成的支持,并邀约了张奚若、徐炳昶、夏康农、曾昭抡、姜亮夫、郑昕、张剑、张静华等在昆明的学术界知名人士四十多人参加,其中相当一些人士是党派色彩较少的,如云南大学文法学院院长姜亮夫等。

1944年2月5日,昆明学术界宪政研究会在北门街唐家花园举行成立大会。与会人士推选潘光旦、周新民、罗隆基、潘大逵、李公朴、姜亮夫、曾昭抡、唐筱蓂八人为理事,赞同宪政研究会以促进宪政、倡导民权、实现民主、研究宪章为宗旨。

昆明学术界宪政研究会成立后,多次借绥靖路贸易促进会为活动地点,举行报告会、座谈会,就国内宪政运动的形势、如何推进宪政运动、制定宪法、保障人权等问题进行广泛而热烈的讨论,并发表文告,呼吁民主,要求国民党采取实际行动,保障人民权利,结束党治,实施宪政。有时,宪政研究会的主持者还邀请该会的成员参加民盟召开的时事座谈会。

刚成立半月后,昆明学术界宪政研究会便向宪政实施协进会提出实施训政时期约法的建议。这是一种渐进的斗争策略。该"建议"申明"凡宪草所规定人民之权利义务各条",在约法在"大体均已备具",因而在宪法未制定公布以前,全国上下宜先切实奉行约法,"藉此养成官员与人民共同守法之习惯"。声称:训政时期约法虽有八十九条,但"先其所急,将第二章人民之权利义务共二十条,使之成为全国上下共守之"。

3月1日,中共中央亦向全党发出了《关于宪政问题的指示》,推动宪政运动。3月12日,周恩来在延安各界纪念孙中山逝世十九周年大会上发表了《关于宪政与团结问题》的演讲,全面阐述了中共对宪政运动的意见,提出了实施宪政最重要的三个先决条件:"一是保障人民的民主自由;二是开放党禁;三是实行地方自治。"中共中央的指示和周恩来的演讲,进一步推动了民主宪政运动的蓬勃开展。

5月上旬,参加昆明学术界宪政研究会的民主政团同盟盟员拟就了一份与中共当时对宪政问题的主张一致的《我们在实施宪政前的要求》,并联合其他会员一道,以研究会的名义发表。在这份《要求》中明确提出:宪政实施前,必须首先给予人民言论和人身自由,承认各党派的合法地位,平等地对待一切抗日武装,建立联合政府。接下来,宪政研究会组织昆明学术界座谈会,并在西南联大等地举行"宪政问题十讲"。接着,在《新华日报》上发表了《对目前民主问题的要求》,继而还发起了一次"对目前政治问题的请求"的签名运动,要求立即实现允许党派合法存在。国民党元老褚辅成和西南联大常委、清华大学校长梅贻琦都带头签名。

同月底,中国民主政团同盟发表《对目前时局的看法与主张》,认为"民主体系的形成已刻不容缓,万万不可向战后推宕",公开提出"中国必须成为一个十足道地的民主国家"。而实现民主的起码条件是国民党必须"放弃十余年来的特殊地位""无保留无犹豫给予人民以各项基本自由",并提出在团结方面、外交方面、军事方面、财政经济方面的四点措施,以及保护民族工商业,促进国际贸易,严惩贪官污吏,整饬财政,制止通货膨胀等十一项办法。

10月10日，中国民主同盟（中国民主政团同盟已于9月改组为中国民主同盟）发表《对抗战最后阶段的政治主张》，内容包括军事、政治、外交、经济和文化教育五部分，共三十五条，响应中国共产党提出的建立民主联合政府的号召，要求立即结束一党专政，建立联合政府，并提出了召集党派会议，开放党禁，废除特务，动员一切力量，保卫大西南的主张。

1944年12月25日，是云南护国起义二十九周年纪念日，中共地下党云南省工委决定，再次举行声势浩大的纪念活动，以激发云南人民继承和发扬反对窃国大盗的爱国、民主的护国精神，并以此举团结各界人士，争取地方实力派。纪念大会由民盟云南省支部负责组织，用昆明学术界宪政研究会的名义召开。各界人士共六千多人踊跃参加，大会开得很成功。会后数千群众举行了声势浩大的游行。

昆明学术界宪政研究会开展的多种活动，有力地扩大了宪政运动的影响，也扩大了民主政团同盟的政治影响力。

五、民主政团同盟昆明支部妇女委员会成立

1943年6月，多年从事妇女解放运动的李文宜（周新民的妻子）来到昆明，推动昆明地区的进步妇女运动出现新的局面。

李文宜（1903—1997），湖北武汉人，在湖北省立女子师范学校求学期间，便参加了董必武领导的武汉妇女读书会、湖北女权同盟会，是进步学生运动的骨干，后积极投身民主运动和妇女解放运动，是北伐战争时期武汉妇女运动的主要领导人。她1926

李文宜(右一)、周新民(右二)和吴晗(右三)等人合影

1943年6月,李文宜受中共南方局的派遣到昆明并加入民盟,她与周新民同中共云南地下组织取得联系。从1943年12月起,李文宜先后组织进步妇女参加读书会、职业妇女会和乐群团,发动妇女参加抗日爱国活动

年加入中国共产党,为了适应国共合作的需要,继而加入了中国国民党,任国民党湖北省党部执委兼妇女部部长,积极领导妇女解放运动,担任湖北省妇女协会常委。1927年大革命失败后,李文宜遭到国民党反动派的通缉,转入地下斗争,辗转于武汉、上海,先后担任中共中央长江局秘书、中共中央妇委会委员,在上海的中共中央组织局工作。

1928年4月,由于叛徒的出卖,李文宜新婚仅百余日的丈夫、中共中央政治局常委罗亦农不幸被捕,在上海英勇就义。遵照党组织的安排,她前往莫斯科中山大学学习。回国后,李文宜担任中共上海沪东区委委员兼女工委员。“三十年代初期,因抵制王明‘左’倾盲动主义受到‘开除党籍’迫害,但她并没有因此而动摇革命信念,仍一如既往地从事爱国民主运动,积极掩护革命同志,支持党的工作。”[①]

抗日战争全面爆发后,国共再次合作。李文宜没有因为被迫脱离党组织而停止革命活动。她回到家乡,积极开展抗战工作,组织湖北省妇女战时工作团,发动各县市妇女募集款物、自做军鞋支援前线,推动妇女战时工作。周新民 1942 年春到昆明协助中国民主政团同盟开展工作,一年后,民主政团同盟昆明支部成立。考虑到开展妇女工作的需要,担任民主政团同盟昆明支部组织委员的周新民约李文宜到昆明做工作助手,侧重开展妇女工作,发展妇女加入民主政团同盟。

李文宜虽然此时还没有恢复党籍(直到 1946 年,中共中央批判王明“左”倾路线后,李文宜才得以恢复中国共产党党籍[②]),但她仍以一个中共党员的革命自觉性,把推动民主运动当作是党组织交给自己的任务,以极大的革命热情投入到民主活动中,积极协助周新民和民主政团昆明支部开展工作活动。民主政团同盟昆明支部成立后发展的第一个成员吴晗,就是由李文宜联系的。

10 月,李文宜由罗隆基、潘光旦介绍,自己也正式加入了民主政团同盟。随后,中共南方局代表华岗和周新民发起的西南文化研究会成立后,她又参加了研究会的活动。之后,她把更多的时间和精力投入到妇女工作中,发动、组织昆明妇女开展多种形式的进步民主活动。同时,她也积极参加昆明学术界宪政研

---

① 刘延东:《李文宜纪念文集 · 序》,群言出版社,2000。

② 见《李文宜纪念文集》,7 页,群言出版社,2000。

究会的活动。

李文宜一方面为民主政团同盟在自己熟识的朋友当中发展盟员，另一方面，她也通过交朋友的方式开展妇女工作。在两年时间里，她在李公朴、曾昭抡等人的支持下，先后组织起妇女读书会、云南妇女联谊会、昆明职业妇女会、乐群团等，组织女青年阅读进步书籍，学习革命理论，推动职业妇女参加各种进步社会活动，反对国民党的独裁统治，把妇女工作开展得有声有色，并指引和帮助一些女青年走上了革命道路。

1944 年 4 月，民主政团同盟昆明支部设立妇女委员会，由李文宜、王振华、林成竹、钱玲娟、吴任林、田白灵、张敬风七人任委员，李文宜任主任。

六、民主政团同盟昆明支部的其他活动

民主政团同盟昆明支部的盟员主要是以知识分子最擅长、最常用的方式参与民主进步活动。除上文提及的活动外，盟员们还分别参加了大学内外的多次文化活动和民主集会，发表演讲，推动民主运动发展。

国家的抗战形势从 1944 年春以来发生了急剧变化。4 月下旬，日本侵略军发动攻势，郑州、许昌、洛阳在一个月内相继失守，接着湘北的日军南侵岳阳，前线国军节节败退。西南联大学生忧国心切，为了掀起国统区民主运动的高潮，在联大地下党的组织下，联大历史学会在 5 月 3 日至 8 日举办“五四”纪念周活动。3 日，吴晗、闻一多参加了西南联大历史系历史学会主办的“五四”历史报告会。吴晗在会上做演讲，分析五四运动的历史

功绩,激励青年重新起来打破新的牢笼和束缚。张奚若、周炳琳、闻一多也发表了演讲。闻一多号召青年们重新喊出“打倒孔家店”的口号,继续完成五四运动未竟的任务。他们的演讲受到了与会大中学生和职业青年的欢迎。8 日,纪念大会在西南联大图书馆前大草坪举行,由西南联大中文系国文学会主办,各界青年三千余人参加。民主政团同盟内外的知名教授罗常培、冯至、闻一多、朱自清、沈从文、李广田、杨振声、孙毓棠、卞之琳、闻家驷等人发表演讲,阐述“五四”以来新文化运动的成就。6 月,民主政团同盟昆明支部邀集西南联大、云南大学、中法大学等校学生自治会和进步社团负责人,每两周一次在唐家花园聚会,商讨开展学生运动的有关问题,并成立了由昆明地区二十余所大中学学生代表组成的昆明学生联谊会。罗隆基、闻一多等盟员于 6 月底参加了与来昆明访问的美国副总统华莱士的座谈,向华莱士揭露国民党的独裁统治。

在 7 月 7 日由西南联大学生壁报协会与云南大学、中法大学、省立英语专科学校三校学生自治会联合举办的抗战七周年时事报告晚会上,潘光旦、吴晗、楚图南、闻一多、曾昭抡、潘大逵、费孝通等盟员发表演讲,列举抗战以来国民党政治腐败、民生凋敝、军队败退、失地千里,致使国家民族陷于危亡的事实,批评了政府在政治、经济、军事、文化、教育等方面采取的一系列错误政策,表达立即实行民主,实施宪政的主张。

经闻一多、李何林等盟员倡议,中国文艺界抗敌协会昆明分会于 9 月 17 日召开第四届会员大会,出席者一百余人。大会通过了筹募援助贫病作家基金的议案,改选了理事会。闻一多、楚图南、李何林、常任侠、张光年、赵沨、吕剑、尚钺等盟员当选为理事或候补理事，加强了民盟与文艺界进步知识分子的联系。

七、民主青年同盟

民主青年同盟（简称“民青”）于 1945 年 1 月在昆明成立。“民青”成立初期，得到云南民盟主要成员的积极支持和有力帮助。一段时间后，“民青”发展为中共的外围青年组织。

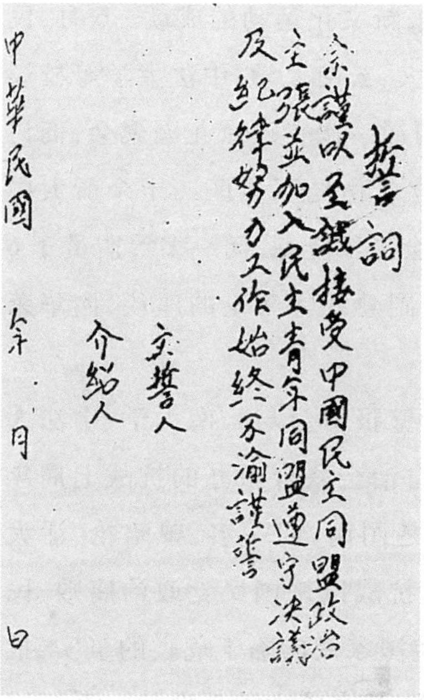
誓詞

余謹以至誠接受中國民主同盟政治主張並加入民主青年同盟遵守決議及紀律努力工作始終不渝謹誓

立誓人

介紹人

中華民國　年　月　日

民主青年同盟入盟誓词

民盟云南省支部配合中共地下党在学生中发展了一批“民青”成员，吴晗、闻一多帮助西南联大进步学生建立民青支部，壮大了抗日民族统一战线的力量

民主政团同盟昆明支部早在建立之初，就重视青年工作，支委潘大逵分管青年工作。1944 年 10 月改称民主同盟云南省支部后，又专门设立了青年工作委员会，由潘大逵和吴晗分别担任正、副主任，进一步加强对青年学生的工作。民盟开展和参与的历次纪念座谈会、报告会、时事报告晚会中，都有大量进步青年热情参加。闻一多、吴晗、潘大逵、周新民、罗隆基、楚图南、尚钺等盟员教授，以其学识、人品及对进步青年的关心爱护，赢得了青年学生们的敬重。

在西南联大，吴晗、闻一多常同“民青”的学生筹备人洪季凯、严振、肖松、王念平等人联系，支持他们建立了联大“民青”支部。洪季凯等进步学生通过吴晗、闻一多从华岗那里得到中共的关心和支持，中共云南省工委也由袁永熙向肖松传达了中共的有关指示。在云南大学，潘大逵和盟员陆钦墀直接联系莫翰文、丁维铎、杨维骏等几名进步学生骨干，并于1945年初发展他们加入了“民青”。随后，莫翰文、丁维铎、杨维骏以单线联系的方式又发展了蒋阜南、孙致和、张纪域加入“民青”。之后，杨守笃、李继昌等学生相继加入“民青”。在民盟云南省支部的帮助支持下，云大“民青”支部正式成立。通过民盟的工作，中法大学的王光闾、杨明、朱润典等人也加入了“民青”。

1945年1月，“民青”召开第一次代表会，西南联大和云大的十一名代表出席，选出陈定侯、洪季凯、肖松、严振、何东昌为执行委员，陈定侯被推定为主任委员，通过了近期工作计划和“民青”章程。

在“民青”的建立和发展过程中，民盟云南省支部经常与“民青”保持联系，定期通报情况，协调行动。周新民、尚钺曾帮助“民青”修改章程，吴晗、闻一多、尚钺指导“民青”编印内刊《民主通讯》和《渝风》，吴晗和周新民还帮助“民青”解决了建立小印刷厂设备缺乏和资金不足的问题。

随着学生运动的进展，中共地下组织逐步加强了对“民青”的领导。“一二·一”运动前后，斗争日益激烈，中共地下组织直接领导“民青”开展活动。在中共云南省工委领导下，“民青”成了中共团结进步青年的核心组织。除联大“民青”支部和云大

"民青"支部不断壮大外,"民青"在中学和社会职业青年中也发展了部分"民青"成员。民盟与"民青"密切配合,共同推动了云南民主运动的迅猛发展。杨维骏、杨明等"民青"成员还加入了民盟,联大、云大等四所高校自治会中均有盟员作为骨干,带领同学积极投身到爱国民主运动中。其中,云南大学政治系学生杨维骏还担任了云南大学学生自治会主席,在学生运动中表现突出。

八、民主政团同盟昆明支部组织发展的特点

民主政团同盟昆明支部成立后,支部的成员便分别联系各自熟识的朋友参加民主政团同盟,尤其是注重在西南联大和云南大学的高级知识分子中发展盟员。这个做法突破了民主政团同盟成立时的团体会员制的原则,是昆明支部根据当时抗战形势的发展和许多知识分子及民族工商业者关心国事、参政意识渐增的实际情况和昆明当时会集了很多无党无派的进步知识分子的实际情况而进行的尝试。大胆发展进步民主人士个人入盟的这种尝试,是推动中国民主政团同盟在1944年9月改组为中国民主同盟的一个重要实践基础,促进了整个民盟事业在此后的大发展。

中国民主政团同盟昆明支部改为中国民主同盟云南省支部的过程中,呈现出如下特点:

1. 让新盟员充分了解民主政团同盟的性质和抗战主张,赞同民主政团同盟的宗旨,这是发展新盟员的前提

2. 主要是以盟员的名望、学识、人品影响和感召新成员入盟

例如:加入同盟的第一个新盟员吴晗就是受盟员、名教授潘

光旦的名望、学识的感召而入盟的。李文宜早年就读湖北省立女子师范学校时,是吴晗妻子袁震的学妹,与袁震很熟悉。民主政团同盟昆明支部便委托她去看望袁震进而联系吴晗,以便抓紧时间发展吴晗加入同盟,让吴晗充分发挥进步知识分子在反对国民党统治中的作用。

吴晗(1909—1969),浙江义乌人,读完中学后靠朋友资助到杭州考进私立之江大学预科,继而到上海考进中国公学大学部,选读了校长胡适的中国文化史课程,写出第一篇论文《西汉经济状况》,初露头角,受到胡适的赏识和重视。后转学到清华大学插班考进了历史系二年级,在清华图书馆半工半读,并勤奋地写文章发表。吴晗的治学方法受胡适的影响很大,1934 年吴晗二十八岁大学毕业时便已是学界公认的“明史学家”。因成绩优异,他留校做教员,主讲明史课,深受学生的好评。在大学开设专门的明史课,是吴晗的首创。1937 年,作为史学界的青年才俊,他被云南大学熊庆来校长破格以“教授”职称聘任。清华大学同意吴晗以请假离校的形式应云南大学之聘。

李文宜 1943 年到达昆明时,吴晗已从任教过三年的云南大学返回西南联大任教,妻子袁震常年卧病不起,治病的医疗费又贵,物价又高,吴晗的生活过得很艰辛,买不起营养品,只好自己去钓鱼来给病妻添补营养。李文宜与丈夫、民主政团同盟昆明支部组织委员周新民登门看望吴晗,多次深谈,谈国民党的腐败统治,谈民不聊生的残酷现实。吴晗深有同感,对蒋介石政府多有谴责:“大后方真和南京一样,是亡国现象,但我们是中国人,有责任挽救国家啊!”[①]可是怎么挽救,他找不到办法,常为此感到苦闷。周新民与李文宜向吴晗介绍民主政团同盟的性质和抗战到底的坚定主张,并告诉他说社会学家潘光旦教授已经参加了民主政团同盟,希望吴晗也能加入这个爱国的民主党派中来,一起努力去争取民主,促进国家进步。7 月,吴晗经潘光旦和周新民介绍,加入了民主政团同盟。

又如,费孝通也是因为自己的老师、知名教授潘光旦是盟员而加入民盟的。西南联大的几名助教和研究生何善周、季镇淮、范宁、王瑶,也是因为受已入盟的闻一多老师的名望和人格力量的感召而加入民盟的。云南大学学生自治会主席杨维骏等几名云南大学学生也是因为学识渊博、爱国爱民的民盟几位领导人的名望和人格力量的感召,而加入民盟的。

3. 师生、亲友、同事关系是新、老盟员间互相信任的一条纽带

在民主政团同盟昆明支部里,盟员大都因为有师生、亲友、同学、同事、同乡等某种关系而相互信任。如罗隆基、潘光旦、吴晗、闻一多、曾昭抡、潘大逵、费孝通、王赣愚都出身清华;潘光旦、费孝通和李公朴是江苏同乡;闻一多和闻家驷是同胞兄弟;李文宜与闻一多兄弟是湖北同乡,是吴晗妻子袁震的学妹;楚图南和冯素陶是云南同乡,等等。费孝通说自己当初加入民盟时,“我们那时的知识分子间的社会关系并不是从政治上开始结合的。师生、同学、同乡等等常是他们类聚的基础…… 以我自己

① 王宏志、金若年:《吴晗画传》,团结出版社,2004。

说，潘光旦先生是我的老师，在我进清华以前就熟识的。这个师生关系是我接受政治启蒙的基本社会关系。闻一多先生是潘先生的同学和经常来往的朋友。吴晗同志是我的老同学，但也是由于他是个常到潘先生家去的朋友所以特别熟……”①

4. 有新盟员因受共产党员的影响和推动而加入民盟

闻一多加入民盟的过程是这一类盟员的典型。吴晗加入民主政团同盟后，很快便想到他到昆明后结下深厚友谊的好友闻一多，他希望同自己一样有强烈正义感的闻一多也加入民主政团同盟中来。

可是，1943 年 7 月“吴晗动员闻一多加入民盟时，闻一多还认为民盟是三教九流”。这时的闻一多还是一个国家主义者，直至三个月后中共党员华岗到达昆明，亲自登门到闻一多家中做深入交谈，并特别邀约闻一多参加“西南文化研究会”，又经过多次学习、讨论，并与华岗有了多次接触后，闻一多对民盟的看法才改变了。“具有知识分子气质的华岗很快赢得闻一多的尊重，以致把华岗视为共产党组织，对他几乎唯命是从。”②闻一多明白了民主政团同盟是共产党支持的政党，明白民主政团同盟与共产党的主张是一致的，那就是值得信赖的。提高了认识的闻一多甚至产生了要加入中国共产党的想法，他说“自己若加入党派的话，就直接加入共产党”。不过，华岗告诉他，民盟的基本政治

---

① 费孝通：《政治上的启蒙》，《我与民盟》，群言出版社，1991。

② 闻黎明：《我的祖父闻一多是怎样认识民盟的》，《云南民盟——纪念云南民盟成立七十周年专刊》，原题为《在纪念云南民盟成立七十周年座谈会上的发言》。

主张与中国共产党最低纲领是一致的，他这样的知识分子加入民盟，作用比在党内更大。在闻一多心目中，华岗的话就是党的话，于是，他决定加入民盟。[①]

由于华岗的引导，再加上相交已久的与组织失去联系的老共产党员楚图南和未暴露身份的共产党员周新民的影响和推动，1944 年 8 月，由吴晗和周新民介绍，闻一多加入了中国民主政团同盟，"决心为民主前途奋斗"。满怀理想和热情的闻一多很快就成为民主政团同盟昆明支部里的骨干人物，在 1945 年民盟云南省支部改选后，又成为支部的核心人物。

5. 民盟支部的组织结构健全，领导层稳定，但组织的严密性与国民党、共产党不能相比，入盟手续尚未制度化

民盟支部吸收新盟员的方式一般是由老盟员二人作为介绍人，入盟时填写表格，经过支部批准即可入盟。但由于当时的斗争环境特殊，故也有种种例外的情形。有的入盟手续不够正规，有的甚至未确定介绍人，不知准确的入盟时间，甚至有人"被社会上认为是盟员，自己也就以盟员自居了"。[②]

如曾昭抡，他说自己是由罗隆基、潘光旦介绍加入民盟的，而多年后近代史研究学者闻黎明（闻一多之孙）的考证却与此不同，说曾昭抡是国家社会党成员，1941 年 3 月"三党三派"组成中国民主政团同盟时，作为国社党成员的曾昭抡，即自然成为民主

---

① 闻黎明：《我的祖父闻一多是怎样认识民盟的》，《云南民盟——纪念云南民盟成立七十周年专刊》，原题为《在纪念云南民盟成立七十周年座谈会上的发言》。

② 费孝通：《政治上的启蒙》，《我与民盟》，群言出版社，1991。

政团同盟成员。[①]

又如费孝通，要说到他和民盟何时开始有组织关系的，他说，“要我规定一个年月日，那是不容易的。……实际的情形是，那时参加一个政治组织和现在人们所熟习的那一套是不完全相同的。填表申请那些手续当时被看成是一些形式。说这些是形式就带有无足轻重、可有可无的意思。政治组织在我们那时候是一种道义之交，握手成誓，用不着形式”。现在不妨说，这是缺乏组织观念。其实也可以说，这些事情那时还没有制度化，或还没有现代组织化。总之，像民盟那种知识分子的政治组织开始时多少还没有完全脱离传统的结社模式，尽管向共产党学得了一些组织方面的现代办法，这些办法在当时知识分子的心目中似乎看得并不那样重要。

“民盟作为一个正式的、有形的政党从什么时候开始的问题我至今还不清楚。也许这个问题和我什么时候参加民盟组织的问题一样，能搞得清楚当然最好，作为一个问题搁一下，也未始不可。不论我哪年哪月正式由组织通过成了盟的成员，记得在1944年秋天之后，我和盟的关系又进了一步。那时潘(光旦)、闻(一多)、吴(晗)三位同志住到昆明城里来了，我不久也搬回城里，住在云大。我们之间的往来从此更多了。楚图南、尚钺和潘大逵等同志原是云大的同事，我那时也知道是‘自己人’了。《民主周刊》有了个办事处，离我们的住处很近，大家碰头见面的机会更密了。冯素陶同志就是那时相识的。我也被社会上认为是

---

① 见戴美政:《曾昭抡评传》，云南人民出版社，2010。

盟员，自己也就以盟员自居了。我仿佛记得多年后为了填什么表，问过潘先生谁是我的入盟介绍人，他说写上他和吴晗就是了。”①

不过，尽管存在组织的严密性不够、入盟手续尚未制度化等情况，在从民主政团同盟昆明支部发展到民主同盟云南省支部的过程中，都并未影响新成员在不断地加入。民盟支部的影响力在不断扩大，渐渐形成一支有力的政治力量。自昆明支部成立至1944年底，云南民盟打破“政团”联合体的组织形式，在大学教授、知识界和社会中上层人士中发展了一批以个人身份入盟的成员。李公朴、楚图南、李文宜、吴晗、曾昭抡、冯素陶、费孝通、闻一多、尚钺、辛志超、夏康农、李德家、朱驭欧、王赣愚、胡毅、时宜新、李何林、陈白尘、吕剑、常任侠、张光年、赵沨、陆钦墀、闻家驷、姜震中、寸树声、杨一波及妇女界的王振华、宋方、张曼筠、陈端仪、杨贤如、钟韶琴、杨默霞等五十余人都是这个时段先后入盟的。到1944年底，民盟云南省支部的盟员已近二百人。

6. 高级知识分子加入民盟的人数最多，并形成云南民盟早期最重要的两个活动根据地——西南联大和云南大学

西南联大的重要盟员有潘光旦、罗隆基、曾昭抡、吴晗（曾任云南大学教授）、闻一多、闻家驷、吴征镒、胡毅等；云南大学的重要盟员有潘大逵、楚图南、周新民、尚钺、费孝通、李德家、朱驭欧、王赣愚、吴富恒、陆钦墀、姜震中等。两校的一些重要盟员后来都成了中国民主同盟重要的领导人。

---

① 费孝通：《政治上的启蒙》，《我与民盟》，群言出版社，1991。

西南联大的重要盟员中除闻一多1946年牺牲之外，潘光旦、罗隆基、曾昭抡、吴晗、闻家驷后来都担任了中国民主同盟重要的领导职务。西南联大1946年北上复员之后，分别恢复为原来的清华、北大、南开三校，故未能保持西南联大时期的民盟组织的强大阵容和活动传统。而云南大学则长期一直保持了民盟组织的强大阵容和活动传统。

在民盟早期最重要的活动根据地之一云南大学加入民盟的一些盟员，后来都成了中国民主同盟重要的领导人。早期的云大民盟成员中日后出过两位民盟中央主席：楚图南和费孝通；一位民盟中央常委兼组织部部长：周新民；有五人担任了省级主委：民盟北京市委主委吴晗（民盟中央副主席）、民盟四川省委主委潘大逵、民盟山西省委主委冯素陶、民盟山东省委主委吴富恒、民盟云南省委主委寸树声；有二人担任了民盟云南省委副主委：方仲伯和杨维骏。

第三章

中国民主同盟云南省支部

（1944 年 10 月—1945 年 11 月）

第一节　中国民主政团同盟改组为“中国民主同盟”

中国民主政团同盟积极倡导推进民主宪政运动的目标虽然没有达到，但艰辛的努力客观上促进了国统区民主运动的发展，为日后开展更大规模的民主运动奠定了基础，推进了中国民主化的进程。中国民主政团同盟已成为中国政治舞台上一支不可缺少的民主力量。

1944 年 9 月，中国民主政团同盟在重庆召开全国代表会议，一项重要的议程就是讨论民主政团同盟的改组问题。

民主政团同盟昆明支部代表罗隆基、周新民在大会上正式提出建议：从抗日民族统一战线斗争的需要出发，此前仅限于团体参加民主政团同盟的情况已不适应形势发展的需要，建议取消团体会员制，取消“政团”二字，吸收盟员不再受党派限制，盟员可以以个人身份入盟，以利于吸收各方面爱国知识分子的参加，扩大民盟组织。

会议经过激烈争论，最终采纳了昆明支部代表的建议，同意将“中国民主政团同盟”改组为“中国民主同盟”，取消“政团”二字，简称“民盟”，吸收无党派人士以个人身份入盟，扩大组织发展范围，以适应日益发展的民主运动的需要。改组后，民盟发表了《中国民主同盟纲领（草案）》，追求将中国建成一个主权在民的民主共和国，一个十足道地的民主国家。该《草案》中的重要主张也代表了其他中间党派的要求：

“民主国家以人民为主人，国家之目的在谋人民公共之福利，其主权属于人民全体；

“国家应保障人民身体、行动、居住、迁徙、思想、信仰、言论、出版、通讯、集会、结社之基本自由；

“国家应实行宪政，厉行法治，任何人或任何政党不得处于超法律之地位。”①

1945年2月，张澜在《华西晚报》公开发表了《中国民主同盟的缘起主张与目的》，文中对当时民盟必须扩大组织发展范围的原因做了说明：“到了三十三年（1944年）秋间，因国势的阽危，已到极严重关头。而在一党专政的党治之下，则政治军事日益败坏，则财政经济日益匮竭，人心亦日益离散，非立即实行真民主政治不能振奋人心，团结全国，内以革新庶政，外以加强战力，而获得最后胜利。然欲促成真民主的实行，仅限于党派结合之政团，其力量实嫌不足。必须扩大到国内一般要求民主赞成民主的各界人士，都来参加，群起响应，共同努力，始能促成真民主政治之实现。于是把民主政团同盟的‘政团’二字取消，改称民

① 中国民主同盟中央委员会编：《中国民主同盟历史文献》（1941—1949），中国社会科学出版社，2012。

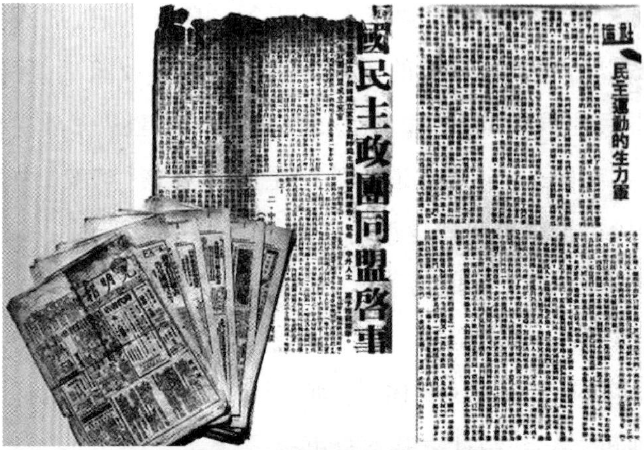

上图：1944 年 9 月 19 日，中国民主政团同盟在重庆召开全国代表大会，接受了昆明支部代表的建议，正式改名为中国民主同盟

下图：1944 年 9 月 19 日，中国民主政团同盟在重庆召开全国代表大会，图为代表合影

主同盟。”

民主政团同盟改组后，从原先主要是“三党三派”的政治联盟，成了有党派与无党派的爱国知识分子和要求民主赞成民主的各界人士的政治联盟，扩大了民盟的组织范围和社会基础。此后，大批爱国进步人士参加了民盟，壮大了民盟的力量，推动

了民盟组织的发展与巩固，扩大了民盟在群众中的政治影响。

这次全国代表会议选出中央委员三十三人，其中，中央常务委员十三人。昆明支部的罗隆基、潘光旦、周新民、曾昭抡、吴晗、潘大逵当选为中央委员，罗隆基、潘光旦当选为中央常务委员，罗隆基兼任中央宣传委员会主任。

“中国民主政团同盟”改为“中国民主同盟”后，全盟的事业进入了一个新的发展时期，组织迅速壮大，汇集了更多的反独裁、争民主的力量，开创了新的局面。

第二节　中国民主同盟云南省支部成立

随着“中国民主政团同盟”正式改为“中国民主同盟”，“中国民主政团同盟昆明支部”考虑到云南民主运动发展的态势，决定将名称改为“中国民主同盟云南省支部”，以适应形势发展的需要。

1944 年 10 月 1 日，中国民主政团同盟昆明支部召开盟员大会。昆明支部共有盟员一百多人，主要是西南联大和云南大学的教授。盟员大会决定改“中国民主政团同盟昆明支部”为“中国民主同盟云南省支部”（简称“民盟云南省支部”），通过了《民盟云南省支部执行委员会组织简章》，选举罗隆基、潘光旦、周新民、潘大逵、李公朴、闻一多、楚图南、吴晗、费孝通九人为委员。罗隆基任主任委员，周新民任组织委员，潘大逵任宣传委员，吴晗任青年委员会主任，潘光旦任财经委员会主任，李文宜任妇女委员会主任，杨怡士任秘书处主任。

民盟云南省支部成为中国民主同盟的第一个省级地方组织,平常简称为"民盟滇支部"。为了防止国民党特务的迫害和破坏,民盟的各种文件需要用个人化名的私章行文。闻一多欣然接受同仁的委托,为这些组织机构化名刻图章。内部组织机构刚确定的当天,他便自己设计、连夜赶刻出了寓意极好的四枚石章:代表民盟云南省支部的"田省三"印,代表秘书处的"刘宓"印,代表组织部的"王祖平"印和代表宣传部的"杨亦萱"印。

民盟云南省支部还从实际情况出发,发展了少量的秘密盟员。秘密盟员不公开身份,不参加小组活动,由盟支部负责人与其单线联系。

秘密盟员中,龙云是由民盟中央主席张澜亲自发展的。当民盟于 1944 年 9 月召开全国代表会议,决定可以吸收无党派人士以个人身份入盟之后,张澜便亲自秘密吸收龙云加入了民盟。张澜与西南各省的地方实力派均有很深的渊源,在人们心目中张澜威望甚高,被称为"川北圣人"。龙云几次到重庆开会,几乎每次都要去拜访张澜,与之畅谈国事。龙云对民盟的政治主张是甚为赞赏的,故张澜亲自将反蒋爱国的龙云吸收入盟。

随后,龙云还让任滇军师长、曾留学法国学习军事的长子龙绳祖也秘密加入了民盟。楚图南、冯素陶、闻一多、赵沨几人认为像"龙绳祖这样在旧军队和云南地方实力派中涉足很深的人加入民盟,一定要对他做点工作,让他明白加入民盟不是一件随意的事,一定要给他留下一个深刻的印象。经商量后,龙绳祖加入民盟要履行宣誓手续”。[1] 龙绳祖宣誓入盟那天,在东门外的龙云住宅大厅里,楚图南、闻一多、冯素陶这三位监誓人背墙面南而立,龙绳祖面对他们郑重地念完了誓词。龙云的亲信下属、绥靖公署少将作战处处长刘达夫,接着也秘密加入了民盟。之后秘密加入民盟的还有云南纱厂经理朱健飞、云南人民企业公司副总经理金龙章等。

龙云父子和刘达夫、朱健飞、金龙章等人的秘密入盟,对民盟的活动和昆明地区的民主运动,都有很多实际的支持。在保障民盟安全活动方面、在经费支持方面,他们都隐蔽地为民盟做了不少工作,充分发挥了作用。

由于当时复杂的斗争环境的局限,加之早期盟组织存在一定程度的松散结构,民盟不可能建立起完备的档案制度,以致无法保存下完整的盟员名单。甚至直至新中国成立前完整的盟员名单还是无法看到。民盟云南省委至今保存着的最早的宝贵史料——新中国成立前的部分盟员名册,也仅是原名册中的一部分。另一部分已于“李、闻血案”后转入地下活动时与其他一些盟组织资料及盟员资料一起烧毁。民盟云南省支部组织委员冯素陶在“李、闻血案”后转移离开昆明时,亲手将盟组织资料及盟员资料交给1946年5月加入民盟、8月即任民盟云南省临时工作领导小组组织委员的汪大受。除销毁的那一部分外,汪大受千方百计珍藏下来这部分盟员名册,于新中国成立后交给了民盟云南省支部组织部副部长黄秋帆。

---

① 楚图南:《民盟工作的片断回忆》,《我与民盟》,群言出版社,1991。

1945 年 8 月，民盟滇支部制定《中国民主同盟云南省支部暂行组织简则》和《组织部工作计划》，规定了抗战胜利后的组织发展和在昆明以外地区建立组织计划的要求，改变只在大学教师和社会中、上层人士中发展盟员的倾向，决定在大学生，中小学教师和中下层职员中发展盟员。执行这一计划后，到 1946 年 5 月，全省盟员已发展到六百余人，并相继在蒙自、建水、石屏、个旧、路南、泸西、呈贡、楚雄、大理、姚安、大姚、永胜、鹤庆、禄劝、富民、曲靖、富宁、陆良十八个县建立了小组。

民盟的活动平时以小组活动为基本活动形式。除少数单线联系的盟员外，大部分都编成小组进行活动。最主要的经常性活动是盟的生活会和时事讨论会。每小组六七人或七八人不等，各小组自行确定活动地点，或在某位盟员家中，或在某个场所。活动内容或是讨论时事，或是学习材料，曾学习过《论政党》《新民主主义论》《论联合政府》等文章、书刊。活动日期各小组视情况自定，一般十天左右活动一次，1945 年以后基本上是一周一次。周新民负责的小组的活动地点基本上是在唐家花园，参加人员有李文宜、闻一多、吴晗、楚图南、冯素陶、尚钺、费孝通和吴征镒等。另一个中苏协会小组的组长是赵沨，组员有在协会工作的金若年和另外几名音乐、美术界人士，这个组的组织生活很正常，定期开会活动。

民盟云南省支部的七名委员，每人分工联系两三个小组并轮流参加所联系的小组会议。省支部组织委员会为开展民盟的组织工作，建立了组织工作三人小组。该小组的任务是联系群众、发展组织。李文宜担任组长，两名组员是云南大学姜震中和在上海商业储蓄银行昆明分行担任襄理的时宜新。该三人小组联系较多的对象是西南联大、云南大学的教授和学生。

第三节　投身爱国民主活动

民盟云南省支部成立后，盟员们积极投身于各种进步民主活动，展示了忧国忧民的情怀、无畏的斗争勇气和儒雅博学的风度，逐渐赢得了众多知识分子和昆明民众的信服，树立了民盟的优良形象，扩大了民盟的影响力，有力地推动了云南民主运动的开展。

在一年左右的时间里，民盟云南省支部的盟员积极参与各种进步民主活动，主要活动有如下多项。

一、声援贫病作家的诗歌朗诵会

1944 年 10 月 9 日晚，西南联大的学生进步社团“新诗社”（导师是闻一多）举行了声援贫病作家的诗歌朗诵会。同时纪念新诗社成立半周年。

抗战以来，由于国民党不断摧残进步文化，为抗战做了大量努力的文艺界人士生活倍感艰辛，稿酬低廉，入不敷出。著名作家王鲁彦因贫病而于四十二岁英年早逝；优秀小说家张天翼竟全家忍饥挨饿，等米下锅；话剧先驱洪深也因贫困导致处境恶劣而以自杀表示抗议……

朗诵开始之前，会议主席请闻一多宣读由闻一多、楚图南、尚钺、冯至、李广田等一百二十三人签名的“给贫病作家的慰问信”。签名者的前三名领衔人都是民盟盟员。慰问信由闻一多亲笔抄写,信中写道:“至亲至爱的朋友们……无论你们怎样的受欺侮受迫害,你们的血泪却滋养着我们对强暴的愤恨和对自由的渴望。今天,你们不再是孤立的,你们的语言,将被我们举起,当作进军的旗帜。人民的呼声是最响亮的,让那些枉死者也站在我们的行列中一齐叫喊吧! 当千万个声音合成一个声音,那就会把黑暗震塌的,这——就展开了你们的前途和我们的前途!”

朗诵开始,先是新诗社的几位同学朗诵,接着盟员张光年朗诵了长诗《我们是老百姓的女儿》。最后一个朗诵的是闻一多,他用刚劲洪亮的声音朗诵了《第二次世界大战的讣闻》和《被开垦的处女地》,作为诗朗诵的压轴戏,把朗诵会的气氛推向了高潮。

朗诵结束后,大家开始座谈。楚图南首先发言,在分析了新诗发展的状况后,他强调说:“我们相信新诗的前途和新中国的前途一样光明!”盟员吕剑讲了自己的见解:“从大众的生活中酿出来的诗歌,才是最健康的。写新诗的朋友们更应该接近民间的东西,采取他们的旋律。……北方(当时‘解放区’的代称)已经产生了一种新东西,与民歌很接近,而不是民歌,老百姓很欢迎。这是一种新的成就,它预示了新诗的未来。”

二、昆明各界双十节纪念大会

1944 年 10 月 10 日,由民盟云南省支部与中共云南地下组织共同发起,西南联大壁报协会,云南大学、中法大学学生自治

闻一多在演讲

1944 年 10 月 10 日，昆明各界五千余人在昆华女中大操场举行“昆明各界双十节纪念大会”，罗隆基、李公朴、闻一多、楚图南、吴晗等相继演讲，提出响应中共主张，“动员民众，保卫大西南”“实行民主，反对独裁”等口号

会，文艺界抗敌协会昆明分会，学术界宪政研究会等团体组织的“昆明各界双十节纪念大会”在昆华女中大操场举行，五千余人参加。罗隆基、李公朴、闻一多担任大会主席。

大会开始，闻一多第一个演讲，其讲题是《组织民众与保卫大西南》。闻一多在演讲中强调了昆明在抗战中的重要地位，强调了民主与自由的精神，强调了人民应当认识到自己的力量，表达了对国民党消极抗日、积极反共的愤怒。这是闻一多自抗战开始到云南七年来，第一次公开出现在民众面前，与如此多的民众在一起集会，并且对民众发表演讲。

闻一多演讲之后，楚图南做了题为《言论自由与身体自由》的演讲，吴晗做了题为《中苏邦交与国共问题》的演讲，李公朴做了题为《改善士兵生活与当前政治问题》的演讲，罗隆基做了题为《改革政治的方案》的演讲。

楚图南演讲时，国民党特务燃放大爆竹捣乱，使会场秩序大乱。为了稳定群众情绪，李公朴在主席台上，拿起一个未燃放的大爆竹揭露特务的卑劣手法。负责维持会场秩序的云南大学学生自治会主席杨维骏请来云南地方当局的宪警，将特务赶出会场，平息了会场的骚动，保证了大会的继续进行。各位演讲人在演讲中分析抗战出现的危机，谴责国民党一党专制、消极抗战的误国政策。最后，闻一多宣读了由罗隆基起草、自己润色的《昆明各界双十节纪念大会宣言》，严正指出："今日彻底改革的要图，首先应由专权在位的国民党立即宣布实行党治，还政于民""政府应立即召集国是会议，组成全民政府""新政府的人选应包括全国各党派之代表，及全国无党派才高望重之人。"[①]《宣言》提出了建立联合政府，保障人民的人身、言论、集会、结社自由，立即释放政治犯；彻底改革经济；整顿军事编制，提高士兵待遇，动员一切爱国力量保卫大西南等要求，响应了民盟总部刚发表的《对抗战最后阶段的政治主张》。

大会结束时，李公朴带领群众高唱《义勇军进行曲》，高呼："动员民众，保卫大西南！""实行民主，反对独裁！""打败帝国主义，消灭法西斯蒂！"等口号，激发了群众抗战到底的决心

这次群众大会，是自"皖南事变"以来昆明首次大规模的群

① 该宣言原件存中国革命博物馆，转引自闻黎明：《闻一多传》，253、254页，人民出版社，1992。

众集会。为开好这次大会，民盟云南省支部和昆明的教育界、文化界作了细致筹备，特别是民盟云南省支部做了周密安排，事前还征得了省主席龙云的同意和支持。

1944 年 12 月 25 日，六千余人在云大操场举行了“云南护国起义纪念大会”，李公朴、罗隆基、闻一多、吴晗、潘大逵等人组成主席团，闻一多、潘光旦相继发表演说，提出了结束一党专政，召集人民代表会议，组成联合政府等主张。会后，上万群众上街游行

三、云南护国起义纪念大会

1944 年 12 月 25 日是护国起义纪念日。二十九年前，云南人民首举义旗，反对袁世凯复辟帝制，袁氏在全国人民的反对声中死去。之后，每年的 12 月 25 日被定为护国起义纪念日。但到 1942 年，国民政府却决定将护国起义纪念日并入肇和兵舰起义日（12 月 5 日）一道纪念。

云南人民对此始终抱有异议，认为两种起义各有意义，不宜等同，希望恢复原护国起义纪念日，加之1944年“双十节”时，中国民主同盟发表了《对抗战最后阶段的政治主张》，响应共产党“建立民主联合政府”的建议，申明“结束一党专政”的主张。有鉴于上述两方面的情况，民盟滇支部便决定要求政府于1944年12月25日当天恢复护国起义纪念，借以表达实行民主政治的愿望。

在民盟滇支部领导者的奔走努力下，云南省第二届临时参议会决定建议省政府向国民党中央请求批准恢复12月25日的护国起义纪念日，并于12月22日获准。

而民盟滇支部则早已开始抓紧进行这次纪念大会的准备工作，并决定不管当局批准与否，大会都确定要开。大会对外是以昆明学术界宪政研究会的名义主持，而实际上是由民盟滇支部经几次讨论，确定的发起团体、开会时间、地点、议程诸事项。

经过充分准备后，大会于12月25日在云南大学召开。昆明全城机关学校也放假一天，以示庆祝。会场气氛热烈，充满活力。护国元老、各界人士、大中学师生、职员、工人、中下级军官等共两千多人参加大会。护国元老黄斐章、白小松、云龙和盟员唐筱蓂、吴晗、闻一多先后发言。台下口号声一阵高过一阵。

大会结束之前，通过了由吴晗起草、闻一多誊录的《云南各界护国起义纪念大会宣言》。《宣言》指出“护国起义这个伟大的历史事实之所以值得我们纪念，是因为它曾在全民族反对独夫政治、反对封建余毒的胜利中，为我们奠定了民主政治的基础”。[①]《宣言》列举了抗战以来国民党政府在政治、财政、外交、

---

① 闻黎明：《闻一多传》，268页，人民出版社，1992。

教育、军事上的弊端，再次重申“保证抗战胜利唯一的方法还是实现民主政治”，提出了结束一党专政，召集人民代表会议，组成联合政府等主张。

大会结束后，参会人员举行了盛大游行。护国元老们走在最前面，闻一多、潘光旦、楚图南，潘大逵、吴晗、周新民、曾昭抡、罗隆基等民盟滇支部负责人走在队伍中间。沿途口号声不断：“发扬护国精神！”“消灭法西斯蒂！”“打倒专制独裁！”“实行民主政治！”市民们都纷纷驻足观看。这也是“皖南事变”之后昆明第一次大规模的群众游行。事前，民盟滇支部的机关刊物《民主周刊》发表了时评《铲除枭雄盗国思想——纪念云南护国革命》相呼应。

四、“五四”纪念周活动

1945 年 5 月 1 日至 7 日，在中共云南地下组织的领导和推动下，昆明大、中学生举行了“五四”纪念周活动。事先，民盟云南省支部出面与各大学学生自治会商定，在 5 月 4 日举行大规模纪念大会和游行。国民党中央党部密令云南省党部及各校负责人“严加防范”，国民党云南省党部也命令各校不得与西南联大接触，各报不得刊登有关“五四”纪念活动的消息。联大训导处还企图以免费请学生看电影之名，分散和瓦解学生的力量。国民党陆军总司令何应钦则要龙云不惜牺牲几个警察，把学生的活动镇压下去。中共地下组织获知消息，一方面通知各校“民青”和学生自治会负责人商议对策，另一方面让杨维骏设法向省主席龙云请求帮助。后龙云找到何应钦，竭力劝阻他不必管学生的活动,治安方面云南地方当局自会负责。

纪念活动于5月1日至7日如期举行,每天都有大型活动,各项活动都有大、中学生和市民数千人参加,所有活动共同的主题就是民主。在各大学任教的盟员和同学们一道参加了各种报告会、座谈会、音乐会、诗歌朗诵会、体育活动。吴晗、楚图南、尚钺、曾昭抡和华罗庚等教授发表了演讲,阐述"五四"对新文化和民主科学发展的深远影响,希望青年们继承"五四"光荣传统,反法西斯,反独裁,争取民主、自由、解放,努力奠定人民的新世纪。华罗庚在4月30日的"科学晚会"讲演中,大声疾呼"政治必须改革,民主必须实行!"

5月4日,七千多名青年学生聚集在云大操场上举行纪念大会。开会不久,突然下起雨来,闻一多借"天洗兵"的历史故事,作了有力的鼓动演讲,稳定了会场秩序。闻一多在讲演中强调说,"我们今天第一要民主,第二要民主,第三还是要民主。没有民主不能救中国!没有民主不能救人民!""五四还要科学,不过,没有民主,也就不可能发展科学"。罗隆基、吴晗、潘大逵等人相继发表了演说,号召青年们为完成五四运动未竟的反帝反封建,争取自由、民主、科学的历史任务而不懈努力。大会之后,参会人员举行了示威游行。民盟云南省支部领导人手挽手走在游行队伍最前列,同青年学生一道高呼:"打倒独裁者!""要求民主自由!""组织联合政府!""取消特务制度!"等口号,吸引了各阶层群众上万人参加,震撼了初夏的昆明。游行结束,返回云大操场后,大会通过了成立昆明学生联合会的倡议。1945年的"五四"纪念周活动是昆明民主力量的大检阅。

1945年5月1日至7日，民盟云南省支部与中共昆明地下组织密切配合，举行了“五四”纪念周活动。5月4日，云南民盟支部出面，组织七千多名青年学生在云南大学操场上举行五四运动纪念大会，吴晗、闻一多、罗隆基、潘大逵等人相继发表演讲，号召青年们为完成五四运动未竟的反帝反封建，争取自由、民主、科学的历史任务不懈努力，会后参会人员举行了示威游行

上图：吴晗在会上演讲

下图：学生游行场面

五、发表《昆明文化界致国民参政会电》

1945 年 7 月 1 日，民盟云南省支部联络有关民主人士，推动昆明文化界一百四十六人签名发出了由罗隆基、闻一多起草的《昆明文化界致国民参政会电》[①]，批评国民党的国民参政会“组织、职权、工作及其一切表现，殆无一不与民主精神背道而驰”，明确反对召开这样的国民参政会。在电文上签名的有吴晗、楚图南、费孝通、李公朴、冯素陶、潘大逵、潘光旦、曾昭抡、尚钺、姜震中、闻家驷、赵沨、张光年、常任侠等盟员与胡毅、张小楼、叶露茜、萧涤非、游国恩等教授和知名人士。

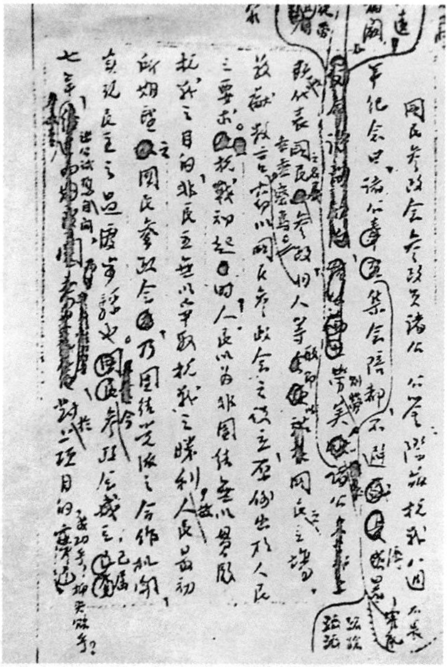

罗隆基、闻一多起草的《昆明文化界致国民参政会电》

1945 年 7 月 1 日，民盟云南省支部推动昆明文化界一百四十余人联合发出致国民参政会电，要求废止由国民党一党把持的国民参政会，建立真正的民意机关和联合政府

① 原件存中国革命博物馆，转引自闻黎明：《闻一多传》，304 页，人民出版社，1992。

六、纪念抗战八周年活动

尽管国内反对声音很高，国民党一意孤行，仍坚持于1945年7月7日在重庆召开国民参政会第四届大会，打算强行通过召开国民大会的决定。为表示对国民党这种一意孤行、不得民心的做法的抗议，在抗日战争即将最后胜利的前夕，民盟云南省支部审时度势，发表了《中国民主同盟云南省支部为纪念抗战八周年敬告国人书》，及时表态，呼吁人民起来反对内战，反对已经召开的国民参政会，反对将于11月召开的“国民大会”。《敬告国人书》最后强调：“我们确实认定，对于中国，今天国际形势绝对优良，国内形势绝对险恶。我们愿大声疾呼，唤醒全国人民一致起来冲破这国内的险恶形势！”

与《告国人书》相配合，民盟云南省支部针对性很强地从舆论上展开攻势，在《民主周刊》上刊发了《中国的政治前途》《参政会中的一个难题——国民大会问题》《中国民主运动中的两条路线》《我们对三个问题的意见》等一组有关的文章。

民盟云南省支部领导人又应邀参加西南联大、云大、中法大学学生自治会联合举办的“纪念抗战八周年时事报告晚会”。一千多名大、中学生和职业青年参加晚会，闻一多、潘光旦、潘大逵、吴晗、曾昭抡、罗隆基及伍启元等人发表演讲。他们评说了蒋介石的“七七演说”；分析了抗战以来国民党政府在教育、文化、经济、政治、军事、外交上的失策；指出中国必须实行民主，才能消除这些失策的严重影响；呼吁人民站起来，自己挽救自己，促进民主政治的实现；重申了民盟云南省支部在《告国人书》中提出的要求和主张。他们的演讲持续了五个多小时。

七、抗战胜利时的活动

经过全国人民坚苦卓绝的抗战,1945 年 8 月 15 日,日本宣布无条件投降。当晚,民盟云南省支部领导人及盟员教授罗隆基、闻一多、周新民、吴晗、刘思慕、尚钺、王赣愚等应邀参加西南联大学生自治会举行的时事报告会,就战后局势,制止内战和民主团结问题发表了演讲。第二天,《民主周刊》及时发表社论《我们在抗战胜利时的主张》,提醒人民警惕内战的危险性,呼吁"赢了抗战, 我们还要赢得国内和平;赢了抗战,我们还要赢得国内民主。"社论中还提出了今后"一要保障国家安全,二要建立国内民主"的两大主张。

9 月 4 日,民盟云南省支部参加昆明学生联合会和文教界在西南联大举行的"从胜利到和平"联欢晚会。晚会围绕庆祝抗战胜利、反对内战、要求和平的主题,作时事报告,表演文艺节目。尚钺、吴晗、周新民、闻一多、曾昭抡、刘思慕等盟员先后发表了演讲。他们分析抗战胜利后的形势,揭露国民党内战的阴谋,批评蒋介石在庆祝胜利典礼上的内政宣言是欺人之谈。晚会上,闻一多还宣读了由吴晗起草、闻一多修订的《昆明教育文化界对于胜利后国是的意见》,再次要求迅速召开各党派政治会议,组织联合政府,惩办汉奸贪官污吏,打击奸商囤户,资助贫困无力返乡者。晚会结束时,与会群众一致高呼"反对内战,要求和平民主""反对美国干涉中国内政"等口号。

第四节 《民主周刊》

《民主周刊》是民盟云南省支部的机关刊物,创刊于 1944 年 12 月 9 日。创刊之前半年,民主政团同盟昆明支部就有筹办一个定期刊物的打算。经过一段时间的准备和筹措经费,另外,秘密盟员朱健飞支持了一些经费,刊物正式创刊,定名为《民主周刊》。由于经费不充裕,发表的所有文稿一律不给稿酬,只给刊物几位办事人员支微薄的生活费。罗隆基为《民主周刊》首任主编,潘光旦为首任社长,曾昭抡与闻一多、李公朴等为编委。后

《民主周刊》

1944 年 12 月,民盟云南省支部机关刊物《民主周刊》社成立。《民主周刊》积极宣传爱国民主思想,成为当时昆明影响较大的进步刊物。1946 年 8 月,《民主周刊》被国民党当局查封停刊

来，潘大逵、吴晗、闻一多先后继任社长，杜迈之继任主编。《民主周刊》的社址在昆明市文林街府甬道十四号，此处实际上也是民盟云南省支部的隐蔽办公场所，支部的成员常在这里相聚，商量民盟事务和民主运动事宜。

民盟云南省支部和《民主周刊》社旧址——昆明文林街府甬道十四号

《民主周刊》的出版发行是民盟云南省支部的一项重要工作。从 1944 年 12 月创刊到 1946 年 8 月被反动派封停，共出版了三卷七十一期，是抗战期间大后方发行量最大的民主进步刊物之一，也是当时最有影响的宣传民主的重要刊物之一，在知识分子和青年学生中拥有众多的读者，不但深受昆明各阶层民众的欢迎，在全国也产生了很大影响，连其他省市也有来函订阅的。

1945 年 3 月，民盟云南省支部为了扩大影响，又增办了《民主增刊》，常务工作由张光年负责，李公朴、闻一多、曾昭抡、张光年参加编辑工作，刊登一些更易于为下层群众所接受的文章，每期发行数千册。1946 年 8 月，与《民主周刊》一样被国民党当局查封停刊。

《民主周刊》的宗旨是：宣传民盟政治纲领，阐述民盟对时局的态度，宣扬民主思想，推进民主运动。《民主周刊》经常发表民盟中央对时局的主张、宣言和民盟云南省支部的意见，宣传民主宪政，加强团结，抗战到底，反对内战，主张建立联合政府等。创刊号首篇文章便是罗隆基的《什么是民主》一文。此文鲜明表达了《民主周刊》的宗旨，传达了民盟云南省支追求民主的精神和争取民主的强烈主张。在刊物存世的二十一个月中，《民主周刊》始终贯穿"要求民主"这条主线，时时紧密结合形势的发展，联系不同阶段的重要事件或重要问题，发表针对性很强的评论文章，针砭时弊，提出告诫，阐述主张。

经常为周刊撰稿的有罗隆基、曾昭抡、潘光旦、潘大逵、楚图南、闻一多、费孝通、闻家驷、张奚若、吴晗、邓初民、尚钺、伍启元、周新民、李公朴、杜迈之、沈志远、张子斋等人，其中多人是知名教授、社会活动家。他们奋力在《民主周刊》发表文章，评论时政，揭露统治者的腐败，呼唤民主政治，在昆明社会各界乃至在全国产生了很大影响。

《民主周刊》从创刊到被迫停刊的二十一个月间，正是抗日战争胜利前后的一段形势多变、专制与民主斗争尖锐激烈、民族危难的时期。创刊之时，国命危殆，日寇军队已入侵到贵州独山。停刊之时，内战硝烟迷漫，战争与和平的考验摆在全国人民面前。

《民主周刊》创刊号上发表了题为《怎样渡过难关》的时评，指出国内问题，不仅是军事问题，实际是政治问题。是全国上下精诚团结，坚持抗战，实行民主的问题。非民主团结，不能打败日本侵略者，赈救中国。呼吁国民党当局接受举国一致的要求，召集国是会议，成立民主联合政府，以渡过国家民族危亡的难关。

刊物第三期为纪念云南护国起义二十五周年，发表了时评《铲除枭雄盗国思想——纪念云南护国革命》，以袁世凯称帝的教训提出警告说："枭雄盗国寡头专制妄念，绝对不能苟存于20世纪。"意即必须扫除民主的障碍——独裁专制，矛头直指独裁者蒋介石。两个多月前，民盟主席张澜于10月7日在成都华西坝各大学十二个学术团体联合召开的国是座谈会上，点名谴责蒋介石独裁专制，指出政府腐败到这种程度，国家危险到这种境地，都是蒋介石独裁专制的结果。《民主周刊》这篇时评与张澜的点名谴责南北呼应，是冲破反动派三次反共高潮后期白色恐怖阴霾的两声重炮，开创了公开指责独裁专制的先声，预告了新的民主高潮的到来。

1945年元旦，蒋介石发表"新年文告"说："我现在准备建议中央，一俟我们军事形势稳定，反攻基本确立，最后胜利更有把握的时候，就要及时召开国民大会，颁布宪法……归政于全国的国民。"针对蒋介石的此番表态，中共中央向国民党和民盟提出了召开党派会议，商讨国是会议和联合政府的组织及其实现步骤的建议；中国民主同盟发表"时局宣言"，主张只有"立即结束一党专政，建立联合政权""中国始有实现民主宪政的可能"。围绕民主宪政问题和蒋介石的新年文告，《民主周刊》连着几期发表了一系列文章，包括罗隆基的《民主政治与民意政治》《党派团结的具体方案》，潘光旦的《民主的先决条件》，王赣愚的《团结与军队统一》等专文，以及潘大逵论宪政问题的几篇专著，阐明民盟云南省支部的观点，强调党派团结为实现民主的枢轴，并提出有关实现民主宪政的具体想法，以响应和支持中共中央与民盟总部的主张。

关于中国需要实现的民主政治的性质，邓初民在《人民是最后的判决者》一文中指出，中国必须实行“新型的民主”“不是资产阶级专有的民主，而是各革命阶级各革命党派的联合政权”。并指出：“人民的力量与反人民的力量的比重，发生基本的变化，最后必然要由人民的力量来决定一切。”

4 月 9 日，《民主周刊》发表了曾昭抡的专文《人民的力量》，通过对第二次世界大战形势的分析，说明“人民具有无限的潜在力量”“二十世纪是人民的世纪”，为推动民主运动提出理论依据。同月 18 日《民主周刊》发表雷铭的文章《怎样推进中国的民主运动》，要求把民主运动从学生运动扩大到社会各阶层人民参加的一切民主力量联合的运动。之后，《民主周刊》多次发表有关学生运动的报道，以及支持学运的声明和诗文。

抗日战争即将取得最后胜利，中国面临战后独裁与内战、民主与和平两条道路的选择，《民主周刊》在《“七七”八周年纪念》的专论中指出：“日寇最后无条件投降已成定局”，国家正处于光明与黑暗的十字路口上，人民要自由、平等和民主是谁也阻挡不了的。在日本宣布无条件投降后的第二天，《民主周刊》便以社论的形式，发表了民盟云南省支部《我们在抗战胜利时的主张》，指出内战危险的存在，呼吁"赢了抗战，我们还要赢得国内和平；赢了抗战，我们还要赢得国内民主"。社论还提出"一要保障国家安全，二要建立国内民主"的两大主张。同期还发表了吴晗的文章《吾人并非为制造一批富翁而战》，呼吁全国人民起来共同反对发战争财、国难财的"百万富翁"。

《民主周刊》因其旗帜鲜明地要求民主的风格，不但深受昆明各阶层群众的欢迎，其他省市远道来函订阅的也很多。然而广大群众喜爱和向往的，就是国民党当局惧怕的。《民主周刊》第四期的时评，竟被新闻检查官勒令撤销，开了"天窗"。《民主周刊》便在天窗处刊出"一个抗议"和"被扣"几个大字，以揭露国民党对言论自由的粗暴干涉。

云南省主席、民盟秘密盟员龙云，经常通过罗隆基等人与民盟保持联系，支持《民主周刊》和民盟的工作。蒋介石为了镇压昆明的民主运动，稳住后方，以便进行内战，竟于 10 月 3 日用武力解除了龙云的武装，将他挟持到重庆软禁起来，另调蒋的嫡系部队进驻昆明。10 月 17 日，《民主周刊》为对此举表示抗议，发表了时评《"误会"而"冲突"以后》，阐明民盟反对内战，要求自由、和平、民主的主张，对被蒋介石用武力胁迫下台的龙云表示同情。11 月 26 日，《民主周刊》又刊登周新民反对国民党反动派打内战的评论文章《还能打内战吗?》。文章指出：抗战八年，人民忍受了最大的牺牲，国家元气大伤，应该休养生息，千万不能再打内战，当前和今后的一切问题，只能用和平的方式解决。

在昆明爱国学生发动的"一二·一"运动中，《民主周刊》紧密配合中共地下组织的部署，在民盟云南省支部的领导下，联合昆明其他进步期刊，揭露国民党反动当局的罪行，坚决支持爱国学生的正义斗争，为“一二·一”学生运动的顺利发展做出积极贡献。

“一二·一”惨案发生后，《民主周刊》联合《人民周报》《时代评论》《昆明新报》《大路周报》《文艺新报》《妇女旬刊》发表了《我们对“一二·一”惨案的严重抗议》，谴责国民党政府限制人民言论、集会、结社的权利和自由，屠杀爱国学生的罪行，要求查办凶手和幕后主使者，取消禁止人民集会游行的非法禁令，重申取消一党专政，建立联合政府的主张。12 月 3 日，上述七家期刊还决定发《联合增刊》，专门发表社会各界揭露“一二·一”惨案真相，抗议当局暴行的文章。

《联合增刊》第一期发表了费孝通写的《青年是解散不了的——向教育当局勒令各中学提前放假的阴谋抗议》，谴责云南省教育厅做出提前放假的决定，揭露国民党反动当局企图分散学生力量的阴谋。

《民主周刊》第二十期发表了吴晗的文章《论“一二·一”惨案与纲纪》，驳斥蒋介石 12 月 7 日发表的《致昆明教育界书》。文章开头说：“从 11 月 25 日至 12 月 1 日这一周，是中国有史以来最黑暗的一周，是民国以来最不体面的一周，也是从国民党成立五十周年以来最不光明、最被玷污的一周。”并对蒋介石要求学生“重视课业，遵守纪纲”的说法进行驳斥，文章列举惨案发生一周以来的事实，说明学生没有哪一点违反法纪，恰恰是“法纪颠倒”“要正法纪，先得正破坏法纪的党政军当局”。

12 月 28 日，政治协商会议召开的前夕，《民主周刊》发表时评《成败之间》，指出政协会议能否做到制止内战，制定共同纲领，改组国民党政府，制定宪法草案，解决国民代表大会代表问题，是其成败的关键，号召全国人民起来监督和指导。政协会议召开后讨论的主要问题，便是时评提出的这几个问题。

政协会议召开期间，《民主周刊》发表了周新民《对于政治协商会议的期望》一文，对会议着重讨论的"政治民主化，军队国家化"两大项目发表监督意见，表示支持先政治民主化，后军队国家化的主张，指出"联合政府的组成，乃为政治民主化的前提"，"必须先组织联合政府，政治确已民主化了，然后方可谈到军队国家化的问题"。同期刊物还发表了潘光旦、闻一多、费孝通、吴晗联名的《致马歇尔特使书》，从中国的历史和现状，论证中国的政党必须依恃武力才能存在，指出"这原因就是当权的政府不容许异见"，为中共拥有武装力量的必要性辩护。该文意在提醒政协会议注意，军队国家化必须国共两党同时将军队交给联合政府，不能让蒋介石企图利用军队国家化要中共将人民武装交给他"统一指挥"的如意算盘得逞。

1946 年 1 月底政治协商会议闭幕。2 月 15 日，《民主周刊》发表《提高警惕》与《并非圆满》两则时评，要求政协会议后民主力量加强团结，以促使政协决议能够真正得到实施。政协决议墨迹未干，蒋介石政府就在东北扩大内战。2 月 26 日，《民主周刊》为此发表时评，呼吁"用和平民主的协商方式解决东北问题"。4 月间，当民盟总部在重庆邀请国共双方代表在特园座谈调停东北内战的时候，《民主周刊》配合发表时评《时局严重应由国民党负其全责》，指出"国内局势危机因素增加，军事上国民党大量派兵出关，政治上反政协决议日益变本加厉，妨害人民自由的事件层出不穷”，并警告蒋介石说，“由此产生的一切后果，国民党及其总裁应该完全负其责任”。同期还发表《立即停止东北内战》的时评，谴责国民党发动东北内战，呼吁全国人民提高警觉，准备及时去制止反动派的内战阴谋。并发表杜迈之的《东北问题一解》，李何林的《东北问题的关键》与《论东北问题》等文章，以大量篇幅呼吁制止东北内战，加强舆论对国民党的压力。

在反迫害方面，《民主周刊》于1946年1月20日发表了闻一多、吴晗、胡钊、李源联合署名的文章《释放政治犯再不能拖延了——兼为羊枣先生的暴死集中营控诉》，呼吁国民党当局立即释放三十余万政治犯，要求政府调查公布羊枣先生被迫害死于狱中的原因，澄清政治犯行为的含义，保障人民自由，废除集中营和特务制度。4月25日，《民主周刊》发表尚钺的文章《控诉国民党反动派破坏民主和平毁灭人道的暴行——抗议南通惨案》，揭穿国民党反动派残害进步人士并企图嫁祸于共产党的无耻行为，向反动派提出严重抗议，向全世界爱好和平民主的人民进行控诉，号召全国人民不能再袖手旁观了。

经常为《民主周刊》撰稿的部分重要作者所关注的题材各有自己的侧重点，如罗隆基、潘光旦主要写作有关民主、人权的文章；潘大逵着重论宪政问题；曾昭抡作为《民主周刊》“一周时事析要”专栏撰稿人，侧重撰写了大量“二战”反法西斯战局和抗战局势的军事论述或国际评论，增强读者对抗战胜利的信心；费孝通在《民主周刊》上发表的文章以时评为主，从国际时评切入对国内时弊的尖锐针砭，表达出对民主、自由的追求，等等。

闻一多正式参加民主周刊社的工作开始于1945年底任支部宣传委员会主任时。几个月后,1946年5月7日,他接替离昆的吴晗担任民主周刊社社长职务,两个月后即被暗杀。在闻一多负责的两个月间,《民主周刊》发表了许多在社会上产生了较大影响的重要文章。他与人联名发表在周刊上的文章有《国立西南联合大学张奚若等十教授为国共商谈致蒋介石毛泽东两先生电文》《昆明教育界致政治协商会议代电》《为横遭阴谋破坏敬告各界人士书》《致马歇尔将军书》《昆明文化界致美国和平委员会的信》《慰问马叙伦等电》等多篇。

闻一多自己发表在《民主周刊》上的独撰文章仅有一篇《民盟的性质与作风》,是他的讲演稿。

为了扼杀昆明的民主运动,1946年7月,国民党特务卑鄙地暗杀了李公朴、闻一多。李公朴遇害后,《民主周刊》等七家进步期刊共同出版的《联合增刊》出版了"李公朴先生被刺专刊",发表了《李公朴先生被刺经过》《中国民主同盟云南省支部发言人为李公朴同志被暴徒暗杀事件之严重抗议》等文。闻一多被暗杀的第二天,民盟云南省支部油印散发了《中国民主同盟云南省支部为闻一多同志复遭特务暗杀的紧急声明》,向云南地方当局提出严重抗议。几天后又在《民主周刊》上刊登该声明。《民主周刊》以大无畏的气概,冒着刊物可能被反动派查封的危险,转移地方秘密编辑出版了最后一期,全文发表了闻一多那篇气壮山河的《最后的一次讲演》,并在封面上以套红压题印出闻一多为李公朴被害题写的诔词:"斗士的血是不会白流的。反动派!你看见一个倒了,可也看得千百个继起的人!"此话亦是民盟对闻一多的诔词和对《民主周刊》的诔词！——国民党特务紧接着就查封了民盟云南省支部机关和《民主周刊》社。

在云南大后方这块民主运动的战场上，《民主周刊》及其多位主持人所发挥的战斗作用是巨大的，《民盟史话》中对此有恰当的评价："《民主周刊》坚持民盟的政治纲领，紧密配合民盟总部的政治斗争步伐，为争取民主，反对内战，结合各个阶段国内国际的重大事件和问题，发表了态度鲜明的主张和意见，痛贬时弊，直陈民意，敢于将矛头直指蒋介石反动派，成为昆明地区爱国民主运动和人民革命斗争的喉舌。它的主持人潘光旦、罗隆基、潘大逵、闻一多、李公朴、楚图南、费孝通等，不但将满腔爱国热情抒发为文，而且身体力行，四处奔走呼号，发表大义凛然的激励人心鼓舞斗志的演说，号召广大学生青年和知识分子奋起投入争民主反内战的波涛澎湃的人民革命斗争。闻一多被誉为'时代的鼓手'。昆明被称为'民主运动的堡垒'，《民主周刊》和它的主持人们，便是这个光荣的堡垒的有力的宣传鼓动工具和卓越的先锋战士。"①

《民主周刊》活跃的这段时间，为积极扩大民盟舆论宣传阵地，一批由盟员任主编的刊物也先后创办，有由费孝通任主编的《时代评论》，由冯素陶、叶笃庄任主编的《人民周报》，由杨默霞、王振华、宗云先后任主编的《妇女旬刊》《时代妇女》，杨明、唐登岷任主编的《中国周报》等。这些刊物积极宣传民主，反内战，反独裁，对当时昆明民主运动的高涨起到了有力的推动作用。

---

① 赵锡骅：《民盟史话》，中国社会科学出版社，1992。

其中，创办于1945年抗战胜利之初的《时代评论》影响较大。《时代评论》由多位盟员相约创办，创办者们一致推举费孝通担任主编，吴晗、闻一多、楚图南、尚钺、费青、向达、张奚若等任编委。经费由吴晗、闻一多等负责筹集，闻一多还精心篆刻“时代评论社”社章一枚。

《时代评论》与《民主周刊》并肩战斗，联名发表了《昆明市大中学生为反对内战及抗议武装干涉集会告全国同胞书》《中国民主同盟云南省支部发言人对“一二·一”惨案的抗议》《我们对“一二·一”惨案的严重抗议》《为横遭阴谋破坏敬告各界人士书》《对当前时局的态度》《坚决反对当局取缔本市期刊》《坚决反对撕毁政协协议》等一系列支持学生爱国民主运动，谴责国民党反动当局血腥镇压学生运动的文章。在“一二·一”运动中，《时代评论》每期发行量高达八千至一万份。《时代评论》虽然只发行了十八期，便与《民主周刊》一样，被国民党当局查封停刊，但其在知识界产生了较大的影响。

第四章

民主运动高潮中的民盟云南省支部

（1945 年 12 月—1946 年 7 月）

第一节 “一二·一”运动

艰苦的抗战,终于取得胜利,饱受战乱之苦的全国民众看到了新的希望。人们热切盼望国共两党能消弭争端,国家从此能够和平安定,推进民主政治,改善民众生活,重建被战争严重破坏的百业。民盟中央率先发表《抗战胜利声中的紧急呼吁》,提出民主统一、和平建国的十项主张。中共于8月25日发表《对目前时局的宣言》,提出“和平、民主、团结”的口号,阐明“在和平、民主、团结的基础上,实现全国的统一,建设独立自由与富强的新中国”的政治主张,要求国民党政府立即实施避免内战和实现民主政治的六项紧急措施。云南民盟全体成员与全盟盟员和全国民众一道欢庆胜利,企盼能够避免内战,推进民主政治,实现全国的统一。

虽然国共两党开始谈判,可是内战却已初现端倪,中国面临着两种命运、两种前途的大决战。在全国民众反内战、争民主、和平建国的企盼中,1945年12月1日,昆明发生了震惊中外的“一二·一”惨案。

龙云主政下的云南,是被蒋介石政权认为是“自由太多”的地方,也是蒋介石政权难以插手的地方。当抗战中龙云的滇军大部分奔赴抗日前线后,蒋介石就逐渐将嫡系中央军调入云南,妄图一步步控制云南。龙云与蒋介石的矛盾日趋尖锐,他不满蒋介石的独裁腐败,更不愿将云南拱手相让。他利用自己昆明行辕主任的身份和权力,规定中央军不得进入昆明市区,中央宪兵不在昆明市区执行任务。这个规定保护了龙云自己的地盘,客观上也起到了有利于昆明民主运动开展的效果。可是,蒋介石是决不能容忍这种情况的。为了打掉昆明这个"民主堡垒",免除国民党发动内战时的"后顾之忧",蒋介石趁龙云放松警惕的时候,密令第五集团军总司令兼昆明防守总司令杜聿明在10月3日拂晓采取行动,对龙云突然袭击。杜聿明指挥中央军包围昆明,围攻龙云所在的省政府,要逼迫龙云就范,去重庆"任职"。龙云的警备部队坚决抵抗,激战三昼夜后,龙云的警备部队被缴械。接着,龙云被迫"调"往重庆任军事参议院院长,实际上是被软禁起来。

蒋介石命CC分子①李宗黄代理云南省主席职务,又成立了以其嫡系将领关麟征、邱清泉任正、副司令的云南警备司令部,直接控制了云南。这是蒋介石发动内战的第一步。

此前,在抗战刚胜利蒋介石要调龙云的滇军去越南接受日军投降时,华岗就建议龙云,要他防备蒋介石心怀叵测,别把滇军主力全部开到越南去。可是,龙云没有采纳这一建议。他在

---

① 国民党CC派,即"中央俱乐部"(有的称"组织派")。CC派是由陈氏兄弟陈果夫和陈立夫领导的一个政治派系。

抗战胜利的兴奋之中，放松了对蒋介石的戒备之心，认为目前国共两党正在谈判，蒋介石还不至于对云南动用武力。于是，龙云把主力卢汉的第一方面军和龙绳武的一个师派往越南，昆明只留下了两个步兵师和一个宪兵团。

龙云被蒋介石搞下台后，昆明的形势变得相当险恶，被称为“民主堡垒”的昆明开始面临严峻的考验。一方面，龙云此前对昆明民主运动的明里暗里的保护不复存在；另一方面，才上台的国民党云南省党部主任、代理云南省政府主席李宗黄为邀功请赏，开始一步步地对昆明民主运动进行镇压。

“双十协定”墨迹未干，蒋介石便悍然发布了内战密令，指派八十万军队进攻上党、邯郸解放区，妄图控制华北，切断共产党军队与东北的联系。中共中央于 11 月 5 日发出了“全国人民动员起来，用一切方法制止内战”的号召。昆明地区的民主进步力量，也和国统区各地的民主力量一道，积极响应中共号召，开展反内战运动。

1945 年 11 月 25 日，西南联大、云南大学、中法大学、英语专科学校四校学生自治会联合举办“反内战时事晚会”，原定在云大至公堂召开。但新上台的李宗黄竟对这种在抗战期间昆明经常举办的民主集会也不允许，于 24 日紧急召开“党政军联席会议”，做出禁止集会的决定。李宗黄还到云大威胁校长熊庆来，逼他贴出一个“至公堂修缮暂不出借”的告示。

四校学生自治会出于策略考虑，没有坚持在至公堂召开讲演会，而将讲演会地点改在联大图书馆前的大草坪举行，时间不变。当天下午六点左右，云南大学四周便已布满了荷枪实弹的

昆明民主集会会场之一:西南联大“民主草坪”

1945 年 11 月 25 日晚,西南联大、云南大学等四校学生自治会冲破国民党当局的禁令在联大草坪举办“反内战时事晚会”,到会六千多人。费孝通、潘大逵等就和平民主、联合政府等作了讲演

军警,实施戒严。待他们发觉没有开会师生入校,并获悉开会地点改在联大之后,马上迁往联大包围,但联大的校门已从里边关紧了。六千多大中学生和部分公教人员已经聚集在被称为“民主草坪”的图书馆前大草坪上。

晚七时半许,讲演会开始。政治学家钱端升教授首先演讲,讲题是《中国政治之认识》。接着,经济学者伍启元教授讲中国的财政经济。八时半许,民盟盟员费孝通教授在伍启元教授之后登台演讲时,突然停电。学校周围响起了重机枪、冲锋枪、步枪的枪声,中间不时杂以手榴弹的爆炸声,子弹从人群头上掠过。

面对反动军警的破坏与恫吓,早有准备的联大同学点燃了两盏汽灯。正在演讲的费孝通高声喊道:“我们不怕机关枪!我

们要和平！”“我们不但在黑夜中呼吁和平，在枪声中我们还是要呼吁和平！”

费孝通讲完后，盟员潘大逵教授继续上台演讲《如何制止内战》。最后，与会人员通过了《昆明各大学全体同学致国共两党制止内战通电》和《呼吁美国青年反对美国参加中国内战的通电》。

可是，第二天的国民党报纸却登出《西郊匪警，黑夜枪声》的一则电讯：“（中央社讯）本市西门外白泥坡附近，昨晚七时许，发现匪警，当地驻军据报后，即赶往追捕，匪徒竟一面鸣枪，一面向黑暗中逃窜而散。”如此公然歪曲事实，颠倒是非，诬蔑与会者为

昆明学生上街示威游行场面

11 月 26 日至 28 日，民盟云南省支部配合中共地下组织，动员昆明三十一所大中学校三万学生总罢课，并组织了一百多个宣传队上街宣传，学生们遭到国民党特务的殴打和追捕，许多人受伤。11 月 30 日，民盟云南省支部发言人发表《对昆明市大中学生罢课抗议非法的武装干涉集会自由的声明》

“匪徒”的诽谤,激怒了昆明师生!全昆明的三十一所大、中学校当即宣布联合罢课,以示抗议!

西南联大的教授也在29日召开教授会议,通过了一项重要决议:“站在教育立场,对本月25日晚军政当局行为,认为重大污辱,应依校务会议决议原则加强抗议。”同时油印散发抗议书。抗议书中明确指出:“集会言论之自由载在约法,全国人民同应享受,大学师生自无例外,且断非地方军政当局所得擅加限制……本大学举行晚会之时,竟有当地驻军在本大学四周施放枪炮,断绝交通……不特妨害人民正当之自由,侵犯学府之尊严,抑且引起社会莫大之不安。兹经同人等于本日集会,全体一致决议,对此不法之举,表示最严重之抗议。”

29日,刚成立一天的昆明市中等以上学校的罢课委员会组织了有五千多人参加的示威游行。第二天,民盟云南省支部发言人发表了《对昆明大中学生罢课抗议非法的武装干涉集会自由的声明》,明确指出:“我们认为罢课是正当的唯一的抗议手段”“我们正式声明,我们完全同情这一运动,声援这一运动!”

这份声明公开表明了民盟云南省支部完全支持学生爱国行动的严正态度。学生坚持罢课斗争,分组上街宣传,揭露国民党的卑劣行径。“反内战、反独裁,争和平、争民主”的口号声在昆明城此起彼伏,学生们的爱国行动得到了昆明人民极其广泛的同情。

12月1日清晨,罢课委员会贴出布告,暂停外出宣传活动,防止敌人下毒手。可是,军警特务却打上门来了。从上午九时到下午4时,大批特务和身着制服、佩带“军官总队”符号的军

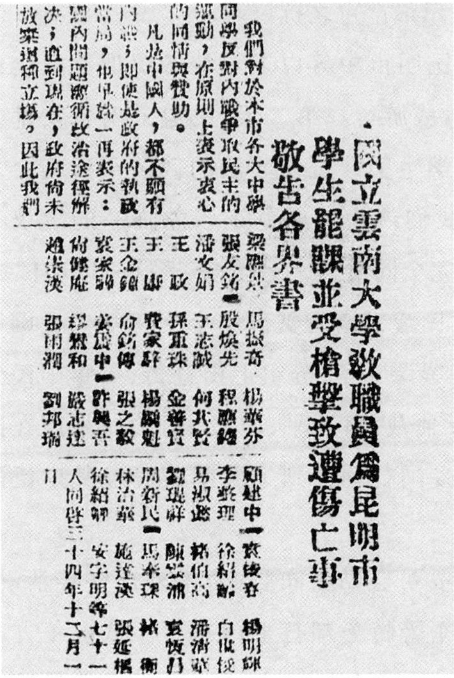

國立雲南大學教職員爲昆明市學生罷課並受槍擊致遭傷亡事敬告各界書

我們對於本市各大中學同學反對內戰爭取民主的運動，在原則上表示衷心的同情與贊助。

凡爲中國人，都不願有內戰；即使是政府的執政當局，也早就一再表示：國內問題應循政治途徑解決；直到現在，政府尚未放棄這種立場。因此我們

梁應炎 馬識奇 楊雛芬 張友銘 殷煥先 程應鏐 潘文娟 王志誠 何其賢 王政 孫重珠 金祥賢 王珮 費家驊 楊顯魁 王金鏞 俞銘傳 張之毅 裴家騄 姜震中 許興吾 俞健庭 穆懋和 嚴志達 趙崇漢 張爾潤 劉邦瑞 顧建中 袁俊吾 楊明琛 李整理 徐紹齡 向世俊 易淑嘉 楮伯高 潘清斌 劉瑞祥 陳崇沛 袁恆昌 周新民 馬奉琛 楮衡 林治華 施達淡 張延樞 徐紹卿 安字明等七十一人同啓 三十四年十二月一日

12月1日，国民党当局出动军警、特务袭击西南联大、云大等校，打死师生李鲁连、潘琰、于再、张华昌四人，六十余人受伤，制造了震惊中外的“一二·一”惨案

上图：“一二·一”学生运动中学生罢课上街游行

下图：惨案当天下午，周新民、费孝通、潘大逵等人联合七十一名教职员发出《国立云南大学教职员为昆明市学生罢课并受枪击致遭伤亡事敬告各界书》

人，携带武器，有组织、有计划地分批闯入云南大学、中法大学、联大新校舍及位于龙翔街的联大师范学院、位于拓东路的联大工学院、位于钱局街的联大附中，捣毁校具，殴打师生，劫掠财物，甚至向手无寸铁的各校师生投掷手榴弹。先后在不同地点炸死了于再、李鲁连、潘琰、张华昌四人，六十余名学生受伤，造成了自“1926年‘三·一八’惨案以来将近二十年间所没有发生过的大惨案”。

当天下午，在云南大学任教的周新民、费孝通、潘大逵、陆钦墀等民盟云南省支部负责人联合教职员共七十一人，发出《国立云南大学教职员为昆明市学生罢课并受枪击致遭伤亡事敬告各界书》，对爱国学生反对内战、争取民主的行动深表同情。民盟云南省支部还通过各种方式对国民党当局进行坚决的斗争。

12月2日，民盟云南省支部打破国民党当局的舆论控制，油印散发《中国民主同盟云南省支部发言人对“一二·一”惨案的抗议》，严厉谴责当局的法西斯行径，向当局提出了严惩凶手、抚恤死难家属、赔偿一切损失等要求。抗议书严正指出：“这一切从武装干涉集会言论到大规模屠杀，都是政治不民主的恶果，一党专政的后果。”

同日，民盟云南省支部负责人闻一多、吴晗等竭力促成联大教授会召开紧急会议，听取惨案经过情况报告。在与会进步教授的推动下，教授会一致同意向屠杀学生的军政当局提出抗议，并决定进行四项工作：一是向军事委员会控告关麟征；二是向重庆最高法院控告李宗黄；三是向重庆最高法院控告云南党政军联席会议做出的禁止集会、游行的决议；四是召开记者招待会，

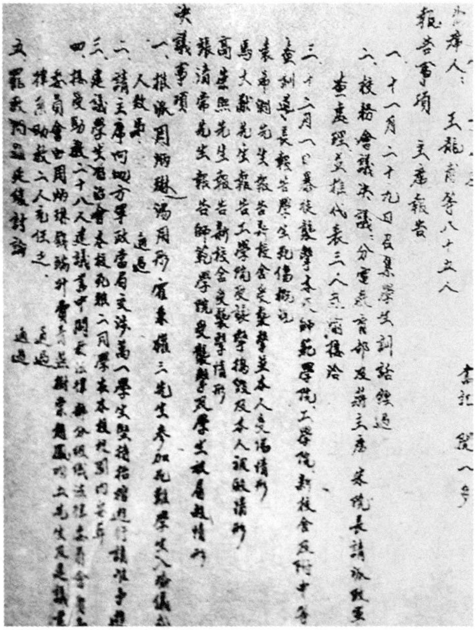

12月2日，民盟云南省支部油印散发《中国民主同盟云南省支部发言人对“一二·一”惨案的抗议》，闻一多、吴晗等人促成西南联大教授会召开紧急会议，声援学生爱国民主运动

上图：会议记录

下图：《民主周刊》发表大量时事评论和文章，声援爱国学生运动，抨击国民党反动派

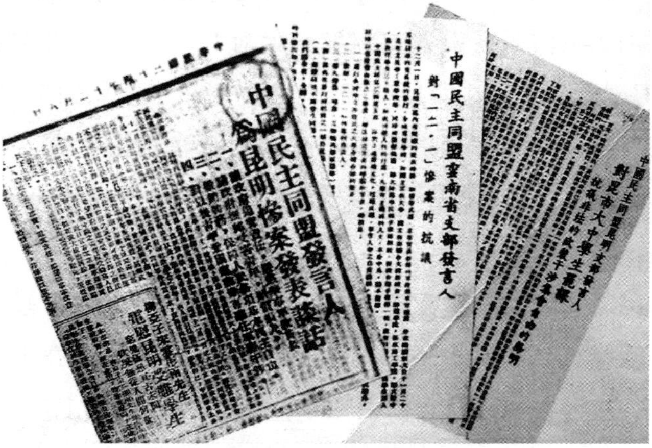

说明“一二·一”真相。并议定组织法律委员会，拟写《告诉状》，推定三位教授赴重庆告状。

12月3日，民盟云南省支部机关刊物《民主周刊》与昆明的《时代评论》《人民周报》《妇女旬刊》《大路周报》《文艺新报》《昆明新报》七个报刊联名发表《我们对"一二·一"惨案的严重抗议》，指出：十二月一日发生的屠杀不仅违反约法，也违反了国民政府允许给人民的言论、集会、结社的种种承诺；要求查究祸首及主使者，取消非法禁令，保证不再发生类似事件；重申召开各党派政治会议，成立联合政府等主张。上述七期刊还发行了《联合增刊》，专载各界人士揭露"一二·一"真相、抗议当局暴行的文章。

12月4日，西南联大常委傅斯年奉蒋介石之命由重庆飞抵昆明，"调解"学潮。他在教授会上说"学生有问题"，要教授不要被利用，并企图提出用教授总辞职和解散联大来胁迫学生复课。闻一多等人同傅斯年进行了几个小时的辩论。闻一多说，现在"一二·一"运动已经得到了全国的支持，决不会因为少数人的反对就停止下来，西南联大这个公认的"民主堡垒"也是解散不了的。在闻一多、张奚若等进步教授的推动下，教授会通过了停课七天、哀悼死难烈士、对学生罢课表示同情等决议。

12月6日，中国民主同盟发言人为昆明"一二·一"惨案发表谈话，声援昆明学生爱国行动，提出四项主张。

中国民主同盟发言人为昆明惨案发表谈话

（一九四五年十二月六日）

昆明西南联大、云南大学等三十一校同学，因为本于爱国赤诚，反对内战，要求民主，竟被国民党当局施用残酷的武装镇压手段，使四位师生惨被杀害，数十位同学遭受重伤。消息传来，各方人士无不表示震惊。中国民主同盟发言人特为此学潮惨案发表谈话如下：

十一月二十五日昆明各大中学校学生，为反对内战，要求和平民主统一，在校内集会商讨，因受当地军警干涉，而引起罢课风潮。乃当局于事变发生以后，迄无妥善处置，演成十二月一日之大流血案，死伤甚重。此在青年则遭受巨大之牺牲，在国家与政府则招致莫大之耻辱，吾人深引为痛惜。青年每当国家政失常轨，纪纲紊乱，社会不宁之际，多本其爱国赤诚，对国事作正当要求，实属情出自然，事非得已，中国历史上亦不乏先例。国民党当局在革命时期，曾对爱国学潮有不少次之同情援助，当能深悉青年爱国运动，绝无武力可以抑制之理。现对此次学潮，即应予以圆满的解决，以平全国之公愤，而政府之威望亦可挽回于既坠之后。因此我们迫切希望政府应速定妥善合理之办法，毋使迁延扩大，忍任手无寸铁之青年横受特务人员之摧残。其尤不可解决者，近日官方电讯对学潮事实竟存扭曲，颠倒黑白。似乎扩大政治纠纷，使问题无法解决。吾人为爱护国家与爱护青年起见，妥提出以下主张：

（一）请政府查明事实，追究责任，严惩肇事军政首长。

（二）抚恤受害青年，赔偿损失，并保证以后不再有此类事件发生。

（三）撤销特务，保障人民言论、集会、结社之民主自由。

（四）政府当局对以后青年爱国运动应于民主原则之下，给以合理的抚导，勿再听任军警干涉，致生不幸事件。

为了配合中共云南地下组织发动全市教师总罢教以支持学生的行动，民盟云南省支部领导人楚图南、周新民、潘光旦、闻一多、潘大逵、费孝通等数十名教育界盟员教师，于同日在昆明市三十所大中学共二百九十八名教师联名发表的《为十二月一日党政军当局屠杀教师学生，昆明市各大中学教师罢教宣言》上郑重签名，宣布“一致罢教至学生复课日止，以示抗议”。

这一天，昆明各界举行公祭四烈士活动，民盟云南省支部成员勇敢站在前列，冯素陶代表民盟云南省支部致祭，表示要支持学生斗争到底。闻一多献上他用篆字工工整整写的祭文：“民不畏死，奈何以死惧之。”

12 月 8 日，《民主周刊》《时代评论》等七期刊的《联合增刊》发表了费孝通的《青年是解散不了的——向教育当局勒令各中学提前放假的阴谋抗议》一文，揭穿云南省教育厅勒令各中学提前放假，以变相解散各中学的手法，破坏学生罢课，分化青年民主阵线的阴谋。

次日，《民主周刊》发表《纪念“一二·九”十周年》《悼“一二·一”惨案四战士》《责任》等纪念“一二·九”十周年、推动“一二·一”运动深入发展的多篇文章，高度评价两次伟大的爱国学生运动在争取民族解放、争求民主、反对内战、唤醒民众方面的重要意义，再次要求政府追究“一二·一”惨案的责任。

同日，重庆各界人士集会追悼昆明死难师生。在重庆的云南民盟负责人罗隆基、李公朴出席了追悼大会。李公朴在讲话中指出：“一二·一”惨案“不是一个地方与部分学生的事件，也绝不是一个地方一两个负责人处理失当事件，它乃是反映了全国整个反民主制造内战集团有计划的阴谋”。

12 月 15 日,根据形势发展和中共南方局的指示,中共云南省工委负责人郑伯克与民盟云南省支部负责人周新民和李文宜交流情况,商讨改变罢课斗争方式。周新民提出了停灵复课、继续斗争的建议。之后不久,中共云南地下组织决定停灵复课、继续斗争。民盟云南省支部配合这一决定和部署,发动盟员以师长身份说服学生将斗争方式转变为停灵复课。

也就是在这天深夜,教育部部长朱家骅向蒋介石发出特急密电,密报:“至学潮主谋及领导分子,闻各校教授中态度激烈者为联大教授闻一多、潘光旦、吴晗及云大教授潘大逵、尚健庵、楚图南等,整个首要分子名单,已电令各校当局密查具报,除俟查明立即呈报外,谨先电陈。”①

24 日,代理云南省政府主席李宗黄,背着骂名悄悄离开了昆明。接着,26 日的《中央日报》出于无奈,为改正一个月前的诬蔑报道,也刊登了 24 日记者招待会的消息——《梅贻琦常委熊庆来校长举行记者招待会报告“一二·一”惨案真相》。

至此,复课的最低条件已经基本达到。中共中央南方局指示不能无限期罢课,只要国民党作了某些让步,就是我们的胜利,就应考虑复课。于是,昆明学生从 26 日起停灵复课,复课后再继续坚持斗争,“一二·一”运动暂告一个段落。

---

① 台湾“中央”研究院近代史研究所档案馆“朱家骅档案”,转引自《闻一多研究动态》第 56 期,2005 年 8 月。

第二节 民盟云南省支部改选及之后的活动

民盟云南省支部于1945年12月23日召开盟员大会，贯彻临时全国代表大会的重要精神，并改选成立了新的执委会。改选成立新执委会的一个重要原因是原执委会已有部分人员留在重庆民盟中央工作。

此前，中国民主同盟于1945年10月1日至12日在重庆召开了临时全国代表大会，统一对抗战胜利后形势的认识，确定今后的斗争方向。大会通过了《中国民主同盟纲领》《政治报告》和《临时代表大会宣言》，表明了同中共的"争取实现建立联合政府"一致的斗争目标。

中国民主同盟纲领

（一九四五年十月临时全国代表大会通过）

政治

（一）民主国家以人民为主人，人民组织国家之目的在谋人民公共之福利，其主权永远属于人民全体。

（二）国家保障人民身体、行动、居住、迁徙、思想、信仰、言论、出版、通讯、集会、结社之基本自由。

（三）国家应实行宪政，厉行法治，任何人或任何政党不得处于超法律之地位。

（四）地方自治为民主政治之基础，县以下应行使直接民权。

（五）县设县议会，省设省议会，中央设国会为代表人民行使主权之机关。

（六）为求地方自治之充分发展，中央与省、省与县之权限应以宪法明定其采分权制度。

（七）省于国宪颁布后，应召集省宪会议，制定省宪，其内容不得与国宪抵触，并应明白规定省长、县长民选。

（八）国内各民族一律平等，并得组织自治单位，制定宪法，实行自治，但其宪法不得与国宪抵触，国家对于少数民族利益应加以维护，并发扬其固有语言、文字及文化。

（九）国会为代表人民行使主权之最高机关，由参议院及众议院合组之，国会有制定法律，通过预算、决算，规定常备军额，宣战、媾和，弹劾罢免官吏及宪法上赋予之其他职权。

（十）参议院由各省省议会及少数民族自治单位选举之代表组织之，众议院由全国人民直接选举之代表组织之。

（十一）国家设总统、副总统各一人，由人民直接选举，行使宪法上所赋予之职权。

（十二）国家最高行政机构采内阁制，对众议院负其责任。

（十三）司法绝对独立，不受行政及军事之干涉。

（十四）国家应建立健全之文官制度，设立文官机关，掌管文官之考试、任用、铨叙、考绩、薪给、升迁、奖惩、退休、养老等事务，文官选拔实行公开竞争之考试制度，非经考试及格者不得任用，文官机关之长官及全国事务官应超然于党派之外。

（十五）国家实行普选制度，人民之选举权、被选举权绝对不受财产、教育、信仰、性别、种族之限制。

经济

（一）民主经济之目的，在平均财富，消灭贫富阶级以保障人民经济上之平等。

（二）为求人民经济上之繁荣与安定，提高人民生活水准，应力求发展社会生产力，以保障人民有不虞匮乏之自由。

（三）国家保障人民之生存权、劳动权及休息权，并担负老弱残废者之扶养。

（四）国家确认人民私有财产，并确立公有及私有财产，全国经济之生产与分配由国家制定统一经济计划，为有系统之发展。

（五）国家在农业上应先实施减租，切实保障贫农的土地使用权，以达到土地使用权与所有权的合理化与合一化，并规定最高限度之土地私有额，凡超额之私有土地，国家于必要时，得依法定程序征购之，而以渐进方式完成土地国有之最高原则。

本次民盟临时全国代表大会，后经 1956 年 2 月 8 日举行的民盟一届八中全会追认为民盟第一届全国代表大会。在民盟临时全国代表大会上，民盟云南省支部的罗隆基、潘光旦、吴晗、费孝通、楚图南、闻一多、冯素陶、周新民、李文宜、曾昭抡、潘大逵、李公朴、辛志超十三人被选为中央委员，其中罗隆基、周新民、李文宜、辛志超四人留在重庆民盟总部工作,未回昆明。李公朴往来于重庆、昆明之间,以中央委员身份参加云南支部工作。

于是,民盟云南省支部改选成立了新的执委会。新的执委会由楚图南、冯素陶、闻一多、费孝通、潘光旦、赵沨、王振华、杜迈之、杨一波、刘宝瑄、杨维骏十一人组成,潘大逵、姜震中、陆钦墀三人当选为候补执行委员。楚图南任主任委员,冯素陶任组织部部长,闻一多任宣传部部长,吴晗担任民主周刊社社长。同时按民盟中央委员会的体制,对应成立了相关的委员会:闻一多任青年委员会主任委员,费孝通任研究委员会主任委员,潘光旦任财务委员会主任委员,王振华任妇女委员会主任委员,李何林任文化工作委员会主任委员,杜迈之任秘书处主任。

执行委员中最年轻的杨维骏是云大在校学生,云大自治会总干事。他在学生运动中历经考验,在青年学生中有一定代表性。他进入新的执委会后在组织部协助冯素陶工作。组织部的工作,主要是联络盟内各基层小组和发展组织,进入组织部协助工作的还有另一个青年丁维铎。

在新的支部大会上,大会制定了新的《暂行组织简章》《组织部工作计划》。其中一项重要的新内容是,决定在中小学教员、大学生和中下层职员中发展盟员,改变了从前只在高级知识分子和上层人士中发展盟员的“关门”做法。此后,民盟云南省支部形成了一个更加团结进步的坚强集体。

1946 年 1 月 10 日,政治协商会议在重庆开幕。国民党迫于全国人民的压力,不得不召开这次会议,讨论政治问题。这是共产党及民盟等民主党派和全国人民共同努力取得的一个初步成果。

1月20日，楚图南、闻一多、潘大逵、周新民、尚钺、姜震中、闻家驷、钱端升等民盟主要人士便与张奚若、朱自清、金岳霖、王赣愚、袁家骅、李继侗、吴之椿、汤佩松、费青、胡毅、夏康农、向达、陈定民、杨业治、徐嘉瑞、卞之琳、李广田等教授一道，领衔签名，发表了共有一百九十四人签名的《昆明教育界致政治协商会议代电》，就政协会议正在讨论的改组政府、整编军队、国民大会、修正宪法原则等问题，明确表示了意见，提出了政协会议结束之前应做的四项事和成立联合政府后应办的三件事。

前面四项事是：

（一）立即停止军事冲突。此项工作由马歇尔将军会同国共双方以外之公开人士监督实行。

（二）开放言论、出版、通讯、集会、结社及其他基本自由。一切报馆及通讯社听任私人或党派自由经营，其曾经政府控制支持者，一律停止其控制及支持。

（三）取消一切特务组织。立即释放一切政治犯。

（四）组织联合政府。在宪法实施之前，以联合政府为中华民国之最高统治机关，政府人员应由全国贤能领袖公平分担，任何党派所占员额不得超过全数三分之一。军政财政两部并不得操于一党之手。

后面三项事是：

（一）缩编全国军队，并提高其品质，以期达到高度现代化之目的。全国军队之数量，平时以五十师为最高限度。

（二）改编并刷新各地方政府之行政机构。其主要人员不得由任何一党包办,并不得由现役军人充任。

(三)制定制宪会议之组织及选举法,于联合政府成立后六个月内,办理选举,并召开会议。

《昆明教育界致政治协商会议代电》发表的次日,楚图南、闻一多与民主人士联名又发表了《政治协商会议昆明各界协进会宣言》,进一步明确提出对政协的四项十一条意见。这份宣言是民盟云南省支部楚图南、闻一多和其他有关人士、有关团体共同努力的结果。

政协昆明各界协进会是受不久前重庆成立"政协会议陪都协进会"的启发而成立的。陪都协进会与政协会议平行开会,每天请政协代表报告会议进展情况,并同时听取民众意见,以达到共同督促政协向民主方向发展之目的。昆明各界促进会成立时,盟员楚图南、闻一多、尚钺、杨绍廷四人,加上张奚若,共五人,与民主周刊社、中苏文协昆明分会、文协昆明分会、昆明学联等十团体当选为执行委员。[1]

1 月 31 日闭幕的政治协商会议通过了重要的"五项决议",就"改组政府、军事问题、宪法问题、国大代表的资格问题、施政纲领"五个方面做出了有利于人民、有利于和平民主的决议。周恩来指出:"这些问题的原则解决,为中国政治开辟了一条民主建设的康庄大道,而这种解决的方式,也替民主政治树立了楷模。"

可是,2 月 10 日,离政协会议结束仅仅十天,重庆就发生了

---

① 闻黎明:《闻一多传》,人民出版社,1992。

在各界庆祝政协成功的大会上暴徒强占主席台，殴伤郭沫若、李公朴、施复亮等知名人士的较场口惨案。楚图南、闻一多在昆明听到这个消息后，义愤填膺，马上与李何林、洪深等人士联名致函郭沫若、李公朴等人士，慨然表示“誓作诸先生后盾，共同为民主中国之实现而努力！”同时，民主周刊社、时代评论社、妇女旬刊社、学生报社等七报刊还联合发表了《我们对于较场口血案的意见》。

2月17日，民盟云南省支部同昆明学联、昆明文协等二十余个团体联合召开了昆明各界庆祝政协成功、声援重庆人民、要求严惩“一二·一”凶手大会。闻一多不顾危险，毅然担任大会主席，并发表演讲。盟员吴晗、费孝通、钱端升、李何林及社会各界代表褚辅成、孟超、苏鸿纲等人和在“一二·一”惨案中被炸断腿的联大学生缪祥烈做了发言，谴责国民党背信弃义，蓄意破坏民主，调升“一二·一”惨案祸首李宗黄的行径。学联代表宣读了抗议任用李宗黄的《抗议书》。

最后，与会团体提议组织“昆明人民权利保障委员会”，以及要求“长期督促政府实践保障人民权利的诺言，实施政治协商会议五项决议”。大会一直开到下午四时半左右。接着举行了声势浩大的万人大游行。这是“一二·一”惨案之后昆明的第一次大规模的游行，闻一多、楚图南、李何林、洪深等三十多位主席团成员勇敢地走在队伍前列。

2月26日，民盟云南省支部同时发表了《中国民主同盟云南省支部为重庆“二·一〇”血案告国人书》和民盟云南省支部发言人《对政府纵容昆明“一二·一”惨案祸首李宗黄的谈话》，提

12月6日，民盟云南省支部参加昆明各界公祭四烈士活动，冯素陶代表民盟省支部致祭，闻一多献祭文："民不畏死，奈何以死惧之。"1946年3月17日，昆明市学联举行"一二·一"运动的最后一次活动——四烈士的大出殡，公葬四烈士仪式，闻一多、吴晗等作了悲愤讲话

上图：闻一多（二排左二）、吴晗（一排左一戴花者）等人走在"一二·一"四烈士出殡大游行队伍前列

中图：民盟云南省支部领导人闻一多（左三）、吴晗（右一）在"一二·一"四烈士公葬殡仪会上

下图：闻一多等为"一二·一"四烈士送葬、致哀

出了五项要求，希望全国人民加强团结，提高政治警觉，制止破坏民主政治和政协成果的暴行；指责国防最高委员会任命李宗黄为党政考核委员会秘书长是完全违背人民愿望、自毁纪纲的罪行。

3月17日，是“一二·一”惨案四烈士大出殡的日子，参加出殡的有各界民众三万多人。民盟云南省支部领导人闻一多、楚图南、吴晗、冯素陶等严肃地行进在由学联与联大、云大各校负责人，以及省市商会、机关、团体组成的殡仪主席团中。气氛凝重肃穆，主席团成员走在队伍的最前列。最后，出殡队伍返回联大新校舍，把四烈士安葬在校园东北隅新修的墓地。哀乐声声，挽歌阵阵，联大代表满含热泪致辞。闻一多在墓前慷慨激昂地说：“凶手还没捉到。我们一定要捉到！我们要追到海角天涯，今生追不到，下一辈子追他！”吴晗接着说：“两千年来，有些地方叫作圣地，如今，‘一二·一’烈士埋在此地，此地便成了光荣的地方——成了民主圣地！”

四烈士墓后的大理石墓壁上，镌刻着闻一多用小篆书写的“四烈士之墓”五个大字。墓壁上刻着闻一多写就的《“一二·一”运动始末记》。在扼要叙述了“一二·一”运动的经过之后，文章最后强调：

> “一二·一”是中华民国建国以来最黑暗的一天，但也就在这一天，死难四烈士的血给中华民族打开了一条生路。愿四烈士的血是给新中国的历史写下的最初的一页，愿它已经给民主的中国奠定了永久的基石！如果这愿望不能立

即实现的话，那么，就让未死的战士们踏着四烈士的血迹，再继续前进，并且不惜汇成更巨大的血流，直至在它面前，每一个糊涂的人都清醒起来，每一个怯懦的人都勇敢起来，每一个疲乏的人都振作起来，而每一个反动者都战栗地倒下去！四烈士的血不会是白流的。

至此，民盟云南省支部积极配合中共地下组织支持学生的爱国行动，盟员不顾个人安危勇敢与广大青年学生并肩斗争的“一二·一”运动画上了句号。“一二·一”运动震惊了全国，在全国产生了巨大的政治影响，激怒了千百万人民群众。全国大中城市纷纷举行游行示威，掀起反内战、争民主的高潮。

第三节　民盟云南省支部举行社会各界招待会

1946 年五六月间，西南联大复员北上，进步师生分批离开昆明，昆明的民主力量逐渐减弱，反动派日益加快了镇压民主进步力量的步伐，白色恐怖气氛日益浓重。

五月初，昆明街头开始出现一些威胁云南民盟重要成员的标语传单，把他们的名字讽刺性地写为俄式名字写法的“闻一多夫”“罗隆斯基”“李公朴夫”“楚图南夫”等，还在壁报上多次造谣：说民盟的闻一多、楚图南是共产党，闻一多组织暗杀团，李公朴是中共的特务总队长及驻昆参谋主任，携带现款七万万元，美女四名，将与地方势力联合暴动等等。甚至在近日楼墙上贴的卫生标语中，也夹杂有“要扑灭李公朴的传染病”之类的标语。

这样的宣传造谣，是反动派在云南正面进攻民盟的开始。此外，在3月间就出现的一个所谓“自由民主大同盟”的团体，于5月间在近日楼和云大门外围墙上，贴出所谓“布告”，对民盟人士进行公开威吓和挑衅。面对这些拙劣行径，民盟人士未做过多理睬。

5月31日，当潘朔端率领的一八四师在东北内战前线海城宣布整师起义的消息传来时，云南人民为自己子弟兵的义举大为赞赏，昆明民众一片兴奋。可是，国民党反动派做出的却是相反的反应。云南警备总部竟然在6月初派军警突然搜查一八四师所隶属的前六十军军长安恩溥及前宪兵司令禄国藩、现任一八二师参谋长（驻东北）甘艺等家宅，以及云贵监察使署。接下来，军警又荷枪实弹地闯入进修教育出版社等团体和民宅搜查。

至此，民盟云南省支部认为再也不能等闲视之，必须马上行动起来，遂于6月23日严正发出了《中国民主同盟云南省支部为昆明军警搜查人民住宅提出严重抗议》：

> 查人民居住及营业自由，原有法律保障。最近政协会议，蒋主席且一再宣布保障人民自由及人民权利。乃墨渖未干，各地违法乱纪蹂躏人权之事，层见叠出。昆明为云南省会所在之地，于本月二十日，竟有警备部官员，率领士兵搜查私人住宅。虽堂堂云贵监察使署亦不能免。同时进修教育出版社，亦被重兵包围搜查，如临大敌，前后达数小时之久。闻其他私人住宅被搜查者，尚有数起；以是街谈巷议人人自危。

本同盟支部，平日主张和平民主，于此等妨碍自由蹂躏人权之事，自不容坐视。特此向地方军政当局提出严重抗议；并要求宣布检查理由，及检查结果。如上述被检查各处并无违禁物品，当局应办到下列事项：

（一）主持此次检查之直接负责人应予以严厉惩处。

（二）公开向人民道歉。

（三）保证以后不再发生同类事件。

同时本支部并呼吁全国社会贤达及各界人士以及一切人民团体一致抗议，并声援吾人上列之各项要求，人民幸甚！国家前途幸甚！

形势日益险恶，国民党反动派对民盟制造了各种谣言，说民主党派要暴动，要勾结地方势力夺取政权。先前说五月间要暴动，结果未见有人暴动，又说七月间要夺取政权。鉴于谣言蕴藏的危机随时可能爆发，局势险恶，为适应新的斗争需要，民盟云南省支部决定召开记者招待会，公开表明自己的观点、立场和主张，“想通过社会影响和社会舆论造成一种声势，来改变这种形势或推迟危机的爆发”。[①]

6月26日，民盟云南省支部第一次招待会在商务酒店举行。出席招待会的有五十多位地方党政军警负责人。出面主持招待会的是楚图南、闻一多、潘光旦、李公朴四人。

---

① 楚图南：《抗战期间云南的民盟工作和民主运动》，《抗日民族统一战线在西南》，四川人民出版社，1990。

6月28日，第二次招待会仍在商务酒店举行，出席者有八十多人，除文化、教育、金融、实业界贤达外，还有禄国藩、李琢庵、徐佩璜、龙云夫人顾映秋、梅贻琦夫人韩咏华等。主持人除楚图南、闻一多、潘光旦、李公朴四人外，还增加了潘大逵、冯素陶、费孝通三人。

6月29日，举行第三次招待会，地点原定商务酒店，但后因该酒店负责人被人恐吓，不敢出借场地，只好临时把地点改在冠生园。出席人是新闻界及各期刊负责人近四十人。主持人仍是主持第二次招待会的楚图南等七人。

在第一次招待会开始时，先由会议主席潘光旦报告开会意义。他说，借此机会作为民盟支部负责人第一次与各界正式见面，同时，因为联大复员在即，顺作道别；另外，外界传言民盟甚多，亦做以说明。[1] 然后，楚图南以民盟云南省支部主委的身份致辞，着重阐明民盟的政治主张与政治态度：

> 政府长官党部领袖、社会贤达及各位来宾：
>
> 今天中国民主同盟留滇中委，同时也是民主同盟云南支部的负责同人，略备清茶，欢迎诸位。承诸位于百忙中，惠然莅临。兄弟谨代表民主同盟云南支部，谨致感谢之意。
>
> 兄弟在此，谨略报告同盟方面对于目前政治主张和对于目前政治的态度。根据本同盟的政治纲领，同盟对现实的政治主张和政治态度，可以简单地拿八个大字概括出来，

① 闻黎明：《闻一多传》，人民出版社，1992。

就是民主团结和平建国。只有以民主团结而不是独裁统治;以和平求建国,而不是武力征服这才有可能。如只是强调了统一团结,而忽略了统一团结的先决问题,即和平、民主,不单是团结不可能,建国也不可能,且使国内的局势,更增加纠纷,更增加混乱。……

民主同盟的大部分人,一向服务于文化教育,一向做的是研究和思考工作。因此或者对于国家的事,或者能看得比较客观一点,比较深一点,远一点,大一点。譬如和平统一的不能实现,民主团结的不能成功,不但要破坏了胜利的事实,妨害了建国的大业。甚至必然地会引起全国上下的大混乱,大分裂,大屠杀。其祸害之烈实足以使中国亡国亡种!

这绝不会是任何党派,任何少数人,乃至任何个人可以得到的。任何助长了这种灾祸,任何人不来制止了这种危机,便都是中华民族的罪人,是历史的永久罪人!所以民主同盟的大部分同人,对这个危机的认识,比较清楚。因此责任也比较沉重,对于各方面的呼吁,也较激昂。即使受到各方的误解中伤和威胁,但由于良心和理智的驱使不能不努力,也不敢不努力。因此民主同盟的同人,在现在的局面下,好像是中华民族的孤臣孽子,事实上也正是中华民族的孤臣孽子。

所以我们怀着操心危虑患深的心情,参加了同盟组织。怀着自爱爱国,自救救人的责任感,担负了同盟的工作。我们的目的在求政治的民主化,军队国家化,我们的手段是和平的,是政治的,我们的方式是公开的,是与各方面合作的。

希望政府和社会贤达乃至友邦人士,对于我们有正确的理解,并请求和我们有密切的合作。并给我们以有效的批评和指示。……请诸位接受了我们至诚的希望,也接受了我们至诚的感谢。①

与会者对楚图南开诚布公、满怀诚意的讲话,报以热烈的掌声。在楚图南致辞之后,李公朴向与会者简要报告了民盟的历史。接着,闻一多发言,表明了自己对政治的理解,强调说:"只有以群体为对象的爱,才是政治,尤其是民主政治的基本精神。"最后,他大声表明:"最近在近日楼的墙壁上贴了许多莫须有的标语传单,有意造谣中伤,甚至于诋毁侮蔑民盟,花样翻新,不一而足。现在我们公开与各位见面了,让大家明白了民主同盟的要求,只有八个大字'和平建国民主团结',这又有什么可怕呢!"

招待会上,曾有人提出反对国民身份证及援助昆明市教师改善待遇、保障职业等问题,会议主席潘光旦说:"这些意见我们完全同意,最近在我们的刊物上曾发表明确的主张,予以坚决的支持,希望大家都来赞助它;但今天的招待会不拟讨论这些问题。"

三次招待会的效果都很好。民盟云南省支部成员的公开亮相与坦诚的谈话,使不少与会者增加了对民盟的了解,增强了对

---

① 楚图南:《民盟的政治主张与政治态度》,《楚图南集》(第二卷),云南教育出版社,1999;原载《民主周刊》第 3 卷 17 期,1946 年 7 月 9 日。

民盟的信心。第二次招待会上一位商界贤达的这一番谈话很有代表性:"看到一些壁报时,还以为民盟领袖都是些青面獠牙的怪物,今天见面才知道都是文质彬彬手无寸铁的书生。听了报告才真正认识了民盟,他们并不可怕,都非常和平。……方才闻先生曾经说过,他们愿意伸出他们沾着粉笔灰的手跟社会各界人士紧紧地握起来。我是商人,我愿意第一个伸出我这污秽的手同他们握……我希望我们士农工商各界都伸出自己的手来紧紧地同他们握着。"①

7月9日,《民主周刊》登载了民盟云南省支部领导人楚图南、闻一多、李公朴在民盟公开组织招待会上的讲话《民盟的政治主张与政治态度》《民盟的历史性质与任务》《民盟的历史与组织》,以及第二次、第三次招待会的情况纪实,以便社会各界能全面了解民盟的政治主张和政治态度,扩大宣传和影响。

楚图南日后对这三次招待会回忆说:"由民盟云南省支部出面,在商务酒店等处招待新闻界、文化教育和工商界人士,介绍中国民主同盟过去支持全国各界人士团结抗战,抗战胜利后则支持全国各族人民建立民主联合政府的主张,闻一多、潘光旦等和我都在招待会上讲了话,颇引起社会各方面的注意,因此也遭到了国民党特务的捣乱和破坏。最后一天的招待会,国民党特务偷走了签到册,当即被与会人士和青年包围,抓住了特务,夺回签到册,并当众揭露了国民党反动派的罪行,同时也更加促使

① 王青:《愿与你们紧紧地握手——民盟支部第一次招待会记》,载《民主周刊》第3卷17期,1946年7月9日。

民盟云南省支部的活动同云南民主革命的进步组织结合在一起，为反独裁、反内战而斗争。这些活动和这些言论当然被国民党反动派视为‘奸党’，视为‘大逆不道’。”①

6月底至7月初，在公开组织了三次招待会后，民盟云南省支部发起了“为呼吁和平救济灾区万人签名运动”，并发出了由闻一多修订的致毛泽东和蒋介石的电文。希望国共双方开诚相与，立即宣布长期停战，火速救济灾区，共商治国大计。楚图南、闻一多、潘光旦、冯素陶、费孝通、潘大逵、李公朴等民盟领导人带头签名，短短几天之内，先后有万余人参加了签名运动。

第四节　李公朴、闻一多血案

一、“李、闻血案”的发生

民盟云南省支部召开各界人士招待会过后仅十余日，国民党反动派竟冒天下之大不韪，拔出屠刀，开始对民盟云南省支部的领导人下毒手。早在6月间，昆明就已盛传特务机关拟定黑名单七十余名，内有数人系注明立即严厉处分者，李公朴为第一名，闻一多为第二名。

7月11日，西南联大最后一批复员北上的同学早上刚乘汽车离开昆明，晚上十点半，李公朴就被反动派派出的凶手用无声

① 楚图南：《抗战时期云南的民盟工作和民主运动》，《抗日民族统一战线在西南》，四川人民出版社，1990。

毛泽东　朱德唁电

昆明探转李公朴夫人张曼筠女士：

惊悉李公朴先生为反动派狙击逝世，无任愤慨。先生尽瘁救国事业与进步文化事业，威武不屈，富贵不淫，今为和平民主而遭反动派毒手，实为全国人民之损失，亦为先生不朽之光荣。

毛泽东　朱德　午元

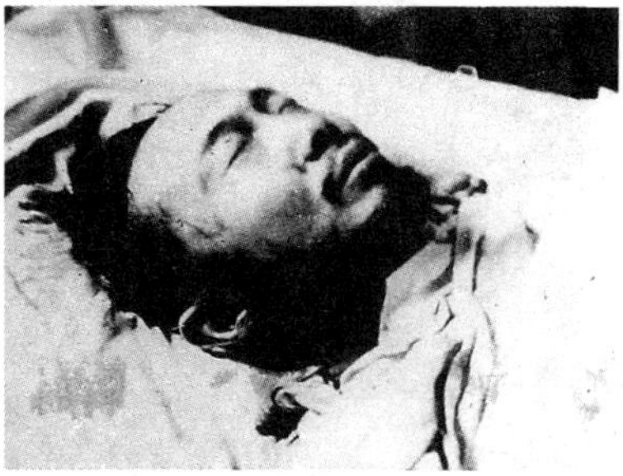

中国民主同盟云南省支部发言人为李公朴同志被暴徒暗杀事件之严重抗议

中国民主同盟中央执行委员李公朴同志，数月前曾以争取民主
平，在重庆较场口被暴徒辱殴重伤。伤愈出院，休养月余，即来
处理家务。七月十一日晚八时，公朴同志偕夫人张曼筠女士外
，十时许归至大兴街口，突遭暴徒狙击，枪中腹部，伤势严重，
于次晨五时二十分不治逝世。本盟支部认为公朴同志之死，不仅
我们中国民主同盟的巨大损失，而且是全中国人民的损失。为了
个英勇的民主战士的死去，全国各界，无论知与不知自当同声痛
！不过本同盟支部认为应该特别指出的是，政府虽在政协会议前
再宣称保障自由，保障人权，而各地惨案血案依然层见叠出。此
公朴同志之死，实与昆明四烈士，西安王任、李敷仁之死，南通
天平等之死，同一性质。于此可见，此特务恐怖政策摧残人权，
坏民主和平运动，并不惜以最阴险狠毒之手段，杀害民主人士，
是政府一贯政策。因此对于这一案件，本支部不得不向政府提出
列抗议：

（一）彻查造成本案之直接负责人及凶手，并予以严厉惩处。

（二）对死者家属优予抚恤。

（三）立即实践四项诺言，取消特务组织，维护人权，并保证以后不得发生同类事件。

同时本支部也正式向全国各界呼吁，请对我们上项的抗议一致予以有力的声援，并本着李先生的精神，为中国的和平民主，继续奋斗，直至目的达到为止。

民国三十五年七月十二日

原载

民主周刊社　中国周报社
大众报社　今日文艺社　音乐报社
青年新报社　真理周报社　妇女旬刊社
时代妇女社　时代评论社　人民艺术社
农村青年社　学生报社

《联合增刊》第二号

中华民国三十五年七月十五日

1946年7月11日晚，李公朴与夫人外出，十时许回家路经昆明青云街学院坡，被国民党特务刺杀，血染长衫，于次日凌晨五时左右壮烈牺牲，临终时大骂国民党反动派“无耻”，高呼“我为民主而死！”

左上图：李公朴生前照片

右上图：7月13日，毛泽东、朱德唁电李公朴先生遇害

左下图：李公朴遇害照片

右下图：7月12日，民盟云南省支部领导人在民主周刊社召开紧急会议，并发表《中国民主同盟云南省支部发言人为李公朴同志被暴徒暗杀事件之严重抗议》

手枪暗杀于青云街学院坡上。当时有几个云大同学刚巧从那里经过,连忙把躺在地上呻吟的李公朴先生送到医院抢救。李公朴伤势非常严重,流血过多,经抢救无效,于凌晨五时许辞世。

关于李公朴遇难的经过,当年的《学生报》"号外"[①]有如下报道:

> (本报讯)民主战士李公朴先生于昨日晚九时五十分,与其夫人张曼筠女士于返家途中,乘公共汽车下站后,在青云街转大兴街岔路上,被持有手枪的特务分子暗杀,子弹从右后腰射入,自左前腹穿出,血流如注,伤势严重。饮弹倒地后,经附近市民及路过同学施救,立即送往云大医院治疗。经医师检查,肠子被击穿三处。不幸已于今晨五时二十分逝世。临死时,神志清醒,曾言:"此种手段太卑鄙了!……我已经准备好了……为民主而死……"

凌晨六时左右,得悉消息的民盟云南省支部主任委员楚图南与闻一多、尚钺先后赶到了医院,可是没能赶上与李公朴说上最后一句话。他们立在李公朴遗体前,流出了悲愤的热泪。他们真不相信战友就这么死去。闻一多一字一顿地说道:"公朴没有死!公朴没有死!"

闻讯赶来病房的还有一些友人和学生,楚图南、闻一多嘱咐几个女同学要照顾好公朴夫人,便和尚钺一道走出病房,急匆匆

① 现存云南省档案馆所藏档案"云南高等法院全宗"。

地赶往位于府甬道的民主周刊社，召开民盟支部的紧急会议。在紧急会议上，组成了“李公朴先生治丧委员会”，拟定抗议书送云南警备司令部，通电公布事件真相；并在分工上明确，楚图南负责组织、主持记者招待会和新闻方面的工作，闻一多负责主持追悼会。

中国民主同盟云南省支部发言人为李公朴同志被暴徒暗杀事件之严重抗议

（一九四六年七月十二日）

中国民主同盟中央执行委员李公朴同志，数月前曾以争取民主和平，在重庆较场口被暴徒辱殴重伤。伤愈出院，休养月余，即来昆处理家务。七月十一日晚八时公朴同志偕夫人张曼筠女士外出，十时许归至大兴街口，突遭暴徒阻击，枪中腹部，伤势严重，遂于晨五时二十分不治逝世。

本民盟支部认为公朴同志之死，不仅是我们中国民主同盟的巨大损失，亦且是全中国人民的损失。为了这一个英勇的民主战士的死去，全国各界，无论知与不知，自当同声痛哭，不过本盟支部认为应该特别指出的是：政府虽于政协会议前一再宣称保障自由，保障人权，而各地惨案血案依然层见叠出，此次公朴同志之死，实为昆明四烈士、西安王任之李敷仁之死、南通孙天平等之死，同一性质。于此可见，以特务恐怖政策摧残人权，破坏民主和平运动，并不惜以最阴险狠毒之手段杀害民主人士，乃是政府一贯的政策，因此对于这一案件，本支部不得不向政府提出下列抗议：

（一）彻查造成本案之直接负责人及凶手，并予以严厉惩处。

（二）对死者家属优予抚恤。

（三）立即实践四项诺言，取消特务组织，维护人权，并保证以后不得发生同类事件。

同时，本支部也正式向全国各界呼吁，请对我们上项的抗议，一致予以有力的声援，并本着李先生的精神，为中国的和平民主，继续奋斗，直至目的达到为止。

以“民盟滇支部”名义公布的《李公朴先生被刺的经过》，7月14日全文刊登在《民主周刊》上。文章最后，旗帜鲜明地讨伐反动派：

救国何罪？李先生竟因救国而下狱！庆祝政协何罪？李先生竟因庆祝政协而被殴头破血流！要求民主和平又何罪？李先生竟因要求民主和平而最后遭此毒手！

谁是国家民族的罪人，看李先生的遭遇即知！谁是背叛者，看李先生的结果即知！

这是反动派向人民进攻的证据！这是反动派不要民主和平的证据！

李公朴先生被反动派特务暗算了，但全中国要求民主和平的人民是杀不完杀不绝的。

人民应该牢记着这笔血债，应该为我们自己的战士索还这笔血债！

楚图南写下一副挽联："时局多艰，思国士，争民主，求和平，与奸邪搏斗，不惜一死；风雨如晦，怀故人，同忧患，共肝胆，遽胁侪催抑，如何勿伤。"

李公朴遇难的真相，随着刊物和电波，冲破反动派的封锁，向四面八方传去，戳穿着反动派制造的种种流言谣传……

街上还传来一种"消息"，说国民党特务黑名单上要暗杀的第二号人物便是闻一多。朋友们劝闻一多为防止意外，尽量少外出。但闻一多仍挺身而出，终日奔波，为李公朴料理后事。心脏病很严重的闻一多夫人恳求他不要再往外面跑了，担心他出事。闻一多沉着地对夫人和孩子们说："现在李先生遇难，就像一条船在大海上，正遇着大风大浪，船上的人只有团结一心，把好舵，同风浪搏斗，没有什么别的办法！万一怎样，后事我也顾不了……"①

民盟云南省支部决定7月15日上午在云大至公堂举行李公朴先生殉难经过报告会，请李公朴夫人张曼筠做报告。事前，民盟同仁考虑到闻一多的安全，不同意闻一多出席这个报告会。可闻一多不答应，几经争执，最后达成"协议"：闻一多只出席，不发言，派人接送。

15日当天早上，又有云大学生劝说闻先生不用去出席报告会，可闻一多断然道："这怎么行？李先生尸骨未寒，我们这些做朋友的，都不出席，怎么对得起死者？又怎么对得起生者？李先生明天就要火葬了，这是最后的一个重要的群众大会，我可以不

---

① 赵锡骅：《民盟史话》，中国社会科学出版社，1992。

发言，但一定得去。我们这些平常积极的人都不出来，青年人会泄气，反动派会更得意——我只要一息尚存，就一定要和反动派拼到底。如果因为反动派放了一枪，就吓得畏缩不前，以后叫谁还愿意参加民主运动？叫谁还信赖为民主工作的人？”

大会开始，李公朴夫人声泪俱下地讲述李公朴被暗杀的经过，并说道，“他在死前，就知道随时可以死。他出街时和我说：‘我今天跨出了这道门，不知道能否跨进来。’”李公朴夫人接着又说道：“他虽死，但他的精神没有死，他虽没有了生命，但刽子手却没有了人性！”[①]

闻一多生前照片

李夫人过于悲痛，泣不成声，混进会场的特务乘机起哄捣乱，纠察队一再制止，他们仍不收敛。闻一多愤怒地走上台去扶李夫人坐下。随后，激动地即席发表了讲演——著名的“最后一次讲演”：

> 这几天，大家晓得，在昆明出现了历史上最卑劣、最无耻的事情！李先生究竟犯了什么罪，竟遭此毒手？他只不过用笔写写文章，用嘴说说话，而他所写的，所说的，都无非是一个没有失掉良心的中国人的话！大家都有一支笔，有

---

① 《张曼筠女士讲李公朴同志对死的观感》，载《民主周刊》第3卷19期，1946年8月2日。

云南大学至公堂

一张嘴,有什么理由拿出来讲啊！有事实拿出来说啊！为什么要打要杀,而且又不敢光明正大的来打来杀,而偷偷摸摸的来暗杀！（鼓掌）这成什么话？（鼓掌）

今天,这里有没有特务？你站出来！是好汉的站出来！你出来讲！凭什么要杀死李先生？（厉声,热烈的鼓掌）杀死了人,又不敢承认,还要诬蔑人,说什么“桃色事件”,说什么共产党杀共产党,无耻啊！无耻啊！（热烈的鼓掌）这是某集团的无耻,恰是李先生的光荣！李先生在昆明被暗杀,是李先生留给昆明的光荣！也是昆明人的光荣！（鼓掌）

李先生的血,不会白流的！李先生赔上了这条性命,我们要换来一个代价。“一二·一”四烈士倒下了,年轻的战士们的血,换来了政治协商会议的召开！（热烈的鼓掌）我们有这个信心！（鼓掌）

“一二·一”是昆明的光荣,是云南人民的光荣,云南有光荣的历史,远的如护国,这不用说了,近的如“一二·一”,都是属于云南人民的,我们要发扬云南光荣的历史!

反动派挑拨离间,卑鄙无耻,你们看见联大走了,学生放暑假了,便以为我们没有力量了吗?特务们!你们错了!你们看见今天到会的一千多青年,又握起手来了,我们昆明的青年决不会让你们这样蛮横下去的!

反动派,你看一个倒下去,可也看得见千百个继起的!

正义是杀不完的,因为真理永远存在!(鼓掌)

历史赋予昆明的任务是争取民主和平,我们昆明的青年必须完成这任务!

我们不怕死,我们有牺牲的精神,我们随时像李先生一样,前脚跨出大门,后脚就不准备再跨进大门!(长时间热烈的鼓掌)

报告会结束后,闻一多在几名青年学生的主动护卫下回到了西仓坡家中。下午,闻一多与楚图南一同到离家仅一百多米路的民主周刊社出席记者招待会。楚图南、闻一多都在会上发表了讲话,并回答了记者们提出的一些问题。楚图南对几位青年记者说:“我们悼念不是为了哭泣,而是怀着沉痛,更坚定更英勇地走上前去。”招待会顺利结束后,楚图南与闻一多又商量工作,商议次日在云大操场举行的李公朴火葬仪式的安排。

稍事休息后,约五时半,楚图南与闻一多分头走出民主周刊社,以防被特务同时伤害。闻一多的长子闻立鹤已等候在民主周刊社门口接父亲回家。父子二人走到离家只有几步的地方时，埋伏等待已久的几个特务同时扣动扳机，子弹一齐射向闻一多的身体。

闻一多顿时倒了下去，他头部、左腕和胸部均中枪。闻立鹤马上扑向父亲，想为父亲挡住子弹。可特务的子弹又接连射来，他身中五枪，一条腿被打断。闻一多的伤是致命的，在送往医院的途中就辞世了，年仅四十七岁。闻立鹤从死亡线上被抢救了回来。

关于闻一多遇难的经过，1946 年 7 月《群众周刊》报道[①]如下：

> 记者招待会约于五时散会，闻一多先生在民主周刊社休息半小时，于五时四十分离开民主周刊社，由其公子闻立鹤伴随回联大教职员宿舍，其实离民主周刊社不过四五分钟的距离，国民党反动派暗杀闻一多先生的枪声，就在闻先生离开民主周刊社不到四五分钟的时间响起来了，枪声密集如鞭炮，闻一多先生倒卧在离西南联大教职员宿舍大门不及十步的地方了，他的公子闻立鹤也成为特务暴徒射击的对象。
>
> 闻太太在宿舍中闻枪声心中无限悬念，奔出看视，果见父子俩已倒卧血泊中。立刻雇黄包车，将闻一多先生及公子送往北门外云大医院。

① 此档案资料现存于云南省档案馆。

> 闻一多先生头部被击一枪，左腕已被击断，胸部及其他部分亦中若干枪，在途中即气绝身亡；其廿一岁公子闻立鹤，胸部中三弹，左右腿各中一弹，其中一腿业已折断，伤势严重，生命危险。
>
> 据附近居民说，行刺的特务暴徒不下五人，他们很早就潜伏在联大教职员宿舍附近，有几个潜伏在附近的一所米仓大门里，俟闻先生偕公子经过，暴徒即前后包围，集中狙击，见闻氏父子倒卧血泊中，才登上一吉普车往钱局街逃逸……

"这是一次有预谋的疯狂暗杀。早在5月间，云南警备司令部霍揆彰就下令稽查处处长王子明组织起四个情报组，制定出一个五十多人的黑名单。这个名单由情报科长单学修整理，以王子明名义经参谋长刘寿琬转呈霍揆彰。6月，霍带着王子明飞南京，向陈诚汇报，准备让蒋介石圈定后便可动手。当时，蒋正与马歇尔密谋东北之事，没来得及召见霍、王。霍将黑名单和行动方案留在国防部，返昆待命。7月初，霍收到国防部密电，奉命'便宜处置'，于是紧锣密鼓加紧布置，李公朴、闻一多就是首批暗杀的对象。"①

二、"李、闻血案"的影响

就在闻一多被暗杀的当日深夜和次日，美国驻昆明领事馆

① 闻黎明：《闻一多传》，人民出版社，1992。

副领事罗斯(Ross)亲自出面,带着两位美国人驾驶着吉普车将有可能被暗杀的多位重要民主人士接到领事馆加以保护。还有几位受到威胁的人士自己进入领事馆避难。进入美国领事馆避难的共有十一人,包括西南联大教授张奚若、潘光旦,云南大学教授楚图南、费孝通、潘大逵、冯素陶、尚钺,民主周刊社编辑赵沨,中苏友好协会昆明分会干事金若年,云南大学讲师王康,以及民主周刊社的一位工作人员。除张奚若外,都是民盟云南省支部的负责人或骨干。此外,还有几位教授的家属共八人也随同进入领事馆。领事馆的五名美国士兵通夜值岗,保护他们的安全。

费孝通一家三口是当晚先避到云南大学校内熊庆来校长家中暂时安顿,第二天再由罗斯副领事直接从熊庆来家接到领事馆的。罗斯当晚也去接了冯素陶,但大门叫不开,未接到。16 日上午,罗斯再次到冯素陶家接他到领事馆暂避。但冯素陶因事先约了民盟组织部的杨昌辉、宣传部的唐登岷当天下午在冯素陶家商量民盟有关紧急事务,不便离开。17 日下午,罗斯副领事又带着费孝通给冯素陶的信,再次找到冯。冯才带上头天他与杨昌辉、唐登岷商量过的,由唐登岷执笔写出的一份抗议宣言稿到了领事馆,以征求暂避领事馆内的民盟各位负责人的意见。7 月 19 日晚,杨昌辉到了美国领事馆,见到了冯素陶。杨对冯说:外面情势已见缓和,希望有两位领导人先出去主持工作,他们已准备了一个妥当地方办公,安全可无大问题。冯素陶与民盟诸同志商量之后,大家决定由冯先出去主持工作。第二天,冯素陶带着经大家反复讨论修改好的宣言稿化装离开了美国领事馆,[①]民盟云南省支部发表的《中国民主同盟云南省支部为闻一多同志复遭暗杀的紧急申明》在简要叙述了闻一多被暗杀的经过后,严正指出:

> 法西斯反动派连续不断地制造恐怖,此并非对这些人之单独仇恨,李、闻两同志之暗杀事件,实乃法西斯反动派决心放弃以和平民主方式解决当前国是问题,而悍然采取最卑劣最无耻的暗杀手段,消灭民主分子,以配合正在展开的全面内战,公开向全国人民进行全面进攻的具体表现。本同盟素主民主和平,反对独裁暴力。
>
> 对于法西斯反动派这种亘古罕见的卑劣暴力恐怖除极端愤慨恶心外,不胜为我华胄祖先蒙此种沾污而泣血悲痛!
>
> 本同盟支部兹郑重声明:一切恐怖行为决不能阻止全国人民所誓死争取和平民主的新中国之诞生。本同盟决不畏惧于法西斯恐怖之下,而遽然弃置一贯的和平民主团结之努力于不顾。
>
> 对于李公朴、闻一多两同志惨案,本同盟支部除呈报南京总部直接向政府当局提出严重抗议外,我们并坚持政府即刻实行下列各项措施。
>
> 关于惨案本身者
>
> 一、立即追究治安当局应负的惨案责任,予以应得的法

---

① 《黎明前后——冯素陶回忆录》,《云南文史资料选辑》第31辑。

律处分。

二、由政协组成五人小组(国、共、民、青、贤)来昆调查真相。

三、彻底追究主使暗杀的真正凶手及缉获所有凶犯,交付法院会同政协五人小组代表公审。

四、政府负责公葬李、闻两同志,并给其家族子女以抚恤教养等费用。

关于保障人民自由者

一、保障不再发生同类事件。

二、切实兑现四项诺言,保障全国人民及各党派人士的一切自由及安全。

三、彻底取消危害人民的特务机关,包括一切变相的特务组织及机关。

四、解决半年来各地的一切暴行血案。

关于政治方面

一、立刻停止全面内战,重开政治协商会议。

二、立即依照政协决议,改组政府,实行宪政。

三、立刻释放一切政治犯。

短短五天之中,李公朴、闻一多接连被害,中外震惊,全民愤慨。各地进步报纸纷纷在头版头条报道闻一多惨案。中共中央主席毛泽东和总司令朱德17日从延安发来唁电。周恩来惊悉噩耗,悲愤之极,流着热泪致电闻一多夫人。中共代表团向国民党提出严正抗议,严厉谴责国民党政府无耻卑鄙地暗杀和平民主

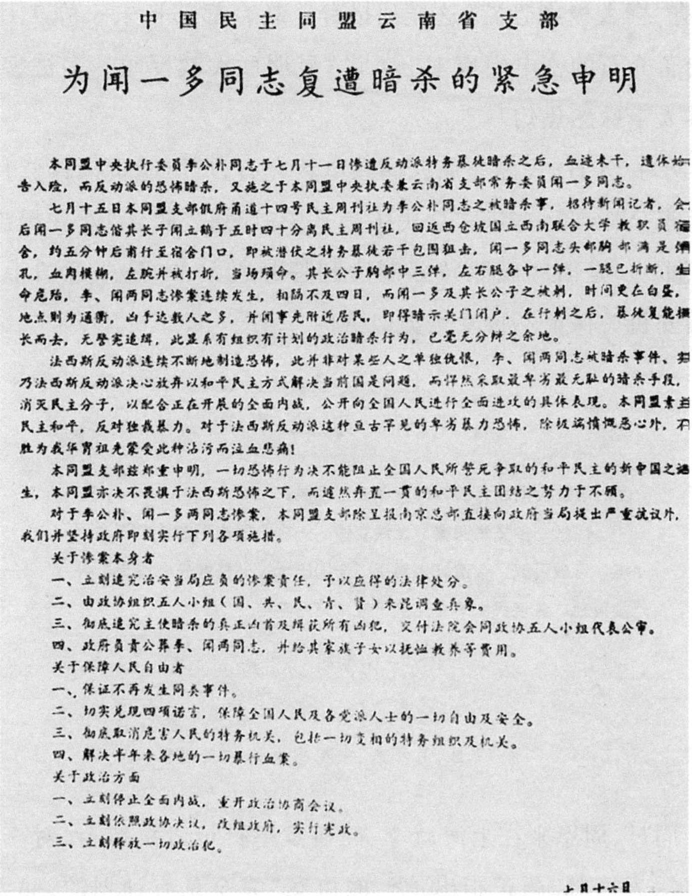

中国民主同盟云南省支部

为闻一多同志复遭暗杀的紧急申明

本同盟中央执行委员李公朴同志于七月十一日惨遭反动派特务暴徒暗杀之后，血迹未干，遗体始告入殓，而反动派的恐怖暗杀，又施之于本同盟中央执委兼云南省支部常务委员闻一多同志。

七月十五日本同盟支部假府甬道十四号民主周刊社为李公朴同志之被暗杀事，招待新闻记者，会后闻一多同志偕其长子闻立鹤于五时四十分离民主周刊社，回返西仓坡国立西南联合大学教职员宿舍，约五分钟后甫行至宿舍门口，即被潜伏之特务暴徒若干包围狙击，闻一多同志头部胸部满是弹孔，血肉模糊，左腕并被打折，当场殒命。其长公子胸部中三弹，左右腿各中一弹，一腿已折断，生命危殆，李、闻两同志惨案连续发生，相隔不及四日，而闻一多及其长公子之被刺，时间更在白昼，地点则为通衢，凶手达数人之多，并闻事先附近居民，即得暗示关门闭户，在行刺之后，暴徒复能扬长而去，无警宪追缉，此显系有组织有计划的政治暗杀行为，已毫无分辩之余地。

法西斯反动派连续不断地制造恐怖，此并非对某些人之单独仇恨，李、闻两同志被暗杀事件、实乃法西斯反动派决心放弃以和平民主方式解决当前国是问题，而悍然采取最卑劣最无耻的暗杀手段，消灭民主分子，以配合正在开展的全面内战，公开向全国人民进行全面进攻的具体表现。本同盟素主民主和平，反对独裁暴力。对于法西斯反动派这种亘古罕见的卑劣暴力恐怖，除极端愤慨悲愤外，不胜为我华胄祖先蒙受此种沾污而泣血悲痛！

本同盟支部兹郑重申明，一切恐怖行为决不能阻止全国人民所誓死争取的和平民主的新中国之诞生，本同盟亦决不畏惧于法西斯恐怖之下，而遽然弃置一贯的和平民主团结之努力于不顾。

对于李公朴、闻一多两同志惨案，本同盟支部除呈报南京总部直接向政府当局提出严重抗议外，我们并坚持政府即刻实行下列各项施措。

关于惨案本身者

一、立刻追究治安当局应负的惨案责任，予以应得的法律处分。

二、由政协组织五人小组（国、共、民、青、贤）来昆调查真象。

三、彻底追究主使暗杀的真正凶首及缉获所有凶犯，交付法院会同政协五人小组代表公审。

四、政府负责公葬李、闻两同志，并给其家族子女以抚恤教养等费用。

关于保障人民自由者

一、保证不再发生同类事件。

二、切实兑现四项诺言，保障全国人民及各党派人士的一切自由及安全。

三、彻底取消危害人民的特务机关，包括一切变相的特务组织及机关。

四、解决半年来各地的一切暴行血案。

关于政治方面

一、立刻停止全面内战，重开政治协商会议。

二、立刻依照政协决议，改组政府，实行宪政。

三、立刻释放一切政治犯。

七月十六日

7月16日，民盟云南省支部油印散发《中国民主同盟云南省支部为闻一多同志复遭暗杀的紧急申明》，痛斥反动派暴行

领袖的行径。周恩来亲笔写下悼词："我谨以最虔诚的信念向殉道者默誓：心不死，志不绝，和平可期，民主有望，杀人者终必覆灭！"

西南联大常委梅贻琦在闻一多被刺当天给教育部的电报

中，有“同人极度恐慌”这样的措辞。教育部部长朱家骅 7 月 18 日给蒋介石的密电中坦率报告说“昆明联大教授闻一多被害，教育界人士殊感焦灼”。

7 月 18 日，民盟主席张澜致电蒋介石，严厉谴责国民党特务暗杀李公朴、闻一多是“反民主和平，有计划之阴谋”。并提出三项要求：一是彻底废除特务制度和特务机关；二是严惩凶手；三是治安机关保证不再发生类似事件。

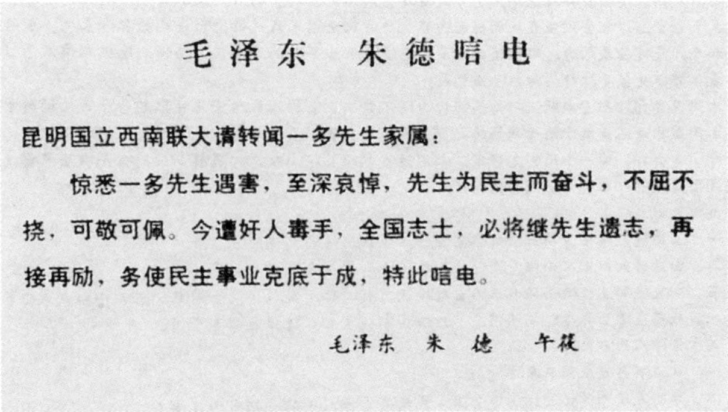
毛泽东　朱德唁电

昆明国立西南联大请转闻一多先生家属：

惊悉一多先生遇害，至深哀悼，先生为民主而奋斗，不屈不挠，可敬可佩。今遭奸人毒手，全国志士，必将继先生遗志，再接再励，务使民主事业克底于成，特此唁电。

毛泽东　朱　德　午筱

7 月 17 日，毛泽东、朱德唁电闻一多遇害

同日，周恩来在上海就李、闻血案举行记者接待会，对李、闻遇害深表愤慨，严正指出：李、闻血案“完全是有计划的，肆无忌惮的政治暗杀”“这不是偶然的，而是和平民主运动中的一种反动逆流，想以这种最卑鄙的手段来吓退民主人士，这两位先生都是民盟负责人，而这类事件并非是从他俩人开始的……这些问题的严重性不亚于内战”。周恩来、董必武、吴玉章、邓颖超、李维汉代表中共代表团，就李、闻被害向国民党代表团及政府提出严重抗议和七项要求：一是立即撤换昆明警备司令，限拿凶手，

交法院问罪，并由政协派员陪审；二是先葬死者，通令全国追悼，并给死者家属以抚恤；三是严格责成政府及军警机关，负责保护各党派及一切民主人士之安全；四是重申四项诺言，彻底予以实施；五是彻查政协会议以后各地所发之惨案，并应惩办祸首；六是取消一切特务机关；七是释放一切政治犯。

1946年7月18日，中共代表周恩来在上海为“李、闻惨案”举行记者招待会，痛斥反动派暴行

7月19日，民盟总部对李、闻血案发表书面谈话，对李、闻被害表示“悲愤万状”；向全国人民和全世界人民求诉，请求主持公道。同时表示：“民盟对争取中国的和平民主，绝不因这类暴行事件有所恐怖与退缩，我们只有更积极更勇敢地向前猛进，争取中国的和平民主，亦只有如此始足以慰李、闻两先生地下之灵。”

7月22日，民盟政协代表梁漱溟、沈钧儒、黄炎培、张申府、张君劢、章伯钧、罗隆基对国民党政府“以暴力残杀无武力之在野党派”提出严重抗议,并对昆明李、闻血案及西安《秦风日报》李敷仁、王任之惨死案提出了调查事件真相,撤惩云南地方治安长官和凶犯,抚恤家属,保护在昆明的民主人士,立即撤销特务机关等六项处理要求。

闻一多继李公朴之后被暗杀,激起了全国人民的愤怒抗议,国内外舆论都纷纷谴责蒋介石政府的法西斯暴行,全国各地都陆续举行隆重的追悼会,表达哀思,声讨独裁政治。闻一多的死尤其震动了全国人民的心,特别是震动了知识分子的心。美国驻昆明领事馆领事斯普劳斯写给美国驻中国大使馆的一份关于李、闻事件报告中称:“李被暗杀后,在大学的开明人士中引起了强烈的谴责。然而,他们不相信自己受到了威胁,因为大家感到,李是一个实干的政治活动家而不是一个知识分子,尽管他们自己也接到了可能有危险的警告,但这种感觉还是存在的,可是,闻一多被暗杀使局势完全改观,因为闻是开明人士中的佼佼者,受到知识界的高度敬仰。闻过去完全不关心政治,直到两年前他才突然极为关心中国的政治局势。随后,他参加了民主同盟,成了最能代表民盟说话的人士之一。同时,在昆明在大学生中,他的影响比任何人都要大些。”①

美国驻昆明领事馆对楚图南等十一位民主人士采取保护措施之后,美国国务院对昆明领事馆在突发事态下的这一紧急措施予

① [美]菲利普·D·斯普劳斯:《关于李公朴闻一多暗杀事件的责任问题》,中共云南师大党委党史资料征集组编:《一二·一运动史料汇编》第5辑,101页,1985。

以认可。7 月 20 日，旧金山广播了一则来自美联社华盛顿的消息：

> 美国国务院顷证实李公朴、闻一多暗杀案发生后，昆明美领事馆确对十一位民主同盟分子加以保护。国务院声称，昆明美领事此种措置因该十一人显然有亦被暗杀之可能，南京美大使馆已与中国外交部商谈此问题。据称中国当局已派员往昆调查此案，并命该地警备司令部维持法律。一俟安全确有充分保障，该十一位民盟人士即行脱离美领事馆之保护。

李、闻惨案发生后，美国的舆论令扶持国民党的美国政府也感到难堪，由此美国政府对蒋介石产生了不满。《纽约邮报》在社论中建议马歇尔正告蒋介石，要其“立即停止用暗杀为政治武器，并决心解除内战威胁”，否则“美国将断绝租借援华”。美国许多团体要求停止对华援助，哈佛大学、哥伦比亚大学等高校五十三位教授，为李、闻事件联名致电总统杜鲁门、代理国务卿艾奇逊及美国国会，表示抗议，要求“美国政府必须立刻撤退其驻华军队，在中国尚未成立民主之联合政府之前，美国必须停止对其一切军事及财政援助”。美国总统特使、身负调停国共矛盾的马歇尔与新任驻华大使司徒雷登于 7 月 17 日飞至庐山会见蒋介石。马歇尔向蒋介石郑重指出李、闻惨案足以给居中调停的美国带来负面影响。他说“这次暗杀针对了中国最有教养的一群人，其中许多人是从美国的大学毕业的，美国人会把他们的贡献同那些受教育较少的打内战的军事领导人相比”，所以美国舆论肯定“对蒋不利”。司徒雷登坦率表示国民党政府“已在知识分子和大众中逐渐失去号召力”,而“最近的谋杀造成的极大的恐慌”,也使“人们普遍认为这是对政治思想和行为进行压制的开始”。为此,司徒雷登建议蒋介石采取三项措施:“一是公开声明中央政府不赞成谋杀;二是解除对报纸的限制;三是召开政协会议作为建立立宪政府的开端。”

蒋介石不愿意背上治国无能的骂名,匆匆责令行政院发出一道保障人民安全的“通令”,命令各级政府“对于政治党派人士特加保护”。这在国民党统治史上是破天荒的。[1] 不过,行政院这道“通令”并没有“令行禁止”,昆明的严峻形势没有因此通令而改变,昆明民主人士的人身安全仍然令人担忧,以致刚刚离开领事馆两天的潘光旦、费孝通,因感到威胁仍然存在,无奈再次返回领事馆,以暂保人身安全。教育部委派赴昆调查闻一多案真相的教育部参事刘英士,给教育部长朱家骅如此报告了这一情况:

> 潘光旦等上星期五出美领事馆,但于昨日(星期日)下午经与梅月涵等再三研究之后,重进美领事馆。原因如下:昨为留学生考试第一日,梅校长坐自备包车赴试场。十时左右,梅因将有汽车送其回寓(西仓坡五号清华办事处),故命包车夫先回。包车夫于归途中遇暴徒数人,持枪逼询清华办事处共

① 见闻黎明:《美国对李公朴、闻一多被刺事件的反应与对策》,《汉江论坛》第11期,2006年。

住几人，有枪多少等语。潘光旦夫妇均与梅校长同住，故包车夫未敢率直回答。结果包车夫被殴！此事发生后，潘等认为治安当局控制力量不够，故又逃至美领事馆。①

7月下旬至8月初，全国各民主党派、群众团体，进步人士纷纷为李、闻血案向国民党政府提出抗议。民盟中央委员、著名教育家陶行知因激愤于李、闻被害，突发脑溢血身亡。他留下遗言："为民主死了一个，就要感召一万个来顶补。"美国哈佛大学、哥伦比亚大学和纽约大学的教授也分别致信杜鲁门总统和国会，要求撤走在华军队，在中国成立联合政府之前停止一切军事、财政援助。《纽约时报》也载文谴责国民党政府的行径，批评政府的对华政策。加拿大和平人士致电或集会声讨国民党政府的血腥政策。迫于国内外舆论的压力，蒋介石先后派警察总署署长唐纵和陆军总司令顾祝同等人来昆明处理李、闻案。

7月26日，延安和苏皖解放区各界群众同时举行了反内战、反特务追悼李、闻等烈士大会。在延安大会上，朱德总司令亲临讲话。7月28日，重庆召开追悼会。这是国统区中第一个大规模的追悼会，"人民世纪，安容虎狼，誓承继志，群起反抗，力争民主，戢彼猖狂，前仆后继，何畏死伤"的祭文和祭台上"民主之魂"这四个特大的字，深深撞击着与会者的心。

民盟南方总支部、港九支部、暹罗支部、民盟新加坡办事处

① 闻黎明：《美国对李公朴、闻一多被刺事件的反应与对策》，《汉江论坛》第11期，2006年。

1946 年 7 月 26 日，朱德在延安人民反内战、反特务追悼李、闻等烈士大会上讲话

也先后举行了追悼李、闻大会。众多华侨团体代表两万多侨胞参加民盟新加坡办事处的追悼大会。办事处主任胡愈之在主持会议时致辞赞扬李、闻二烈士呼吁和平、反对内战、不畏强暴、不怕牺牲的献身精神；痛斥国民党政府发动内战，镇压人民的血腥罪行。大会发出通电，要求严惩杀害李、闻的凶手。大会后，全马来亚七个分部及二十五个区分部先后举行了追悼会。全国人民和海外侨胞隆重追悼李、闻两位烈士，掀起了一个控诉国民党坚持内战、独裁和卖国罪行的群众运动高潮。

楚图南和其他几位民盟负责人在美国领事馆里避难半个月，最后，经时任云南省政府主席的卢汉同美国大使馆派到昆明的人员交涉之后，由省政府代买好飞机票，安排乘飞机离开昆明到上海。楚图南与尚钺于 8 月初同机到达上海。张奚若、吴晗等人也先后到达上海。楚图南到上海后很快见到了在马思南路中共办事处工作的华岗,并被引见给董必武。接着,民盟中央常委、"七君子"之一的沈钧儒也先委托人来看望楚图南。几天后,沈钧儒多次亲自约楚图南细谈,了解"李、闻惨案"详情和惨案前后昆明的局势,以及民盟云南省支部的工作情况、组织情况等。

8 月 12 日,《民主周刊》冲破地方当局的禁令,在中共地下组织和进步印刷工人的帮助下,出版了最后一期——三卷第十九期。该期用套红大字刊印了闻一多写的诔词"斗士的血是不会白流的,反动派!你看见一个倒了,可也看得见千百个继起的人"。并载文揭露国民党当局企图借李、闻案达到消灭共产党、迫害进步人士、打击地方势力这"一箭三雕"的目的,号召盟员同全国人民"一致起来摧毁反动势力"。

惨案发生后,中国民主同盟总部特派由中央常委梁漱溟和周新民二人组成的"李、闻案调查组",于 8 月 6 日从南京飞赴昆明,对该案进行调查。昆明国民党地方要员对此不予合作,设法阻挠。调查组初到昆明时,行动处处受到国民党特务的暗中监视,在冯素陶、潘大逵等民盟滇支部负责人的协助下,终于克服了国民党当局设置的种种障碍,查明了血案真相。

调查结束后,梁漱溟、周新民二人撰写了《李、闻案调查报告书》,于 9 月 30 日正式印行公诸全国。《报告书》正文约二万五千字,署名"中国民主同盟总部印行",及时、全面、详细地记录了"李、闻惨案",揭示了该惨案的真相。《报告书》内容包括:(1)赴昆明调查之经过;(2)李、闻案发生的背景;(3)李、闻两先生被刺前后的情况;(4)政府对于本案的处理;(5)调查本案后的论断。另有两个《附录》:一是《李案发生时在场所见》;二是《两案内幕知情人所说》。

《报告书》在《论断》中指出:"凶手是谁的问题,我们可以肯定地说,这就是云南警备总司令部这个机关""是谁主使的问题,我们也可以肯定地说,这还是云南警备总司令部这个机关。"《报告书》最后指出:"现在可以明白,即在这案情,原非一二私人的事,而是大局政治的事,大而言之,是一个党;小而言之,是一个机关。其动作尽管掩掩藏藏,无奈事情既非一日,规模又不会小,前后积累、左右汇合,则形迹自显,其势无可逃责。"

李、闻惨案对国民党的打击是不言而喻的。曾任台北"国史馆"馆长的朱文长认为:"在国共两党的政治斗争史上,闻一多之死是一个里程碑""他的死对国民党产生了不利的影响,其重要不下于金圆券的发行与失败。"①

被称为台湾民间史学家的西南联大毕业生刘绍唐,亦认为"闻一多之死,其影响绝不在平津等重要城镇的沦陷之下""在国内,引起全国知识分子更进一步的责难政府,不满政府;在国外,美国许多重要学府如哈佛大学、哥伦比亚大学等校著名教授联名抗议,并主张干涉中国内政,断绝对中国的任何援助。在中国调处国共纠纷的马歇尔将军更曾向蒋主席提出严重抗议"。② 可

---

① 朱文长:《闻一多是如何成为"民主斗士"的》,台北《传记文学》1981 年第 5 期,20 页。转引自闻黎明:《李闻惨案之善后》。

② 刘绍唐:《朱文长教授〈闻一多是如何成为"民主斗士"的〉大文读后的几句话》,台北《传记文学》1981 年第 5 期,第 21 页。转引自闻黎明:《李闻惨案之善后》,《近代史研究》第 4 期,2011 年。

见，李、闻惨案不是一个孤立的事件，本质上是国民党坚持反共路线的必然结果。而围绕这一事件的较量，是战后中国走向民主建国还是继续一党专政斗争的继续。纵观当时国内各主要报纸，差不多都发表了关于李、闻惨案的社论或评论，这一罕见现象所反映的人心向背，让国民党付出了沉重代价。[①]

李、闻血案，引起了国内外的强烈反应，成为对近代中国产生过广泛影响的一个政治事件，被多方面人士认为是国民党失去人心的一个重要标志。

于1946年9月1日创刊的《观察》周刊，在"创刊号"上以"本刊特约昆明通信"刊载了记者写于8月22日的《李、闻之死——血与理想》一文，文章最后写道："记者对李公朴所知较少，但对闻一多则所知较多。闻是一个研究国学深有成就的大师，他本来对政治是没有兴趣的。但是是谁使他从纸堆中走到政治舞台？是谁使他走上反对政府的路？他是富于热情和十分勇敢的人。他是'不怕死的'。谁又使这一位不怕死的人终受刺而身死？闻一多死后，是否还有无数的闻一多会继续走他的路呢？"此番言论充分反映了国民党在广大知识阶层中失去人心的迹象。

10月4日，上海召开了一个在全国影响最大的有五千人参加的追悼会。追悼会主席团成员中，有周恩来、华岗、郭沫若、叶圣陶、田汉，还有吴国桢、宣铁吾、吴开先、潘公展等国民党人士。"李公朴、闻一多两先生追悼大会筹备委员会启事"是由以宋庆龄领衔的一百六十七人作为发起人而发布的，"参加者中不仅有

① 闻黎明：《李闻惨案之善后》，《近代史研究》第4期，2011年。

和民盟风雨同舟、并肩战斗的中共方面的邓颖超[1]、李维汉等同志，以及民盟和上海各界进步朋友，还有国民党中反对蒋介石的一些进步朋友，当时蒋介石营垒中的上海市市长吴国桢及潘公展等人也到会，并在会上的致辞中表态，称李、闻被刺是所谓‘违反纪律’，是‘国家民族的损失’等等欲盖弥彰的谎话。”[2]

追悼会由民盟中央常委沈钧儒担任主席，洪深任司仪。出席追悼会的重要人士还有李济深、蔡廷锴、黄炎培、史良、张君劢、章伯钧、楚图南、马叙伦等。庄严肃穆的会场上，高挂着毛泽东、朱德送来的大幅挽词：“为保卫政协争取和平民主而牺牲的斗士精神不死”，宋庆龄写的挽联：“血溅金沙，允有大名光宇宙；魂招歇浦，愧无钜笔志功勋”，周恩来、邓颖超写的挽联：“为民主为和平为大众成仁取义；反独裁反内战反特务虽死犹生”，郭沫若写的挽联：“求仁得仁何怨；先天而天弗迷。”

各民主党派重要人士写下挽联：“昆池为热泪流积，所悲国家人才，连遭毒手；历史是鲜血造成，要争政治民主，岂惮杀身”（张澜）；“不自由毋宁死，无求生以害仁”（李济深）；“李君为‘生活’编者，闻君为‘死水’作者，生死云何哉！生为才人，死为雄鬼；右面有朝廷王师，左面有野战义师，朝野如此耳！朝有灾黎，野有饿莩”（胡厥文）；“不再跨回来，认定前途有民主；随时准备死，造成历史最光荣”（沈钧儒）；“追悼遍国中，到此方知民主贵；

① 笔者注：邓颖超代周恩来出席。

② 楚图南：《坚强的战士笃厚的长者——怀念沈衡老》，《楚图南集》（第二集），云南教育出版社，1999。

责难来海外，如今转笑暴徒痴”（史良）；“时局多艰，思国士，争民主，求和平，与奸邪搏斗，不惜一死；风雨如晦，怀故人，同忧患，共肝胆，遽胁侪摧抑，如何勿伤”（楚图南）……

追悼会开始，赵丹朗读祭文，上海市市长吴国桢致辞。接着由史良报告李公朴烈士的生平和遇刺经过，楚图南报告闻一多烈士的生平和遇刺经过，之后是潘公展、郭沫若的演说。然后，由邓颖超代表周恩来宣读周恩来亲笔书写的哀悼词：“今天在此追悼李公朴、闻一多两先生，时局极端险恶，人心异常悲愤。但此时此地，有何话可说？我谨以最虔诚的信念向殉道者默誓：心不死，志不绝，和平可期，民主有望，杀人者终必覆灭！”邓颖超每念一句誓词，全场都响起一次雷鸣般的掌声。

李公朴、闻一多为民主付出了生命的代价。他们用宝贵的生命警醒了全盟，激发了全体盟员的斗志，民盟从而更坚决地和中国共产党站在一起，进行反对国民党内战、独裁和卖国政策的斗争。李公朴、闻一多的牺牲同时也警醒了国民党统治区其他民主党派和爱国人士及广大民众，使他们进一步认清了国民党搞假和谈、真内战，假民主、真独裁的本质，更加勇敢地投入反内战、反独裁的民主斗争。

李公朴、闻一多成了中国人民争民主、争自由的一面旗帜！李公朴、闻一多的牺牲是云南民盟的光荣，是中国民主同盟全盟的光荣。

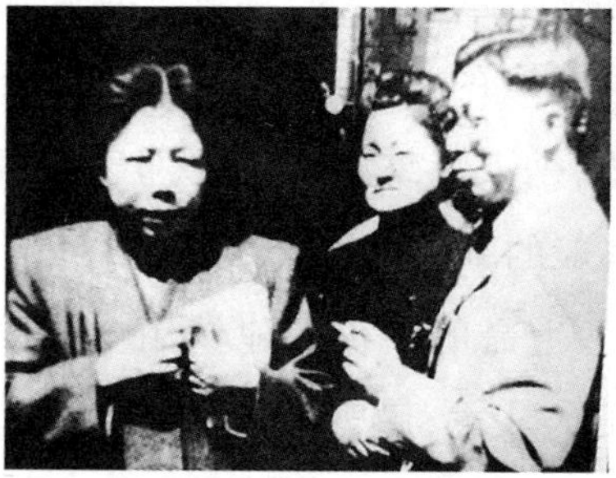

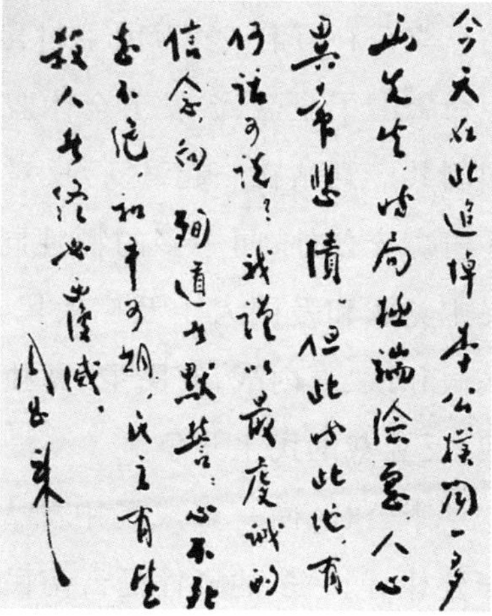
今天在此追悼李公朴闻一多
两先生，时局更险恶，人心
异常悲愤。但此时此地，有
何话可说？我谨以最虔诚的
信念，向殉道者默誓：心不死，
和平可期，民主有望，
杀人者终必失败。
周恩来

1946 年 10 月 4 日上海各界人士举行李、闻两先生公祭大会

上图：大会现场

中图：中共代表邓颖超在大会上宣读周恩来悼词。左为邓颖超，中为民盟中央常委史良

下图：周恩来亲笔手书的悼词

第五章

民盟云南省临时工作委员会

（1946年8月—1949年11月）

第一节　成立民盟云南省临时工作领导小组

李、闻血案发生后，昆明处于白色恐怖之中，为避免遭受更大的损失，民盟云南省支部决定已公开身份的、有生命危险的负责人楚图南、吴晗、潘光旦、费孝通、潘大逵、尚钺、赵沨等从美国领事馆出来后便迅即撤离昆明，另选能留在昆明开展地下斗争的盟员组建领导机构，坚持长期斗争。民盟云南省支部指定组织部部长冯素陶负责该项组建工作。冯素陶经与来滇调查李、闻案的梁漱溟、周新民商定，将民盟云南省支部改为民盟云南省临时工作领导小组，由未在社会公众面前暴露民盟身份的戴今生、汪大受、解德文三人组成。自 1946 年 8 月 10 日起，戴今生任该小组总务委员（相当于主任委员）、汪大受任组织委员、解德文任宣传委员，负责领导云南民盟的地下斗争。

8 月下旬，民盟云南省临时工作领导小组就如何保存组织，开展地下斗争问题进行了研究，决定：(1) 组织工作改小组联系为单线联系；(2) 秘密出版《盟务通讯》和《朋友间》两种内部刊物；(3) 以金江中学为基地，在昆华商校、云大附中、建民中学、求实中学等处进行地下活动，并利用各种渠道和方式，广泛联系各方面人士，在进步教师和职员中开展工作。

冯素陶在11月离开昆明之前，通过在国民党云南宪兵司令部任副官长的秘密盟员刘达夫设法取得一批军用地图，交给中共云南地下组织，为中共与国民党进行武装斗争提供了有力的支持。

12月，国民党特务发现昆明仍有民盟在活动，当局遂让云南省教育厅下令解聘戴今生的教职，迫其离开昆明。戴今生担任领导小组总务委员的时间从1946年8月10日起至1946年12月25日止，此后，民盟云南省临时工作领导小组改由汪大受负责。此时，由于形势日趋严峻，临时工作领导小组与外地盟员失去了联系，在昆明有联系的盟员也仅有几十人，云南民盟的活动暂时处于低潮中。

第二节　民盟云南省临时工作委员会成立

1947年1月，民盟一届二中全会在上海召开。会议总结了一中全会以来民盟的工作，分析了国民党发动全面内战以后国内的政治形势，提出了解决国是问题的四项主张：(1)努力促成国共和谈；(2)重新召开政治协商会议；(3)实行政协决议；(4)成立联合政府。根据会议确定的“上层争取公开合法，下层争取秘密活动”“宣传争取公开合法，组织保持秘密方式”和“简化总部，侧重地方，深入群众，扩大政治影响”的组织原则。会议结束后，民盟总部指派张默涛来昆明主持云南民盟工作。张默涛是中共地下党员，早在三十年代初期便投身革命。

以张默涛任主任委员，汪大受、杨明、丁维铎、范启新四人为执行委员的民盟云南省临时工作委员会（简称"民盟云南省临工会"）于2月间成立，负责领导云南民盟的地下活动。以后，民盟云南省临工会陆续在昆明商业银行、云南大学、云大附中、求实中学、松坡中学、建民中学、昆华农校等建立了二十几个民盟小组，泸西、蒙自、建水、陆良等县的民盟组织也逐渐恢复活动。

8月，为了开展云南民盟的地下活动，配合中共云南地下组织开展人民武装斗争，云南民盟通过有关渠道，委派高国泰"自荐"到省立泸西师范学校任校长。并安排了杨明、丁维铎、李曜九等一批民盟的重要成员到泸西师范任教，分别以教务主任、训育主任、教员等公开身份为掩护，秘密从事革命活动。他们同中共地下组织取得联系，组织学生阅读革命书籍，演唱进步歌曲，传播马克思主义，进行武装斗争的组织准备和思想准备。

由于国统区物价持续上涨，下层人民群众的生活日益困苦，不少学生面临失学的危险。为了响应北平学生掀起的自救救人的助学运动，云南大学、昆明师范学院等校学生发起组织了"昆明大中学校学生助学委员会"，开展助学活动。民盟云南省临工会及在云大、求实中学、建民中学、昆华工校、泸西师范等学校的盟组织发动所联系的进步学生参加助学活动，互助互救。后来民盟云南省临工会又向社会募捐，暂时解决了部分在新学年开始面临失学危险的贫困学生的困难。到11月上旬，云南大学、昆明师院、昆明师院附中等校学生总罢课，发动了保卫师生自身生存权利的"人权保障运动"。全市二十余所大中学学生也纷纷响应，并到省政府请愿，要求释放被捕学生。在各校的民盟小组积极发动和支持进步学生参加罢课和请愿,以争取师生的人身权利得到保障。

与此同时,全国政治、军事形势发生了重大变化,人民解放战争由战略防御转入战略进攻,中共中央发出了"打倒蒋介石,解放全中国"的号召。国民党反动派为了挽救其政治、经济危机,在国统区疯狂镇压民主运动。10 月 27 日,国民党政府内政部发言人公开宣布民盟为"非法团体"。11 月 6 日,又胁迫民盟中央主席张澜发表《中国民主同盟总部解散公告》,通告盟员"自即日起一律停止政治活动,本盟总部同人即日起总辞职"。但在次日,张澜又以个人名义在《时代日报》上发表声明:"余迫不得已于 11 月 6 日通告全体民主同盟盟员,停止政治活动,并忍痛宣布民盟总部解散,但我个人对国家之和平、民主、统一、团结之信念及为此而努力之决心绝不变更",并呼吁全体盟员"继续为国家之和平民主统一团结而努力"。此后,昆明地区不少盟员受到国民党当局通缉,盟员骨干丁月秋、杨绍廷相继被捕入狱,云南民盟被迫转入更加隐蔽的斗争。

1948 年 1 月 5 日至 19 日,民盟一届三中全会在香港召开,会场上悬挂着李公朴、闻一多、杜斌丞和陶行知遗像。民盟云南省支部时期的重要成员周新民、李文宜、冯素陶、楚图南(周新民代)、吴晗(千家驹代)、辛志超(王却尘代)与其他中央委员共二十九人参加会议,民盟云南省临工会的张默涛、方仲伯与其他各地方支部的代表共十二人列席了会议。会议检讨了过去的政纲政策,通过了《三中全会紧急声明》《三中全会政治报告》《三中全会宣言》和《今后组织工作计划》等决议案。

民盟《三中全会政治报告》强调:民盟的立场“就是人民的立场,民主的立场,因而也必然是革命的立场”,反对中立的态度和所谓中间路线。会议制定了联共反蒋的政治路线,否认了国民党政府宣布民盟为“非法团体”的无理举动,明确表示“不能接受本盟总部于去年 11 月 6 日在南京反动独裁政府的劫持与威胁下,未经合法会议而发表的‘辞职’‘解散总部’及‘停止盟员活动’等声明”。《三中全会政治报告》决定恢复民盟总部,制定了和中国共产党密切合作,联合各民主党派和无党派民主人士,为彻底摧毁南京国民党反动政府,实现民主、和平、独立、统一的新中国而奋斗的政治路线。

三中全会对民盟总部的领导机构做了调整和充实,由沈钧儒、章伯钧以民主同盟中常委名义领导全盟工作。民盟各处负责人尚未来港者,由大会选人暂代。其中,民盟云南支部的重要成员、中央执委周新民代理秘书处主任。三中全会是民盟历史上“具有划时期性决定意义的会议”,它“鲜明而坚决地确定了一条人民的、民主的、革命的总政治路线”。[1]

三中全会闭幕后,民盟总部号召全体盟员以实际行动来实现三中全会提出的新的政治路线和斗争目标,“积极支持人民的武装去反抗反人民的武装”“消灭反民主反和平的独裁政权”“建立一个真民主真和平的新中国”。2 月 2 日和 2 月 14 日民盟在香港招待记者和民主人士,沈钧儒在会上指出,过去有些人所幻

① 民盟中央文史委员会:《中国民主同盟简史(1941—1949)》,118 页,群言出版社,1991。

想的“中间路线”,现在是走不通的,在“民主与反民主之间是没有‘超然的’或者‘中间路线’的存在可能”的。

民盟云南省临工会积极响应民盟中央“今后自应当积极地支持以人民的武装去反抗反人民的反动的武装”的号召,分散盟员,组织一些盟员离开城市,到滇东南和滇西农村参加中共领导的人民武装斗争。

派到泸西师范工作的盟员高国泰、杨明、丁维铎、李曜九等人,经过一段时间的工作,于2月间秘密发动和组织泸西师范进步学生同中共地下组织领导的地下武装配合行动。泸西师范进步学生还在中共弥泸区地下党组织的统一领导和指挥下,策应了一支民众武装在泸西旧城仓促自发的起义,参加了弥泸地区的人民武装斗争。

昆明爱国学生在6月至7月初,掀起了“反美扶日”爱国斗争,不少爱国师生遭到国民党当局逮捕。民盟配合中共省工委动员盟员苏鸿纲联络白小松、徐嘉瑞等教育界知名人士组织“营救学生委员会”。并于7月4日联合二百三十二名文教界人士,由昆明耆宿名流秦光玉、詹秉忠、严爕成、陈启周、李云谷、马伯安等人领衔签名,上书省主席卢汉,称学生的行动“原其动机,系激于爱国热忱”,要求“对业经被捕师生,以速释放”。

抗战结束后即遭蒋介石软禁三年的原云南省主席、民盟秘密盟员龙云,设法于12月由南京逃到香港。民盟对龙云十分关心,曾长期在云南民盟工作的民盟中央负责人周新民帮助龙云同在香港的中共香港分局取得了联系。周新民、杨维骏等人还配合中共香港分局做龙云的工作,促其公开表明反蒋态度。次年4月,龙云在香港举行记者招待会,公开表明了自己的反蒋态度,宣布起义,站到人民一边,并利用自己的关系和影响,为策动国民党云南当局和平起义做了许多工作。

第三节 拥护中共中央"五一口号"

1947年5月2日,国民党《中央日报》公布了一份诡称是从延安搜获的由毛泽东签署的《中共地下斗争路线纲领》,借此污蔑攻击中共和民主党派说:"民主同盟及其化身民主建国会、民主促进会、三民主义同志联合会等组织,已被中共所控制,其行动也完全遵照中共的意志,已成为中共暴乱的工具。"7月,国民党召开"国大",通过了所谓"国家总动员案",并颁布"戡乱动员令"。随后几个月间,国民党当局在上海、北平、广州、西安、杭州等多个城市,以共产党嫌疑犯的罪名,先后逮捕、屠杀爱国人士和革命青年多人,尤其对一向倡导民主自由的民盟发起攻击,说民盟是"奸盟",说盟员是"奸匪",甚至在报刊上点名辱骂民盟成员。10月,国民党竟悍然宣布民盟为"非法"团体,强行解散民盟,并杀害了民盟重要的成员杜斌丞。国民党的一系列行径,引起了各民主党派的极大愤慨。

更为恶劣的是,国民党在1948年3月29日至5月1日召开了所谓"制宪"的"国大会议"。出席会议的三千名代表中,几乎全部是国民党代表,只有为数很少的民社党、青年党代表作为摆设。会议选举蒋介石为总统,李宗仁为副总统,正式宣告步入"宪政"时代。针对这种为自己的独裁统治披上民主法制外衣的伎俩,在香港的各民主党派领导人纷纷发表声明,不承认“国大”“总统”的合法性,表示了在政治上与国民党政府的彻底决裂。这种结果是蒋介石集团奉行独裁所导致的,同时也标志着民主党派走第三条道路的幻想已彻底破灭。

而中共对民主党派却是团结、鼓励与支持,同各民主党派的领导人保持着密切的联系,并尽量积极争取一切可以争取的中间派。在中共的支持下,民盟在香港召开的一届三中全会上宣布不接受被迫解散的任何决定,恢复民盟总部,明确表示今后要与中国共产党“携手合作”。民盟三中全会标志着中国民主同盟的历史性转折,中国民主同盟开始与中国共产党的全面合作。

随着革命战争形势的迅猛发展,国民党反动统治即将崩溃,一个独立、民主、和平、统一的新中国即将诞生。1948 年 4 月 30 日,中共中央发布了著名的《中共中央纪念“五一”劳动节口号》,发出了建立新中国的政治宣言,号召“各民主党派、各人民团体、各社会贤达迅速召开政治协商会议,讨论并实现召集人民代表大会,成立民主联合政府”,开启了中国共产党与各民主党派、无党派人士团结合作的新征程。

《中共中央纪念“五一”劳动节口号》一共二十三条:

(一)今年的五一劳动节,是中国人民走向全国胜利的日子。向中国人民的解放者中国人民解放军全体将士致敬!庆祝各路人民解放军的伟大胜利!

(二)今年的五一劳动节,是中国人民死敌蒋介石走向灭亡的日子,蒋介石做伪总统,就是他快要上断头台的预兆。打到南京去，活捉伪总统蒋介石！

（三）今年的五一劳动节，是中国劳动人民和一切被压迫人民的觉悟空前成熟的日子。庆祝全解放区和全国工人阶级的团结！庆祝全解放区和全国农民的土地改革工作的胜利和开展！庆祝全国青年和全国知识分子争自由运动的前进！

（四）全国劳动人民团结起来，联合全国知识分子、自由资产阶级、各民主党派、社会贤达和其他爱国分子，巩固与扩大反对帝国主义、反对封建主义、反对官僚资本主义的统一战线，为着打倒蒋介石，建立新中国而共同奋斗。

（五）各民主党派、各人民团体、各社会贤达迅速召开政治协商会议，讨论并实现召集人民代表大会，成立民主联合政府！

（六）一切为着前线的胜利。解放区的职工，拿更多更好的枪炮弹药和其他军用品供给前线！解放区的后方工作人员，更好的组织支援前线的工作！

（七）向解放区努力生产军火的职工致敬！向解放区努力恢复工矿交通的职工致敬！向解放区努力改进技术的工程师、技师致敬！向解放区一切努力后方勤务工作和后方机关工作的人员致敬！向解放区一切工业部门和后方勤务部门的劳动英雄、人民功臣、模范工作者致敬！

（八）解放区的职工和经济工作者，坚定不移地贯彻发展生产、繁荣经济、公私兼顾、劳资两利的工运政策和工业政策！

（九）解放区的职工，为增加工业品的产量，提高工业品的质量，减低工业品的成本而奋斗！拿更多更好的人民必需品供给市场！

（十）解放区的职工，发扬新的劳动态度，爱护工具，节省原料，遵守劳动纪律，反对一切怠惰、浪费和破坏行为，学习技术，提高生产效率！

（十一）解放区的职工，加强工人阶级的内部团结，加强工人与技术人员的团结，建立尊师爱徒的师徒关系！

（十二）解放区私营企业中的职工，与资本家建立劳资两利的合理关系，为共同发展国民经济而努力！

（十三）解放区的职工会与民主政府合作，保障职工适当的生活水平，举办职工福利事业，克服职工的生活困难。

（十四）解放区和蒋管区的职工联合起来，建立全国工人的统一组织，为全国工人阶级的解放而奋斗！

（十五）向蒋管区为生存和自由而英勇奋斗的职工致敬！欢迎蒋管区的职工到解放区来参加工业建设！

（十六）蒋管区的职工，用行动来援助解放军，不要替蒋介石匪徒制造和运输军用品！在解放军占领城市的时候，自动维持城市秩序，保护公私企业，不许蒋介石匪徒破坏！

（十七）蒋管区的职工，联合被压迫的民族工商业者，打倒官僚资本家的统治，反对美帝国主义者的侵略！

（十八）全国工人阶级和全国人民团结起来，反对美帝国主义者干涉中国内政、侵犯中国主权，反对美帝国主义者扶植日本侵略势力的复活！

（十九）中国工人阶级和各国工人阶级团结起来，反对美帝国主义者压迫亚洲、欧洲和美洲的民族解放运动、民主运动和职工运动！

（二十）向援助中国人民解放战争和推动中国职工运动的世界各国工人阶级致敬！向拒运拒卸美帝国主义和其他帝国主义援蒋物资的各国工人阶级致敬！向并肩反抗美帝国主义侵略的各国工人阶级和各国人民致敬！

（二十一）中国劳动人民和一切被压迫人民的团结万岁！

（二十二）中国人民解放战争的胜利万岁！

（二十三）中华民族解放万岁！

"五一口号"很快传遍了海内外，引起了巨大的反响。各民主党派和人民团体纷纷发表声明和讲话，热烈拥护"五一口号"。在香港，民盟中央常委沈钧儒激动地说："蒋介石召开伪国大，举国唾弃，天怒民怨。而中共'五一口号'一呼而天下应，足见召开政治协商会议成立联合政府，是一切民主党派和民主团体及全国人民的共同愿望啊！"民盟中央另一常委蔡廷锴高度评价说，"五一口号"是"字字千钧，激荡乾坤"。

5月5日，中共"五一口号"发布后的第五天，民革、民盟、民进、致公党、农工党、救国会、民促等民主党派在香港联合致电中共中央毛泽东，表示"五一口号""适合人民时势之要求，尤符同人之本旨，何胜钦企"。这是各民主党派、无党派民主人士第一次明确地提出在政治上接受中国共产党的领导，表明了与中共团结一致、真诚合作的决心。

6月14日，民盟中央发表了《中国民主同盟响应中共“五一”号召致全国各民主党派各人民团体各报馆暨全国同胞书》，开篇就明确表示：“本盟自成立以来，一向主张以民主和平独立统一为建设新中国的基本方针，同时亦以此为本盟奋斗的中心目标，早为海内外人士所共鉴。根据中国政治的现实情况，深信欲实现此等目标，除以各民主党派团体共同举行协商，以解决国是外，没有其他道路可循。”

然后，民盟中央强调说：“此次中共发布‘五一口号’，其第五项主张迅速召开政治协商会议，实现民主联合政府，正与本盟历来一贯的主张相符合，本盟当然愿为这一主张的早日实现而积极奋斗。同时中共‘五一口号’发布以来，各方纷纷热烈响应；足见政治协商与联合政府的主张，绝非任何一党一派独有的主张，而是一切民主党派和民主团体乃至全国人民的共同要求。”

“五一口号”是中共中央集合全国进步力量，形成新民主主义时期统一战线的集结号，得到了民主党派、无党派民主人士的热烈响应，他们发表宣言、通电和谈话，并接受邀请奔赴解放区，与中国共产党共商建国大计。云南民盟的领导者楚图南、吴晗受邀到河北平李家庄中共中央所在地，与中共领导人多次接触、交谈，深入了解中共在新形势下的方针政策，尔后在推动民盟事业发展的道路上与中共坚定地站在一起。

“五一口号”的发布及其产生的强烈反响，是我国统一战线和多党合作发展史上一件具有里程碑意义的事件，标志着各民主党派和无党派人士自觉选择了中国共产党的领导，亦标志着各民主党派和无党派人士坚定地走上了新民主主义的道路。

第四节 组织策反工作 促进云南和平起义

1949年1月,北平和平解放。云南民盟原负责人楚图南、吴晗与民盟中央其他领导人沈钧儒、章伯钧、邓初民等,先后分别由华北解放区和东北解放区来到北平。3月5日,中国民主同盟总部临时工作委员会在北平正式成立,沈钧儒、章伯钧、朱蕴山、胡愈之、邓初民与云南民盟原负责人楚图南、吴晗、潘光旦、李文宜等共二十二人被推选为委员,沈钧儒、章伯钧主持总部盟务。

1月下旬,民盟云南省临工会先后派杨维骏、汪大受赴香港向民盟中央汇报工作。杨维骏到香港后,经民盟中央负责人周新民联系,见到了中共香港分局书记方方。方方给他们简明扼要地分析了当前形势和面临的任务,指出:"现在最需要的是做卢汉[①]的工作,策动他走起义的道路。你们如有条件,可以从这方面多做些工作。"方方同时也提醒他们对云南地方反蒋武装争取进行控制,要看到地方反蒋武装队伍结构的复杂性。杨维骏返回昆明传达中共香港分局书记方方上述指示后,民盟云南省临工会决定今后工作的重点为策动云南地方势力反蒋,迎接云南的解放。

杨维骏返回云南后,同时传达了民盟中央组织部的意见,民盟云南省临工会领导班子据此做了调整,组成了由吴邦彦任主

① 笔者注:卢汉,时任云南省主席。

任委员，杨维骏任副主任委员，蒋阜南、杨明、丁维铎、汪大受、李济五、李珩等人任委员的新一届临时工作委员会。吴邦彦在云南邮电局工作，是没有暴露身份的中共地下党员，此前系经冯素陶介绍入盟并在民盟组织部协助工作。

1949 年 2 月，民盟云南省临工会采纳杨明的建议，成立了策反工作小组，把当前的主要工作任务确定为策动卢汉起义。策反工作小组由杨维骏任组长，蒋阜南、杨明、丁维骏、杨白仑、汪大受、莫翰文等人参加。策反工作小组成员设法利用各种关系与卢汉接近，与他交换对形势的看法，宣传中共的统战政策，促使他倾向起义，支持他做云南起义的准备工作。

策反工作小组成员杨明、杨维骏、高国泰、丁维铎

1949 年 2 月，民盟云南省临工委成立，由杨维骏任组长，蒋阜南、杨明、丁维铎、杨白仑、汪大受、莫翰文等人参加策反工作小组

为了帮助卢汉进行起义的准备工作，策反工作小组派杨明、宋文治等人率七十余名盟员和青年学生于 3 月间到卢汉新组建的保安九团、十团做政治宣传工作。他们给官兵讲革命道理、教唱进步歌曲、排演进步戏剧、组织营火晚会，受到了下层军官和士兵的欢迎。这两个保安团后来在云南起义和昆明保卫战中发

挥了重要作用。

杨维骏、杨明、蒋阜南、丁维铎等人于 4 月间受卢汉委托，草拟了一份云南起义初步计划书，写进了拥护中国共产党、云南军政大权移交人民解放军接管、军队接受改编、逮捕在滇国民党特务、镇压反革命分子等内容。计划书抄写一式三份，经卢汉签署后，卢汉保存一份，另外两份由民盟设法转送中共华南分局（原香港分局）和人民解放军滇桂黔边区纵队（简称“边纵”）。

与此同时，策反小组还建议卢汉拿出实际行动来，同“边纵”建立联系，送武器弹药接济“边纵”。不久，卢汉接受民盟的建议，派龙泽汇运了一批武器弹药，接济由朱家璧领导的中共武装“边纵”部队。

民盟云南省临工会于 5 月间分别派高国泰、杨白仑携卢汉提供的电台，分赴滇南和滇西的“边纵”活动地区，帮助卢汉与中共领导的人民武装建立联系。高国泰在思普地区找到“云南人民反蒋自救军二纵队”司令员刘宝煊、政治委员袁用之和政治部主任唐登岷，向他们转达卢汉的起义计划和接济共产党领导的人民武装的打算。杨白仑也带电台赴滇西北与“边纵”七支队建立了联系。杨维骏经与龙云的代表安恩溥商定，派莫翰文到滇南龙云旧部万保邦组织的“滇南人民自卫军”中做争取工作。

民盟云南省临工会秘密配合进行云南起义的准备工作，从 6 月开始，发动在昆明的盟员，利用各种关系和渠道收集云南党、政、财机关的情况，登记国家资产；建立民主妇女同盟和青年同盟等外围组织；组织进步妇女和青年学生阅读进步书报，认清人民解放战争的形势，开展民主活动。

在争取卢汉起义的过程中，卢汉的态度一度有变化，行动有反复。他有起义的要求，也面临国民党政府的压力，同时又一时难以除去军阀的本性。9 月 9 日，卢汉在国民党政府的压力下，在昆明了发动“九九整肃”，逮捕民主人士，封闭进步报刊，其辖下的保安团也奉命配合二十六军追击围剿“边纵”部队。

在此形势突变的情况下，民盟云南省临工会致信卢汉，提出质询和抗议；告诫他不要死心塌地地跟蒋介石走，要他设法保护被捕的进步人士，待人民解放军临近云南时，相机起义，并表示卢汉若不这样，民盟将不再与之联系。同时，民盟省支部临工会也通知盟员隐蔽和转移，以防不测。

11 月，民盟云南省临工会先后派丁维铎、蒋阜南、宋文治、汪大受、高国泰等人带领八十余名盟员和进步学生组成政治工作队，赴滇东北龙绳曾的“西南人民革命军”中做政治工作。由丁维铎任该部政委、蒋阜南任政治部主任，随去人员担任下属部队的政工人员，对这支反蒋武装进行控制和改造。政工队在“西南人民革命军”中向士兵进行反蒋、反三征（征兵、征粮、征税）和减租减息的革命宣传教育，还宣传和执行人民军队的群众纪律，惩办恶霸地主。10 月以后，政工队人员逐步看清龙绳曾继续坚持顽固立场，无法达到控制和彻底改造的目的，在取得人民解放军“边纵”六支队的掩护和配合后，于 11 月 16 日在巧家县大寨举行武装暴动，拉出龙绳曾的两个主力团一千五百余人枪，带到会泽白雾镇交“边纵”六支队改编。民盟的政工人员除丁维铎、蒋阜南、高国泰等少数人回昆明担任其他工作外，大部分人员加入了“边纵”六支队。

此时，贵州、广西等邻近省份陆续解放，人民解放军部队已逼近云南。民盟云南省临工会再次派杨维骏联系卢汉，敦促他起义。卢汉表示，将抓紧进行起义的准备工作，待保安团队全部调入昆明后，即刻发动起义。

12 月 9 日，卢汉宣布云南起义，云南得以和平解放。这主要是中共中央、中共南方局、中共云南地方组织长期对云南地方实力派进行争取工作的结果。民盟云南省临工会策动卢汉起义的工作，是按照中共华南局领导提议而主动付出的努力，在一定程度上配合了中共的策反工作。这是云南民盟为云南和平解放做出的贡献，也是民盟义不容辞的责任。

1950 年 2 月 24 日，是云南解放的光荣日子。云南民盟和全省人民一道，迎来了云南的解放。

第六章

新中国成立初期

（1949 年 12 月—1956 年）

第一节　接受中国共产党的领导

新中国成立后,中国民主同盟成为人民民主专政政治制度下参政的新型政党,面临着改造民盟的性质,制定新的政治纲领、路线、方针和健全领导机构,整顿发展组织,加强自身建设的使命。

1949 年 11 月 15 日至 12 月 20 日,中国民主同盟一届四中全会(扩大)会议在北京召开,为适应新的形势,担负起历史赋予的重任。会议讨论通过了《政治报告》《盟务讨论总结报告》《地方盟务总结》,并通过了修改后的《中国民主同盟章程》和《关于接受共同纲领及停止民盟纲领的决议》《中国民主同盟四中全会扩大会议宣言》等重要决议和文件。《政治报告》指出:“过去本盟的总的立场和方针是在于和中共一起彻底推翻蒋介石的反动统治,成立新的人民民主政府。”而“在这一个人民民主专政的时代,本盟乃是参与政权的一分子,因此,本盟的方针应该是在中共领导之下,实现共同纲领,巩固人民民主专政的政权,以从事于新民主主义的建设而为人民服务”。

修改后的《中国民主同盟章程》对民盟的性质、任务、纲领、路线、方针作了新的阐明："中国民主同盟是人民民主统一战线的一个组成部分，是一个以知识分子，特别是小资产阶级知识分子为中心的政治联盟。本盟以中国人民政治协商会议纲领作为自己的纲领，以团结广大的知识分子和开明的工商业者，走向进步，扩大并巩固人民民主统一战线，彻底实现共同纲领，积极参加新中国的各项建设，完成新民主主义的革命为基本方针和任务。""本盟接受中国共产党的领导，与之密切配合工作，以期在革命建国的伟大事业中尽其最大的努力。"

在新中国的人民民主政权中，民主党派和无党派人士担任了很多重要领导职务并占了相当的比重。但是，当时在中国共产党内部，有些人不同程度上存在着轻视、排斥民主党派和无党派人士的倾向。有的人对大量安排民主党派、无党派人士担任国家及地方各级领导想不通，认为"打天下者坐天下"是天经地义的事，民主党派和无党派人士在新民主主义革命过程中，最多只是一根头发丝的功劳。在这样的背景下，中共中央于1950年3月召开了第一次全国统战工作会议。毛泽东在听取会议情况汇报时，针对党内各种倾向，强调了要充分重视和发挥民主党派的作用，指出："有人认为民主党派只有一根头发丝的功劳，一根头发拔不拔掉没有关系。这种说法是不对的。民主党派和民主人士是联系资产阶级、小资产阶级的，从他们背后联系的人们看，这不是一根头发，而是一把头发，就不可藐视。"[①]中国共产党

① 平杰三：《回忆第一次全国统战工作会议》，《中国统一战线》第5期，1999年。

逐渐统一了全党的思想，及时制定了团结民主党派的各项方针、政策，从各方面加强了同民主党派的合作，使中国共产党领导的多党合作和政治协商制度在新的形势下得到了进一步的发展。

民盟中央遵照修改后的《盟章》的新规定，在各大区域开展了恢复盟务的工作，初期以整理为主，实行“巩固为主，稳步发展”的方针，1951 年 11 月后转为“以发展为主，继续巩固”。在全国组织宣传工作会议上，比较明确地提出盟的工作转向在文教界知识分子的中上层开展。

一、云南省支部临时工作委员会

云南民盟的恢复工作是严格按照上述民盟中央的组织发展思路进行的。

1950 年 2 月，民盟西南总支部指派苏鸿纲、刘宝煊、杨明、张子斋、吴邦彦、杨维骏、蒋阜南、丁维铎、李济五、普梅夫、李德家、解德文、杨白仑、范启新、高国泰、李珩十六人组成新的云南省支部临时工作委员会（简称“民盟省支部临工会”）。苏鸿纲为主委；刘宝煊、杨明为副主委；吴邦彦为组织部部长，杨维骏、蒋阜南为副部长；丁维铎为宣传部部长，黄秋帆、刘惕为副部长；李济五为秘书处主任，普梅夫为副主任；杨白仑为工商委员会主任，黄相荣、黄玉珂为副主任；解德文为联络委员会主任；宋方为妇女委员会主任，丁月秋为副主任。

民盟省支部临工会建立后，立即着手选调干部开展活动。对内进行组织整顿、恢复组织，将正式盟员重新调整编为八个小组，预备盟员编为四个区分部。1951 年 2 月初，民盟省支部临工会要求全省各级盟组织了解领导方法和学习方法，并提出要做好四个方面的具体工作。2 月 26 日，在中共云南省委统战部召开的民主党派座谈会上，杨明报告了民盟云南省支部临工会整理组织与发展组织的准备情况，强调了巩固、发展与学习的重要性；丁维铎对盟内学习情况做了详细汇报。

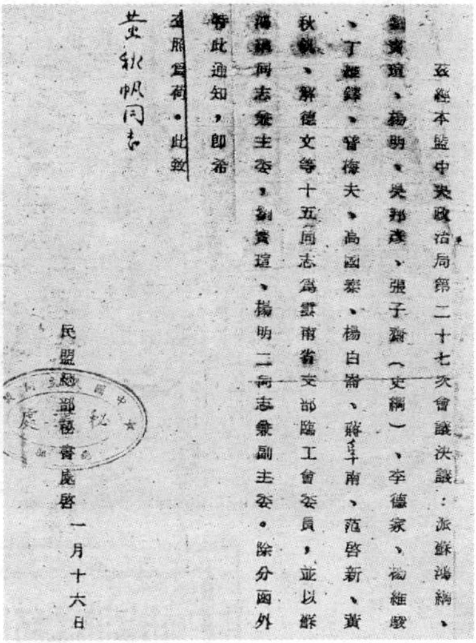

茲經本盟中央政治局第二十七次會議決議：派蘇鴻綱、劉寶煊、楊明、吳邦彥、張子齋（史綱）、李德家、楊維駿、丁維鐸、曾梅夫、高國泰、楊白崙、蔣峯南、范啓新、黃秋帆、解德文等十五同志為雲南省支部臨工會委員，並以蘇鴻綱同志兼主委，劉寶煊、楊明二同志兼副主委。除分函外，特此通知，即希查照為荷。此致

黃秋帆同志

民盟總部秘書處啓 一月十六日

1950 年，民盟云南省支部临时工作委员会新班子组成。图为民盟总部秘书处发文中的民盟云南省支部临时工作委员会委员名单

《云南盟讯》于 3 月 15 日复刊，以民盟中央沈钧儒副主席《走向团结进步》一文代发刊词。《云南盟讯》刊登了一条重要消息：表彰在三大运动中站稳立场、划清界限、表现较好的盟员。3 月下旬，民盟省支部临工会提出组织工作的三个重点：(1) 进一步在组织联系上与思想上密切支部与每一个盟员间的关系；(2) 认真重新编建小组，并充实小组活动；(3) 继续稳步进行盟籍审查，清除不纯分子。民盟省支部临工会还决定，增选寸树声为民盟省支部临工会委员、副主任委员。月末，民盟省支部临工会组织在昆盟员一百余人举行民盟中央张澜主席八十寿诞祝寿会。祝寿会由副主委刘宝煊主持，民盟中央委员辛志超发言，讲了“张主席二三事”。与会人员通过了省支部全体盟员致张主席的祝寿电。

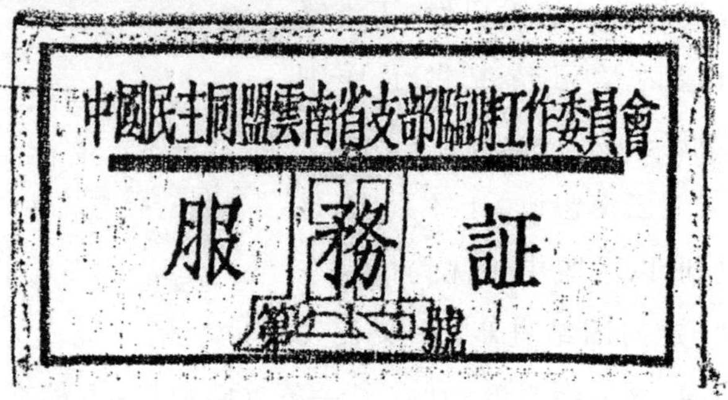
中國民主同盟雲南省支部臨時工作委員會

服務証

上图:中国民主同盟云南省支部临时工作委员会分期分批选送干部进西南军政大学培训。1951 年 2 月受训的民盟成员的合影

下图:中国民主同盟云南省支部临时工作委员会服务证

4 月间,民盟省支部临工会组织部根据“全国清查,分别联系”的原则,对已获盟籍的在昆盟员,以工作单位为主,编为二十个直属小组,分别为文教八个组、工商三个组、机关四个组、妇女五个组开展组织活动。因特殊情况不能参加组织活动的盟员,则进行单联。5 月份,临工会完成了所属盟员的家庭土地情况调查及与反动党团、会道门关系的调查。6 月,民盟省支部临工会

各部处及直属基层负责人,集中一周时间就领导工作、团结问题、基层经验进行了检查总结,将结果向上级报告,并在《云南盟讯》公布。

民盟省支部临工会发起于6月25日组成了“云南省民主党派民主人士庆祝中国共产党三十周年纪念大会筹备委员会”。筹委会发出庆祝号召,印发了中共党史学习提纲,要求各机关学校组织座谈会,学习党史。7月1日,民盟省支部临工会与民革、民建云南地方组织及无党派民主人士,联合各界共一万五千人在胜利堂广场举行中国共产党建党三十周年庆祝大会。大会主席卢汉、主席团代表龚自知、中共云南省委书记宋任穷等先后在会上讲话。同日,中共省、市委举行庆祝建党三十周年党员干部大会。苏鸿纲主委代表民盟省支部临工会讲话,表示诚恳接受中国共产党领导,学习党员的工作作风,加强团结,巩固扩大人民民主统一战线,为实现共同纲领而奋斗。

在对内整顿组织,团结成员,协助人民政府做了大量地方工作的基础上,为了便于今后发展组织、推动工作,民盟省支部临工会与民革、民建云南地方组织于7月28日在胜利堂举行盛大招待会,正式对外公开组织。中共云南省委书记宋任穷与云南省军政委员会主席卢汉、中共省委统战部部长周保中、无党派民主人士白小松等在招待会上讲话。民盟省支部宣传部部长丁维铎报告了民盟的历史和民盟的性质、任务。8月,为了配合组织发展,民盟省支部临工会做出逐步建立区分部的决定,先后建立了第一区分部(大学),寸树声为主任委员、杨静娴为组织委员、梁家椿为宣传委员;第二区分部(中学),高国泰为主任委员、汪大受为组织委员、李章樹为宣传委员；第三区分部（机关），钱松伟为主任委员、刘丕贤为组织委员、陈润圃为宣传委员。

1951年7月28日，民盟云南省支部临时工作委员会与民革、民建云南地方组织，在昆明胜利堂举行盛大招待会，正式对外公开组织

上图：中共云南省委书记宋任穷、云南省军政委员会主席卢汉、中共省委统战部部长周保中（上图站立者）、无党派民主人士的白小松等在招待会上讲话

下图：招待会会场

结合全市检举、登记反动党团分子运动，民盟省支部临工会开展了再行彻底交清与反动党团组织关系的历史坦白工作。经过五周时间的启发动员、小组讨论和个别指导，有反动党、团关系的盟员交代清楚了自己的问题。在12月16日的小组联席会上，丁维铎做了总结报告。

1951年12月29日至1952年元旦，民盟省支部临工会举行盟务扩大会议，传达11月在北京召开的全国组织宣传工作会议精神。经过讨论，与会同志明确了民盟是以小资阶级知识分子为主要成分的阶级联盟性质的新民主主义政党，中国人民民主统一战线的战斗任务是民盟的一般任务，团结教育广大知识分子是民盟特定任务，思想改造是民盟当前最重要的一项中心工作等重大问题。会上，刘宝煊作了反贪污、反浪费、反官僚主义的专题发言和会议总结。

为了推动盟员参加国家文教建设工作，批判旧社会遗留的错误思想，参加知识分子的思想改造。民盟省支部临工会于4月26日邀请文教厅副厅长李群杰向文教界盟员作“三反”运动和思想改造问题的报告，以增强盟员对知识分子思想改造与国家社会主义建设重要意义的认识。但由于“左”的思想指导，从此，思想改造错误地成了民盟的长期任务，出现了不少偏差。

民盟省支部临工会所属各文教区分部于6月29日正式开展“三反”整风运动，刘宝煊副主委做动员报告，五个区分部负责人表示了决心。

苏鸿纲主委在7月1日《云南日报》上发表了题为《努力学习毛泽东思想，彻底进行思想改造——庆祝中国共产党建党三十一周年》的文章，表示一定要努力学习马列主义毛泽东思想，积极开展思想改造运动，为国家建设事业的胜利而奋斗。7月中旬，民盟省支部召开机关盟员座谈会，交流"三反"整风体会，巩固斗争成果，迎接思想改造。杨明副主委作了民盟省支部"三反"整风的初步总结。通过座谈讨论，机关盟员提高了对"三反"整风的认识。《云南盟讯》自7月5日起，连续出六期增刊，报道了所属组织的"三反"整风开展情况、整风经验；摘登了盟员的思想检查；发表了"不能有一个人站在运动之外""面子与底子""谈自觉""忠诚老实和思想改造"等短评，推动盟内整风。

民盟省支部临工会召开各直属小组长会议，以加强领导，巩固思想建设成果。杨明副主委传达了支部"三反"简况；各区分部的八十二名盟员写了一百一十七封信给参加暑期学习团的盟员，鼓励他们放下包袱，轻装作战，改造自己，帮助别人。11月2日，民盟省支部组织部召集在云南省中学教职员暑期学习团中入盟的新盟员座谈，学习盟章，认识、了解盟的组织原则，盟员的基本权利和义务。

民盟中央常委周新民、西南总支部主委楚图南于12月13日由重庆到昆明视察盟务，15日到民盟省支部听取了一、六两个区分部各大组在高等学校参加"三反"运动和思想改造第一阶段的情况汇报，并在两个区分部盟员大会上做了关于知识分子思想改造问题的重要讲话。1953年1月4日，民盟省支部临工会召集所属各区给全体同志传达西南总支部扩大会议精神。杨明副主委就这次会议的内容、精神、成就做了汇报，并结合省支部的实际情况，批评了"小集团思想"。

2 月 23 日，云南大学和昆明师范学院的学委会在云大礼堂联合召开讲师以上教师大会，贯彻民主党派组织发展以中上层为主的方针。民盟省支部副主委杨明到会报告了民盟成立十年来的活动情况，介绍了民盟的性质和任务，宣布民盟开始在云大、师院两校发展组织，并公开了两校区分部主委名单，以便接受教师们申请入盟。中共省委统战部副部长陈方做了“中国共产党对民主党派的看法”的报告，对文教界人士申请入盟表示欢迎和支持。会后不少人即表示希望申请入盟。

民盟云南省大理分部筹委会于 4 月 11 日成立，丁维铎任主委，刘钦任副主委，委员为白祖铨、杨正学、黄宽。成立大会上，中共大理地委统战部部长杨永新和丁维铎讲了话。大理分部是三个月前由民盟省支部派省支部临工会委员丁维铎率支部专职干部陈润圃、杨飙专程赴大理筹建的，筹委会的顺利成立得到了中共大理地委统战部的指导和支持。

二、民盟云南省第二届盟员代表大会

1953 年 4 月 20 日至 23 日，民盟云南省第二届盟员代表大会——新中国成立以后的第一次盟员代表大会召开。这次代表大会是在两年多的组织整理、巩固和发展的基础上，为了配合国家的社会主义建设，积极参加文教工作而召开的。会议的任务是：讨论和确定省支部今后工作的方针、任务，选举新一届支部委员会。省、市协商会，民革、民建地方组织筹委会代表和云南大学副校长李广田等到会祝贺并讲话。杨明副主委在会上做了盟务工作报告。民盟西南总支部组织委员会主任田一平传达了民盟总部文教工作汇报会情况。中共云南省委统战部副部长陈方做了目前形势的报告。大会确定了今后工作的基本方针和任务是:配合国家建设,积极参加文教建设工作,执行全国三大中心任务,继续进行盟员思想改造,加强基层组织,盟务结合业务。

会议选出第二届支委十五人和候补支委五人,推选寸树声、杨明、杨桂宫、贾光涛四人为出席民盟中央七中全会的云南代表。当选的支委是:苏鸿纲、寸树声、方仲伯、杨明,苏鸿纲当选为主任委员,寸树声、方仲伯、杨明当选为副主任委员。

苏鸿纲(1878—1956),云南晋宁人,云南优级师范毕业,1909 年师范传习所肄业,毕业后任呈贡高等小学教员兼校长。辛亥革命后,曾在昆明的一些县立小学任教,1917 年发起成立求实学校。1920 年创办昆明求实中学,并任校长三十余年。1946 年加入中国民主同盟,1950 年 2 月担任民盟云南省支部临时工作委员会主委。此后并任云南省政府委员、云南省协商委员。

云南大学、昆明师范学院两区分部于 5 月 9 日联合举行新盟员宣誓大会。云大、师院负责人,民革和两校学生代表,各系、科代表一百四十余人应邀参加大会。大会由寸树声主持,在省支部副主委方仲伯监督下,王源璋、江应梁、段永嘉、谭庆麟、吴乾就等二十位新盟员由纳信真领誓,进行了隆重庄严的宣誓。

民盟省支部于 7 月 18 日举行民盟中央七中全会精神传达报告大会。寸树声副主委就会议精神做了综合传达,着重说明了盟章修改中关于民盟的性质、任务的规定;杨明副主委传达了民盟以参加国家文教建设为中心工作的基本方针,并结合支部工作阐述了今后工作中的三个关键问题:(1)接受党的统一领导;

(2)充实基层组织;(3)密切联系群众,注重团结教育中间和后进工作。

西南总支部于12月1日在重庆召开第三次临工委员会扩大会议,在昆明的西南总支委员李德家出席,省支部副主委杨明,组织部部长杨维骏、副部长黄秋帆列席会议。

1955年2月5日,经省支部第二十一次委员会议讨论决定,民盟昆明工学院区分部正式成立。由竺良甫、王源璋、谭庆麟、娄乾成、于仪五人任委员,竺良甫任主委,王源璋任副主委。12月6日,省支部召开扩大会议,讨论知识分子的团结改造问题。省支部委员、高等学校基层组织负责人和部分高校讲师以上盟员共五十余人参加。会议对知识分子的工作、进步、贡献及怎样做好知识分子工作,进行了讨论,并初步做出全面开展调查研究的安排。会后,各高校基层盟组织召开了工作会议,结合实际研究了具体进行调查研究的步骤和方法。

第二节　投身社会主义建设事业

一、追捕杀害李公朴、闻一多的主犯

民盟省支部临工会甫一建立,便在对内进行组织整顿、恢复组织、团结成员的同时,积极支持云南省和昆明市的政权建设、国家的法制建设和社会主义建设事业中的各阶段的中心工作,协助人民政府做了大量地方中心工作,并努力推动文教系统知识分子的业务能力提高与思想改造工作。

首先，民盟省支部临工会一直不忘为人民革命事业牺牲的优秀盟员李公朴、闻一多报仇雪恨，一直把追捕杀害李公朴、闻一多的主犯当作一件大事。

民盟省支部临工会派黄秋帆配合中共地下党的陈铭德，经过长期追踪侦缉，并同昆明市警察第一分局局长陈思忠取得联系，于1950年1月15日将参与杀害李公朴、闻一多的主犯兰亚民、吴传云抓获，送交云南人民临时军政委员会公安处拘捕。3月21日，暗杀李公朴、闻一多的主犯王子民在成都伏法，民盟成都临工会代表张松涛在公审会上控诉了王犯的罪行。4月15日，省、市人民代表扩大会议公审枪决了刺杀李公朴的兰亚民、吴传云及其他三十四名首恶匪特。大会后，民盟省支部临工会与省、市协商会，民革，云大，师院等单位联名写信给李、闻两烈士家属，报告李、闻血案凶手伏法经过情况并致慰问。

5月13日，民盟省支部临工会与民革云南分部筹委会在人民胜利堂联合举行控诉大会。两党派成员和各界群众一千余人到会。盟员高国泰与丁静（代表其母丁月秋）控诉被国民党特务迫害的实情。杨明代表民盟省支部临工会对美蒋特务在国内外一贯迫害民盟的罪行，提出控诉。7月18日，苏鸿纲代表民盟省支部临工会，参加昆明总工会筹委会、市教育工会筹委会、市学联共同举行的公祭李公朴、闻一多殉难四周年大会。

民盟对闻一多、李公朴两位烈士的功绩和牺牲精神永远不会忘记，十余年后的1957年4月5日，民盟云南省委组织昆明各基层组织负责人，参加闻一多、李公朴两位烈士的生平事迹和在昆明献身经过的报告会。会后，各基层负责人前往昆明师院祭扫闻一多烈士墓，并敬献花圈，使参加者受到了一次生动的革命传统教育。4 月 20 日，民盟昆明工学院支部全体盟员出于对李公朴、闻一多两位先烈的崇敬和缅怀，建议在李、闻二烈士殉难处建立碑碣，以供后人凭吊，学习先烈的革命精神，记住敌人的凶恶残暴，为建设美好的社会主义而奋斗。

二、积极支持和参与云南省和昆明市的政权建设

云南于 1949 年 12 月和平解放，是全国解放最晚的省份之一，加上民族众多，地处边疆、起义投诚人员较多的特点，形势错综复杂。1950 年 2 月 24 日，中共云南省委成立，结合解放初期云南的实际情况，根据“团结第一，工作第二”的方针，明确了统一战线的地位和作用，确定“云南今后相当一个时期内，要把统一战线作为中心工作”的指导思想，以调动各方面的积极性，并于 3 月成立了中共省委统战部，任命云南省人民政府副主席周保中兼任中共省委统战部部长。

中共云南省委把民主党派工作作为统一战线工作的一个重要方面，不仅在军事接管工作中开始协助民主党派清理整顿组织，还重视推动帮助各民主党派进行学习改造，积极团结和调动民主党派、无党派人士参与国家和地方事务管理工作，在成立的各级政权组织中，都推荐了一定比例的民主党派和各界民主人士参政议政。

1950 年 4 月 23 日，民盟省支部临工会副主委杨明担任筹备委员，参与筹备昆明市第一次各族各界人民代表大会。26 日，盟员杨白仑、汪大受、甘泽民、普梅夫以市政府特邀代表身份参加

代表大会。5 月下旬，中共云南省委召开地委书记会议，提出“普遍召开各界代表会，加强统战工作”的要求。

随后在庆祝新中国成立后第一个“七一”建党节时，民盟省支部临工会主委苏鸿纲代表民盟发表讲话，指出，“团结各阶层组成统一战线，在中共领导下向反动势力进攻，这就是中国革命的真理”，“将来进一步地进入社会主义以至共产主义社会，这一条光明灿烂前途不容怀疑”。一个月后，昆明市举行庆祝“八一”建军节。苏鸿纲代表民盟省支部临工会在大会上讲话，指出：“没有共产党就没有新中国，没有解放军也没有新中国。”

1950 年 8 月 24 日，中央人民政府批准任命了三十九名云南省政府委员，苏鸿纲主委被任命为省政府委员。12 月 24 日，云南省第一届各界人民代表会议第一次会议召开，民盟云南省支部临工会苏鸿纲、杨明、杨维骏、杨白仑当选为大会代表，丁维铎为列席代表，苏鸿纲还当选为大会主席团成员。在代表会议上，苏鸿纲和杨明当选为省协商委员，杨维骏当选为副秘书长。

民盟省支部临工会和云南民革分部筹委会于6 月 3 日联合发表声明《拥护和平解放西藏办法协议》。声明号召全省人民与全国人民一道，更紧密地团结起来，以最大努力协助西藏人民执行协议。8 月 12 日至 16 日，昆明市四届一次各界人民代表会议召开，民盟省支部临工会负责人刘宝煊、寸树声、丁维铎参加筹备工作。会上，杨明、高国泰当选为市政府委员，刘宝煊当选市协商委员会副主席，丁维铎当选为常委兼秘书长；民盟代表王万春、胡以仁、杨绍廷、杨白仑、丁月秋、陈元溥、刘永利，候补代表严芝馥、解德文参加了这次会议。

按照民盟中央《关于开展增产节约运动，进行反贪污、反浪费、反官僚主义的指示》，为了动员广大群众参加“三反”运动，民盟省支部临工会与省协商委员会、各民主党派地方组织、人民团体于1952年1月6日联合成立节约检查委员会。民盟省支部临工会配合节约检查委员会的部署，迅即在盟内开始进行反贪污、反浪费、反官僚主义斗争，五名盟员作了大会检查和反省，开除了贪污黄金千两、现款一亿多元（旧币）的两个盟员的盟籍，暂停了在运动中表现恶劣的一个盟员的盟籍。临工会号召盟员在盟内和所在单位两个战线上参加“三反”运动，并在盟外发动盟员收集转送了四百一十八件检举材料，包括一亿元（旧币）以上的大贪污案三件，一亿元（旧币）以上大盗窃案四件，协助突破了四个贪污大“老虎”。3月19日，民盟省支部临工会举行盟内“三反”运动座谈会，机关干部和小组长以上基层干部三十人出席。部分同志在会上谈了在运动中的错误认识和“右倾”思想，加深了对“三反”运动的认识。

民盟省支部临工会委员李德家、杨白仑和支部干部康坚、曹森林及代表小学的盟员曹德荣五位同志，参加了云南省各族边疆慰问团工作，1953年3月31日启程赴边防地区慰问解放军和公安部队。

中国共产党于1954年3月提出了《中华人民共和国宪法》草案初稿后，民盟省支部临工会随即号召盟员积极学习和讨论，省支部全体支委参加了云南省讨论宪法草案初稿委员会的学习，并与高等学校的部分盟员举行座谈，交流体会。4月23日，云南省讨论宪法草案初稿委员会成立，民盟的苏鸿纲、张子斋担任委员。6 月 16 日,省宪法讨论委员会成立,苏鸿纲主委担任委员。省支部主委苏鸿纲和委员杜棻分别于 6 月 24 日和 7 月 2 日发表《中国人民的大喜事》和《为人民的宪法而欢呼》两篇文章,赞同和祝贺宪法草案公布。

7 月 3 日,方仲伯、杨明、杨维骏、丁维铎、高国泰、解德文、杨玉华、刘崇智、梁家椿、芮浩然、李岱学十一位盟员当选为昆明市第一届人民代表大会代表。8 月 6 日,云南省第一届人民代表大会第一次会议开幕。苏鸿纲、寸树声、杨明、杜棻、由云龙五名盟员当选为人民代表出席会议;苏鸿纲任主席团成员,杨明任大会副秘书长。苏鸿纲主委在大会开幕式上代表民盟省支部发了言。

《中华人民共和国各民主党派、各人民团体为解放台湾联合宣言》于 8 月 22 日发表后,各民主党派云南地方组织和人民团体举行座谈会,寸树声副主委代表民盟云南省支部在会上做了关于“要坚决解放台湾”的发言。五天后,省支部主委苏鸿纲发表谈话表示热烈拥护联合宣言,并代表全省盟员表示要响应联合宣言的号召,更加紧密地团结在中国共产党周围,积极参加国家建设,做好岗位工作,以实际行动全力完成统一祖国的历史任务。9 月 2 日,省支部委员会举行十七次扩大会议,通过了《关于号召全体盟员学习和宣传为解放台湾联合宣言的指示》。12 月 25 日,省支部负责人同省、市协商会,各民主党派和人民团体地方组织负责人集会,拥护周恩来外长声明,反对美蒋“共同防御条约”。省支部副主委寸树声主持了会议,并在会上发言揭露条约的侵略实质。1955 年 1 月,为反对美蒋“共同防御条约”,支持解放台湾的斗争,民盟云大、师院区分部邀请盟外教授座谈。

《云南盟讯》辟专栏刊登苏鸿纲、寸树声和二十三位盟员的文章。

1955年2月14日，省人大首届二次会议闭幕，民盟省支部苏鸿纲、寸树声当选为省人民委员会委员。一周后，云南省政协一届一次会议召开。代表省支部出席会议的有苏鸿纲、李德家、杨维骏、黄秋帆；盟员中代表科技界出席会议的有苗仲华、黄佑文，代表教育界出席会议的有竺良甫，代表医药卫生界出席会议的有杜棻，另有由云龙、刘达夫等盟员被特邀出席会议。以上盟员均当选为云南省首届政协委员，其中，苏鸿纲、由云龙当选为省政协副主席。4月28日，杨明、杨白仑当选为昆明市第一届政协委员，丁维铎为增选委员，兰瑚以医药卫生界代表当选为委员。列席会议的还有汪大受、李桂珍两名盟员。11月1日，寸树声、邓孝慈、竺良甫等盟员参加筹备孙中山诞辰九十周年纪念活动，并担任筹备委员，寸树声还担任筹委会副主任委员。12月中旬，民盟省支部临工会举行了扩大座谈会，在学习党的八届二中全会精神的基础上，集中讨论了如何正确对待民主与集中，改善生活与艰苦奋斗两个问题。各大学的盟支部还组织盟员学习了《再论无产阶级专政的历史经验》，很多盟员认真写了学习心得。

三、坚决拥护支持国家的外交政策

在新中国面临多种敌对势力包围与经济封锁，国家不同阶段推出有针对性的外交政策时，民盟省支部临工会总是旗帜鲜明地站出来，拥护党和国家的决策和外交方针。1950年8月31日，苏鸿纲代表民盟省支部临工会发表讲话，谴责美帝国主义飞机入侵我国东北领空，杀害我国人民；坚决拥护周恩来总理兼外交部部长的抗议和向联合国提出的严正控诉。1951 年 1 月 24 日,民盟省支部临工会公开发表申明,拥护周恩来外长 1 月 17 日就联合国第一委员会关于朝鲜和远东诸问题的各项原则意见作的答复。2 月 21 日,民盟省支部临工会与其他民主党派、归国华侨、回族同胞、宗教界、文艺界九千余人联合举行反对美国武装日本示威游行大会。会上,省支部临工会还同民革云南分部筹委会联合通过了《爱国公约》十二条,表示要为抗美援朝,反对美国武装日本。三天后,省支部发表声明,拥护 2 月 16 日斯大林对《真理报》记者发表的对当前国际形势问题的谈话。

1951 年,结合省、市 2 月份开展的中苏友好、拥军优属、反美扶日等活动,民盟省支部临工会苏鸿纲、杨明等领导人多次代表云南民盟组织参加拥军优属、反美友苏、反美扶日的座谈会、大会演讲、示威游行等社会活动,分别发表讲话,表达民盟的政治态度。4 月 25 日,民盟省支部临工会邀集循道公会、神召会、中华圣公会、三一圣堂、中华基督教会、五旬节会、信义会七个基督教团体的教友,举行抗美援朝座谈会。基督教人士在会上控诉了美帝国主义一贯在教会中进行罪恶的侵略活动,纷纷表示决不允许再利用宗教进行侵略活动。与会教友在会上举行了拥护缔结和平公约的签名和对日本问题的投票。8 月 20 日,苏鸿纲主委代表民盟省支部临工会与各民主党派云南地方组织、群众团体向昆明市第三次抗美援朝代表大会提出临时动议,要求对以天主教为幌子在北京、昆明等地进行阴谋活动的帝国主义分子严予惩处。

1952 年 2 月 28 日,民盟省支部临工会发表声明,拥护周恩来外长2月24日“抗议美军在朝鲜撒布细菌发动细菌战”的声明。3月14日,民盟省支部临工会会同中共云南省委、省协商委员会及各民主党派、人民团体云南地方组织,联名严重抗议美军进行细菌战的罪行。坚决拥护周恩来外长2月24日和3月8日的两次声明,号召全省人民反贪污、反浪费和进行土改斗争,努力增加生产,厉行节约,以支持中国人民志愿军赴朝鲜作战。9月20日,民盟省支部临工会与省、市协商会,各民主党派人民团体地方组织联合发表声明:“热烈拥护国际科学委员会报告”,对这个委员会用两个月时间在朝鲜、中国作的细菌战调查报告表示拥护;号召全省人民同全国人民一道紧密团结起来,坚决制止并打败美帝国主义的细菌战。

民盟省支部临工会把积极推动中苏友谊发展当成自己一项义不容辞的责任。1952年9月23日,苏鸿纲主委代表民盟省支部临工会发表书面谈话,祝贺中、苏会谈的伟大成就。认为会谈公报是中、苏两国人民友好同盟的进一步发展,对正在勾结的美、日反动派是一个沉重打击。12月7日,云南省中苏友协换届,盟员杨明、寸树声、关山月当选第二届理事。1953年3月,斯大林逝世时,民盟省支部临工会发出电文,电唁斯大林逝世。省支部主委苏鸿纲后来于1955年6月当选云南省中苏友好协会第三届理事会副会长,副主委杨明、竺良甫和盟员关山月当选为理事。

1954年8月21日,各民主党派云南地方组织和人民团体举行座谈会,拥护周总理兼外长在中央人民政府三十三次会议上的外交报告。1955年5月14日,省支部邀请云南大学、昆明工学院、昆明师范学院等学校副教授以上教师和盟员四十五人，举行关于亚非会议的座谈会。1956 年 8 月 17 日，民盟省支部临工会邀请大学教授三十余人座谈，支持埃及收回苏伊士运河的正义斗争。

民盟省支部临工会和全体盟员在新中国成立初期国家实施各个外交重大举措的时候，都积极表达了对党和国家外交政策的拥护和支持。

四、支持地方政府的中心工作

新中国成立后的头几年，百废待兴，百业待举。中国共产党和中央人民政府的主要任务是：彻底完成民主革命遗留的任务，巩固新生的人民民主专政的国家政权，巩固国防力量，抗击帝国主义新的侵略，恢复和发展遭受长期战争破坏的国民经济。1950 年到 1952 年间，在全国范围开展的土地改革、抗美援朝、镇压反革命、“三反”和“五反”等政治运动，就是为完成上述主要任务而进行的重要斗争。中国民主同盟作为参政党之一，全盟上下都在为此做出贡献，民盟省支部临工会积极配合中国共产党和中央人民政府，组织盟员学习相关政策，提高认识，参加实践，为做好这些中心工作付出了辛勤的努力。

民盟省支部临工会副主委杨明 1951 年 1 月 1 日在《云南日报》上发表《庆祝元旦，不要松懈自己的警惕》的文章，指出：为了支援抗美援朝、保家卫国的正义行动，必须搞好清匪反霸、减租退押、打垮封建势力的斗争，使帝国主义无所凭借。2 月，民盟省支部临工会响应政府关于发动青年参军的号召，鼓励盟员报考

民盟云南省支部共组织盟员分三批下乡参加土地改革。图为民盟云南省支部机关干部在寸树声带领下参加农村土地改革和农业合作化建设等工作

军干校。云南大学肄业的盟员在该校积极带头报名参军,两名盟员参军,带动了其他同学。

在云南全面开展清匪反霸、减租退押运动中,民盟省支部临工会组织盟员学习减退有关文件,发动了两批二十六名盟员下乡参加这一运动,并开始进行第三批的发动工作。民盟省支部临工会成员和其他盟员也纷纷签名要求参加这一运动。3 月 31 日,《中华人民共和国惩治反革命条例》公布。民盟省支部临工会发表《坚决拥护镇压反革命措施的声明》,号召盟员和全省人民一道协助政府肃清反革命分子。

1951 年 3 月 4 日,民盟省支部临工会妇女委员会邀请各界妇女在中苏友协文化宫举行座谈会，机关、学校、宗教界和家庭妇女一百余人参加。妇委会主任宋方主持了以“深入扩大抗美援朝运动”“支持农民完成减租通押任务”及“协助政府镇压反革命”为中心的这次座谈。4 月，民盟省支部临工会去冬今春寒衣劝募工作结束并向民盟西南总支部报告。西南总支部批复：从上述工作看出你部工作已趋向主动；希望今后工作要放在群众中，盟员主要是响应、组织和宣传群众，起骨干带头作用。7 月 2 日，民盟抗美援朝爱国武器捐献委员会云南分会成立，选出正、副主任委员及委员十三人开展工作。分会通知各小组开展捐献意义的讨论，号召盟员踊跃输捐，争取超额完成任务。各小组经过酝酿讨论，订出个人捐献计划、短短一月即捐献四千万元（旧币值）。7 月 3 日，民盟省支部临工会负责人刘宝煊担任昆明市捐献委员会副主任兼计划部部长，杨明为宣传动员部部长，杨白仑为劝募部部长，丁维铎为副秘书长；省支部的七位专职干部参加了工商联各行业的捐献工作。最后，民盟爱国武器捐献委员会云南分会历经五个月的工作，按照计划完成捐献任务。支部共入库献款四千零二万八千一百四十元（旧币值），盟员盟外捐款为一亿零六百八十一万七千七百元（旧币值）。

8 月 7 日，昆明市各界人民集会讨论处理反革命案件，一百零八名案犯被依法处决。丁维铎代表民盟省支部讲了话。10 月中旬，民盟省支部临工会响应政协全国委员会和省人民政府关于知识分子参加土改工作的号召，组织了苏鸿纲、李德家、高国泰等二十三名盟员参加本省第一批土地改革工作。苏鸿纲还担任省下乡工作委员会委员，杨明担任省土地改革工作委员会委员兼秘书长。两个月后,参加第二批土改工作队的文教界盟员四十五人,又分赴云南各地农村参加工作。1952 年 4 月 19 日,省支部临工会集会欢迎参加第二批土改工作的盟员,并与他们座谈,以巩固收获。

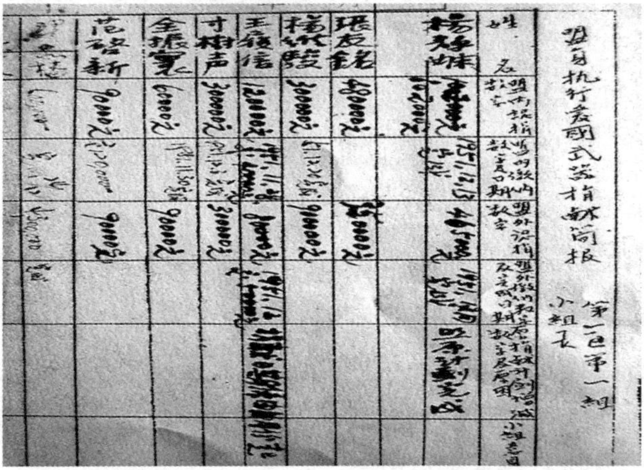

抗美援朝中盟员在爱国武器捐献运动中的捐款人名单及盟内捐款数额

8 月 5 日,杨明副主委代表民盟省支部临工会发表书面谈话,愤怒抗议美军滥炸鸭绿江发电厂的罪行,表示云南盟员誓以加强抗美援朝保卫和平的实际行动回击美国侵略者,支持朝鲜人民。10 月 25 日,省、市各族各界人民集会庆祝志愿军出国作战两周年。苏鸿纲主委代表民盟省支部临工会发言,表示今后将继续加强抗美援朝工作,努力开展增产节约运动,支持志愿军,为争取朝鲜战争胜利和朝鲜问题和平解决而奋斗。1953 年 9 月 25 日,省支部发出“立即行动起来,积极响应贯彻中央和省委关于增产节约的号召,为胜利地超额完成国家计划而奋斗”的通知。副主委杨明离昆参加中国人民第三届赴朝鲜慰问团并任第二分团长。慰问团几个月后归国,省支部委员会专门召开扩大会议,听取副主委杨明汇报赴朝慰问情况。

1953 年,国家提出过渡时期的总路线。12 月 3 日,民盟省支部及时发出号召云南盟员“积极参加国家过渡时期的总路线学习”的通知。12 月 15 日,为了支援国家建设,动员盟员积极认购建设公债,省支部号召盟员以此作为贯彻总路线的实际行动,积极投入宣传,踊跃认购。1954 年 1 月 17 日,省支部召集云南大学、昆明师范学院两区分部担任行政工作和有代表性的教师盟员举行座谈会,交流学习过渡时期总路线的心得体会。3 月,建设公债开始发行,云南盟的基层组织和盟员响应省支部号召,纷纷开展宣传工作,订立认购计划。许多盟员率先认购,在所属地区、学校、单位起了带头作用。

1955 年 2 月 16 日,昆明市人民反对使用原子武器签名运动委员会成立,丁维铎任副主席、高国泰任委员。在成立大会上,民盟省支部和云南其他民主党派、地方组织和人民团体一道在《告全国人民书》上签名。7 月,省支部黄秋帆等三名专职干部参加省政协建社工作团,前往玉溪王大户乡参加为期两个月的建社工作。11 月 20 日,省支部邀请云南大学、昆明工学院、昆明师范学院的部分盟员和教授召开座谈会,拥护中共中央七届六中全会(扩大)会议关于农业合作化问题的决议。与会人员谈了对农业合作化的认识;表示要继续加强学习,做好岗位工作,迎接农业合作化高潮的到来。

五、努力促进文教事业发展

民盟成员中,文教战线的盟员是主力军。这是由民盟自身的发展方针所决定的。民盟省支部在解放初期经常研究如何帮助文教战线的盟员提高工作水平,怎样尽力促进文教事业的发展,如何推动知识分子的思想改造等问题。

为了加强文教基层的业务学习指导,宣传部从1953年8月17日起,编发内部资料《文教工作》,宣传政策,介绍经验,并在调查总结的基础上,发动大、中、小学的盟员撰写专文,介绍克服忙乱现象,搞好团结合作,制订教学计划,转变教学思想,改进教学方法,提高教育质量,加强劳动教育和纪律教育,精简教材减轻学生负担,试行校长、教导主任集体听课,学习苏联经验改革教学,指导生产实习,做好系、科教研组领导工作,盟务结合业务发挥组织作用,加强总务工作改善学生伙食等方面的实践经验。民盟陆续在《云南盟讯》上刊登了一些教育方面的文章。

全省中教会议于1954年6月召开,担任校长、教导主任的盟员参加。会后有十八名盟员通过《云南盟讯》畅谈会议精神,表示要在岗位上贯彻全面发展方针,提高教育质量。1955年1月23日,省支部召集小学区分部全体盟员座谈,动员大家做好充分准备,保证开好昆明市小学教师代表会。小学区分部主任尹科云发表《必须保证开好小学教师代表会议》的文章。1月25日,省支部举行春节联欢酒会,在昆盟员和中共省委统战部,云南大学、昆明工学院、昆明师范学院等校党政领导,各处、系科负责人及有代表性的教授共四十人出席,共庆新春和统一战线事业的发展。

民盟云南省支部于1955年12月6日召开扩大会议,讨论知识分子的团结改造问题。省支部委员、高等学校基层组织负责人和部分高校讲师以上盟员共五十余人参加。会议对知识分子的工作、进步、贡献及怎样做好知识分子工作,进行了讨论,并初步做出全面开展调查研究的安排。会后,各高校基层盟组织召开了工作会议,结合实际研究了具体进行调查研究的步骤和方法。

1956年1月22日,省政协副主席、省人民委员会委员、民盟省支部临工会主任委员苏鸿纲不幸病逝。省、市各方面负责人前往吊唁。七天后,省、市各界举行追悼会,省长兼中共省委统战部部长郭映秋主持追悼会,各有关方面负责人,驻昆外国总领事、领事及各界代表参加追悼会。民盟中央代主席沈钧儒及副主席章伯钧,中共云南省委、省人民委员会献花圈,郭映秋及由云龙、寸树声分别致悼词,赞扬和肯定了苏鸿纲一生的爱国主义品质,以及在一系列社会改革运动中的积极表现和对加强人民民主统一战线工作做出的贡献。追悼会后,举行大送殡,以省长兼统战部部长郭映秋为首的由党政领导干部和统一战线各方面人士组成的大送殡队伍,肃穆地行进在昆明街头。这次大送殡让人们看到中共对统一战线的重视,对民盟的重视,众多知识分子和民盟人士从中受到很大鼓舞。

为了帮助和推动知识分子进行社会生活的观察和实践,换届新成立后的民盟云南省委利用学校暑期,组织了以寸树声主委为团长,民盟云南省委委员、昆明地区四所高等学校部分教授、医务工作者、文艺工作者、中小学校长及教师共六十人参加的参观团,于1956年7月27日至8月5日赴开远、个旧等地的厂矿参观考察。团员们参观了厂矿的各种生产设备和操作过程,访问了医院、剧院、工人和工人家庭,参加了中共个旧市委、市政府和有关单位举行的各种专业座谈会。参观的教授专家还与云南锡业公司的工程师们一起研究采冶方面的问题,同这个公司的中心实验所订立了联系合同。通过参观考察,大家受到了鼓舞,扩大了眼界,广泛接触了社会生活和生产实践,增强了建设社会主义的责任感。《云南日报》《个旧日报》以重要位置报道了这次活动。《个旧日报》还辟出一个版面刊登参观团员的体会文章。

8月23日,民盟中央常委兼文教部部长、国务院专家局副局长、中央民族学院副院长费孝通率民族调查研究组来滇,调查少数民族历史社会问题,并视察云南盟务。通过一段时间的工作,调查组帮助云南民盟对半年来执行知识分子政策情况和知识分子变化情况进行了调查研究,协助有关方面进一步推动知识分子更好地向科学进军。

1957年3月2日,民盟云南省委中小学工作委员会举办业务报告会。民盟云南省委常委、昆明师范物理系主任顾正容主讲"怎样教好一堂课",帮助盟内外中小学教师解决如何备课、如何进修、如何掌握教法原则等问题。3月7日,民盟云南省委组织昆明画家五十余人,与中国美术家工作团团长、美术家协会常务理事邵宇和著名画家程十发、李晨岚座谈"双百"方针,探讨美术为政治服务及接受遗产、学习国画等问题。3月9日,民盟医卫支部邀请盟内外名医戴丽三、姚贞白、康诚之等座谈防治猩红热的有关问题,提出了许多防治意见供政府参考。

在开展文化教育事业的活动中,由于当时整个国家“左”的思想方针的影响,省支部的工作中也有一些深刻的教训,突出地表现在以下两个问题上:

(一)民盟云南大学、昆明师范学院区分部于1954年12月联合举行“红楼梦研究问题座谈会”,讨论资产阶级思想在教学工作和学术研究上的影响,用政治问题代替学术问题。

(二)1955年5月7日,省支部举行报告会,副主委方仲伯作了“关于批判胡适、俞平伯、胡风等人错误思想”的报告。5月25日,方仲伯又在云南日报、省文联筹委会联合召开的文艺界、文化教育界、新闻界人士“提高警惕,揭露胡风”座谈会上发言。此后,云南民盟组织内也错误地开展了批判资产阶级唯心主义和资产阶级文艺思想的斗争,使一些盟员受到了伤害。1955年6月11日,省支部第二十七次委员会会议通过《关于声讨胡风反革命集团的决议》。6月20日,《云南盟讯》发表社论《加强阶级斗争的观念,彻底粉碎胡风反革命集团》。以后相当一段时间,省支部同全国文教战线的步伐一致,展开了对胡风等人的错误批判。

第三节　民盟云南省支部更名为中国民主同盟云南省委员会

进入1956年后,全国的社会主义改造已完成,国家的工作逐步推进到以发展社会主义建设为中心上来。

中共中央于1月间召开知识分子问题会议，第一次把全面解决知识分子问题提到社会主义建设的重要日程上。周恩来在会上做了《关于知识分子问题的报告》，对我国知识分子的状况，如何充分发挥知识分子的作用，继续帮助知识分子进行自我改造，迅速扩大知识分子的队伍和提高我国科学文化水平，以及加强党对科学文化事业的领导等问题，进行了精辟论述。报告在全国知识分子中引起了强烈反响。

民盟云南省支部为响应周恩来《关于知识分子问题的报告》，在《云南盟讯》上发表社论，号召云南盟员继续进行自我改造，发挥潜在力量，扩大队伍，加强团结，学习先进知识，提高业务能力，为迅速改变我国科学文化落后状态，在十二年内使急需的科学门类接近世界先进水平而努力。

2月9日至20日，民盟历史上极为重要的一次会议——中国民主同盟第二次全国代表大会在北京召开。大会着重讨论了知识分子问题，并且根据知识分子面貌的根本改变，修改了盟章，使民盟的性质由“新民主主义政党”转变为“为社会主义服务的政党”，制定了相应的路线、方针和政策。

参会代表听了周恩来《关于知识分子问题的报告》的讲话录音，备受鼓舞，深感作为知识分子政党的民盟肩负着历史的重任。大会通过了章伯钧副主席代表民盟中央所做的盟务报告《全盟更紧密地团结起来，充分发挥知识分子的积极性和创造性，努力改造自己，为完成伟大的社会主义革命事业而奋斗》。盟务报告肯定了过去几年中民盟的进步，检查了缺点，提出了全盟在新形势下的方针任务:发挥潜力,提高觉悟,加强团结,联系群众,为社会主义建设和社会主义改造服务。

会议结合民盟实际,学习贯彻这个极为重要的讲话精神。统一认识:急风暴雨式的大规模阶级斗争结束了,今后进入社会主义建设时期,敌我矛盾不再是主要矛盾,人民内部矛盾成了主要矛盾。处理人民矛盾只能按照团结—批评—团结的方式进行。

云南民盟参会代表杨维骏、丁维铎返回昆明后,在民盟云南省委认真传达中央盟务工作会议精神。

在党的领导下,推动盟员向科学进军。按照毛主席的号召,全党正进行整风。要求党内党外向各级领导干部的不良作风提意见,帮助党整好风。这既是为了使全党能在思想上适应正确处理人民内部矛盾的要求。转变作风,改善和加强党的领导,又是为了广泛发扬民主,充分调动广大群众的积极性,上下一心共同建设美好的祖国社会主义宏伟事业。

1956 年 4 月 27 日至 29 日,民盟云南省第三次盟员代表大会召开,出席会议的代表六十五人,列席九十一人。省政协,民革、民建云南地方组织,有关大专院校负责人和代表应邀参加会议并发言表示祝贺。省支部副主委寸树声致辞,并做了关于盟支部三年来的工作报告和 1956—1962 年民盟云南省委工作规划纲要草案的说明。杨明、竺良甫、李德家分别传达了第二次全国盟代会的有关精神和决议。会议审查和通过了寸树声的两个报告,选举寸树声等二十八人为省委委员,刘惕等十人为候补委员,产生了民盟云南省第三届委员会。从此,民盟云南省支部更名为中国民主同盟云南省委员会(简称“民盟云南省委”)。

盟员代表大会闭幕次日,民盟云南省委召开第一次全委会,选举了寸树声等十二人为常务委员,寸树声当选为主委,方仲伯、杨明、杜棻、竺良甫当选为副主委,杨维骏当选为秘书长。全委会决定在常委会下设高等学校工作委员会和中小学工作委员会两个机构;在省委下设立组织部、宣传部、秘书处三个工作机构。全委会同时通过了上述机构的负责人选:寸树声任高教委员会主任,杜棻、竺良甫任副主任;高国泰任中小学工作委员会主任,尹科云、阙振寰任副主任;杨维骏兼组织部部长,丁维铎任宣传部部长,谭庆麟任秘书处主任,杨白仑任秘书处副主任。全委会结束不久,又建立文教部,接受高教及中小学工作委员会业务,由高国泰任部长。

寸树声(1896—1978),云南腾冲人,曾留学日本九州帝国大学,毕业归国后,长期从事教育事业,积极宣传马列主义,历任北平大学法商学院经济系教授,西北联大商业系主任。1940 年回到家乡腾冲,创办和顺益群中学并任校长,兼中心小学校长与和顺图书馆馆长。抗战时期腾冲沦陷后,寸树声先后流亡到昆明和重庆,1944 年在昆明经周新民介绍加入民盟。新中国成立后,历任腾冲县人民政府县长、云南大学副校长。

6 月 16 日,民盟云南省委召开第二次全委会。秘书长杨维骏做了关于《基层组织传达第三次省盟代会决议和精神的工作情况》的报告,宣传部部长丁维铎作了《当前盟员向科学进军的基本情况、存在问题和会后工作的初步意见》的报告。经过讨论,通过了《推动盟员向科学进军的工作意见》。半个月后,民盟云南省委常委会于 6 月 30 日举行第二次会议,讨论通过了常委会1956年下半年工作计划的要点,决定在盟内办一个暂不定期的学术性综合刊物《向科学进军》,并批准了宣传部关于创办这个刊物的方案。

7月7日,民盟云南省委高等工作委员会召开首次会议,确定今后的工作任务。决定举办有关科学文化的报告会、座谈会、科学讲座,并协同宣传部办好《向科学进军》的内部综合性学术刊物。7月25日,《向科学进军》创刊,刊出了盟员张德光、谭庆麟的学术论文和杨堃、江应梁、尤中等人关于民族学问题的争论文章。还摘要登载了竺良甫等十七名盟员的科研动态,报告了云南大学支部举行的两次历史科学方面的学术讨论会的情况。

1956年,中共中央主席毛泽东提出了"百花齐放,百家争鸣"的方针和"正确处理人民内部矛盾"的观点。中国民主同盟和各民主党派热烈拥护和支持中共中央的"双百"方针。7月5日至30日,民盟中央接连举行了六次座谈会,讨论了中共提出的"长期共存、互相监督"和"百花齐放,百家争鸣"的方针,联系民盟工作和统战工作中的问题,提出了百余条意见。同时,按照民盟中央的通知精神,各地民盟组织也进行了讨论,广大盟员为这两大政策所鼓舞,激发了参政议政的热情,敞开了言路。

民盟云南省委于7月20日召开第三次全会(扩大),除省委委员外,各部、处负责人,各基层组织负责人及高校部分教授盟员出席了会议。与会者座谈了"长期共存、互相监督"方针,认为这一方针的提出,是党中央和毛主席创造性地运用马列主义的又一例证,它不仅鼓舞了民主党派继续发挥积极作用,为社会主义建设做更大贡献,而且具有世界意义。7月24日,民盟云南省委与中共云南省委文教委员会联合召开座谈会，对“百家争鸣”问题展开热烈讨论，以提高对“双百”方针的认识。

随着中共知识分子政策和“双百”方针的逐渐深入人心，通过民盟各级组织密切联系群众，积极开展一系列组织、宣传活动之后，许多从事文教、科技、医卫工作的高、中级知识分子热情参加到盟组织中来。从4月至8月初的短短几个月时间里，昆明有一百零三名高、中级知识分子加入民盟。其中：云南大学有王士魁、张其浚、张瑞纶、赵雁来、王树勋、杨堃、朱肇熙、兰瑚、李念秀、张若名、徐永椿、卫念祖、张燮、张福华、顾建中、冯竞；昆明师院有邓孝慈、周荫阿、赵毓英、倪中方；昆明工学院有李梦庚、李振家、刘纯鹏；中学有秦淑贞、彭国焘；小学有孙汝鑫、刘元珍等人。截至12月，全省盟员总数为八百一十七人。

12月中旬，民盟云南省委召开了扩大座谈会，在学习中共八届二中全会精神的基础上，集中讨论了如何正确对待民主与集中、改善生活与艰苦奋斗两个问题。各大学的盟支部还组织盟员学习了《再论无产阶级专政的历史经验》，不少教授、盟员写了学习心得，表达了认识的提高。1957年1月，云南民盟各基层组织普遍开展中共“八大”文件的学习。本月下旬，民盟贵州、广西、云南三省地方组织在昆明举行工作会议，就如何贯彻执行“长期共存、互相监督”的方针，如何发挥盟组织作用，推动盟员向科学进军、提高业务水平，如何做好发展与巩固组织工作等问题交流经验，明确认识。会议指出：推动盟员和所联系的群众参与国家政治生活和协调各方面关系，是今后要加强的两项重要工作。三省盟组织负责人和干部八十多人，民盟中央常委兼秘书长胡愈之、文教部部长费孝通和四川、云南代表参加了会议。省、市有关方面的领导和其他民主党派地方组织的负责人应邀出席。

民盟云南省委于2月13日召开第六次(扩大)会议,讨论和确定了在滇、桂、黔三省工作会议之后及全国工作会议前省委会的工作任务是积极发展组织和加强基层工作。会议还就如何帮助中小学盟员及所联系的群众提高思想和业务进行了研究,做出了工作安排。会后,民盟云南省委组织部、宣传部分别于2月26日、27日召开组织、宣传工作会议,贯彻六次全委扩大会议决定,讨论发展组织、加强基层建设的有关问题。

为宣传贯彻“长期共存、互相监督”方针,《云南盟讯》于3月间开辟专栏,刊载盟员的体会文章,反映出盟员对中共的统一战线政策和“双百”方针的理解日益加深,亦可看出中共统一战线在云南民主党派的发展中正在日益发挥影响。

第七章 从“反右”到“文化大革命”（1957 年—1977 年）

第一节　反右运动

“双百”方针在全国不断得到深入贯彻，知识分子思想中以前存在的一些顾虑也在逐渐消除。这种状况让许多爱国知识分子认为，中国社会已出现春暖花开的前兆。民盟中央常委费孝通写了《知识分子的早春天气》一文，发表在1957年3月24日的《人民日报》上。这篇杂文流露出的对知识分子前景谨慎乐观的情绪颇具有代表性。费孝通在文章里写道：“百家争鸣实实在在地打中了许多知识分子的心”“百家争鸣的和风一吹，知识分子的积极因素应时而动了起来。”民盟中央副主席罗隆基前一日也在《人民日报》上发表言论，由衷地说道：“……扫除党与非党间隔膜，加强团结的对症良方”“不仅可以减少郁积，消除隔膜，并且是是非愈辩愈明，真理愈争愈显，百川异流，总是同归于海。”

1957年5月1日，《人民日报》上公开发布了中共中央政治局4月27日通过的《关于整风运动的指示》，宣告要在全党进行一次以“正确处理人民内部矛盾”为主题，以“反对官僚主义、宗派主义和主观主义”为内容的“整风”运动。指示在全党开展反对官僚主义、宗派主义和主观主义的整风运动，欢迎党外人士提批评意见,帮助党整风,并提出“应该放手鼓励批评,坚决实行‘知无不言,言无不尽;言者无罪,闻者足戒;有则改之,无则加勉’的原则”。公开发布的前一天,4 月 30 日,毛泽东已在天安门城楼上与各民主党派负责人和无党派民主人士代表开座谈会,发动大家对共产党提出批评意见,帮助共产党“整风”。

5 月 4 日,中共中央发出了毛泽东起草的《关于请党外人士帮助整风的指示》,告诉省、部一级的党组织“……不要在各民主党派内和社会上号召整风,而要继续展开对我党缺点错误的批判,以利于我党整风”“党外人士参加我党整风座谈会和整风小组,是请他们向我们提意见、做批评,而不是要他们批评他们自己”。

民盟云南省委于 5 月 12 日召开第八次全委(扩大)会议,听取了出席民盟全国工作会议归来的杨维骏、丁维铎传达的会议情况,确定了云南民盟今后一段时间的首要任务是:认真学习毛泽东主席《关于正确处理人民内部矛盾的问题》的文章,发扬民主,积极协助党和政府正确处理人民内部矛盾,加强人民内部的团结。会议还就加强盟组织的领导、调整民盟云南省委工作机构、建立工作制度和改变领导方法等问题进行了研究。

全国的整风运动迅速开展起来,各级各地党组织举行规模不等的座谈会,动员与会者大胆发言,“知无不言,言而无罪;言者无罪,闻者足戒”。仅中共中央统战部在 5 月 8 日到 6 月 3 日这不到一个月的时间里,便召开了各民主党派负责人和无党派民主人士座谈会十三次,工商界人士座谈会二十五次,广泛征求意见,请党外人士批评。各民主党派重要人士响应中国共产党的诚恳号召，为了社会进步，为了国家富强，热忱地对党政工作、党群关系和某些党员干部的不正之风提出若干有益的批评和建议。中央以下各级党组织召开的座谈会也开得热烈而紧张，更多的知识分子被动员出来发言，鼓励“向党提意见”。发言涉及多个范围内的诸多问题，出现了一个群众性的“大鸣大放”的热潮。

在整个“大鸣大放”过程中，民主党派和高校师生表现最为活跃，成为“帮助党整风”的两个主力群体。而在民主党派里，高级知识分子最集中的是中国民主同盟。

6 月 8 日，中共中央在党内发出《关于组织力量准备反击右派分子进攻的指示》，《人民日报》则公开发表了社论《这是为什么?》，反右派斗争自此在全国正式开始。

形势急速变化，“整风”只开了个头，有些地区和单位甚至还没有开始“整风”，便转入了反右派。报纸、电台迅速转向，每天报道反右派斗争的消息。反右派斗争自此轰轰烈烈在全国展开，历时一年多。

而在这之前的 5 月中旬，毛泽东在中共内部发出《事情正在起变化》一文，说：“最近这个时期，在民主党派中和高等学校中，右派表现得最坚决最猖狂。”又说：“现在右派的进攻还没有达到顶点，他们正在兴高采烈。党内党外的右派都不懂得辩证法：物极必反。我们还要让他们猖狂一个时期，让他们走到顶点。他们越猖狂，对于我们越有利益。人们说：怕钓鱼，或者说：诱敌深入，聚而歼之。”

7 月 1 日，《人民日报》发表毛泽东撰写的“七一”社论《〈文汇报〉的资产阶级方向应当批判》指出：“民盟在百家争鸣过程和整风过程中所起的作用特别恶劣，有组织，有计划，有纲领，有路线，都是自外于人民的，是反共反社会主义的。还有农工民主党，一模一样。这两个党在这次惊涛骇浪中特别突出。风浪就是章罗同盟造起来的……整个春季，中国天空上突然黑云乱翻，其源盖出于章罗同盟。”认定章伯钧、罗隆基是右派的组织者和领导者，认定他们结成联盟，向共产党和社会主义进攻。

此前一个时期，按照中共云南省委统战部的布置，云南各个方面都举行各种鸣放座谈会，要求大家畅所欲言，帮助党整风。报纸也紧密配合，在报上刊载各方面人士对党提出的各种意见和批评。云南民盟同全国民主党派的步调一致，也进行了“大鸣大放”。

这场反右运动，云南民盟受害相当深。盟员被错划为右派的有一百三十余人，约占全省盟员总数的六分之一。其中：省委委员、候补委员十八人，占委员总数的百分之四十九；小组长以上的盟务干部四十四人，占盟务干部总数的百分之二十四。民盟云南省委按照民盟中央的指示，把划为右派的盟员相应地作了盟纪处分，大多数开除盟籍，有的留盟察看。运动过后，三分之一的基层组织陷于瘫痪，其余组织也处于半停滞状态。直到1980年以后，在落实统一战线政策工作中，云南盟员中被错划的右派分子才全部得到平反昭雪。

反右运动中这种颠倒黑白、混淆是非的作风所带来的影响是严重的，受这场政治运动的冲击和影响，许多盟员因此长期不敢讲真心话。与民盟有联系的许多知识分子怕受牵连，从此不愿与民盟接近。党的“百花齐放，百家争鸣”的方针在云南盟内不敢再提,“长期共存、互相监督”的方针更是长期不敢提及。反右运动是云南民盟一个沉痛的历史教训。

据不完全统计,反右运动中全国共划右派五十五万余人,中国民主同盟成了反右运动的重灾区。

在民盟中央一级的右派分子中,出自原云南民盟的老盟员有九人:罗隆基、曾昭抡、费孝通、潘大逵、潘光旦、钱端升、杜迈之、张纪域、陆钦墀,占中委、候补中委总人数的百分之十四点八。“反右”结束时,对罗隆基的处理结论是:“撤销中央委员会副主席,保留中央委员会委员。建议:撤销盟外主要职务,保留政协全国委员会委员,降职、降级、降薪。”对主要右派分子费孝通的处理结论是:“撤销中央常务委员会委员、中央文教部部长。保留中央委员会委员。建议:撤销盟外主要职务,安排下届政协全国委员会委员,保留教授,降职、降级、降薪。”

1957 年 11 月,整风工作会议之后,云南民盟的一些基层组织展开了对民主党派性质、任务、作用和知识分子两面性的讨论。内容涉及民盟为什么是小资产阶级政党,今后任务是什么,知识分子有无两面性及表现在哪里,政治立场和思想立场的改造关系如何,孰先孰后等问题。11 月 17 日的《整风专刊》对讨论中争辩的问题做了报道。

1958 年 1 月 26 日,民盟中央常务委员会召开第十七次(扩大)会议,除对划为右派分子的民盟中央委员、候补中央委员做出处理决定外,还通过了《关于在全盟开展一般整风运动的通知》,要求“立即开展一般整风运动,以扩大反右派斗争的战果,使本盟的根本改造和成员的政治立场改造,更向前推进一步”。

目的是"在全盟进行'破资本主义立场,立社会主义立场'的教育,对盟员个人和盟的集体进行彻底的社会主义改造,过社会主义关"。

根据民盟中央的要求,民盟云南主委寸树声1958年3月9日在省人大一届五次会议上做了以"拼命赶上,加速改造,力争成为社会主义事业促进派"为题的发言,表示要鼓足干劲,加紧个人和组织的根本改造,尽早把组织从资产阶级政党改造成为社会主义服务的政治力量,把成员改造成为工人阶级知识分子。并提出在今后两年内的主要任务是:半年内使整个组织彻底肃清右派影响;督促帮助盟员加速自我改造,使百分之八十以上成员至少有半年时间参加锻炼;还要运用"四大"形式,积极开展一般整风,认真检查政治和组织路线。民盟云南省委其他负责人也在人大、政协会议上做了类似的发言。

"这次民盟内一般整风是在背离了中共'八大'正确路线的情况下进行的,执行了一条'左'的错误路线,在整个民盟组织被戴上'资产阶级性质的政党'的帽子下,人人过关,政治上和思想上都搞得灰溜溜的。尤其是2月27日以后,各民主党派联合发出《各民主党派内部进一步开展整风运动的决定》,号召各民主党派成员通过整风,掀起'自我改造''大跃进'的高潮以后,搞了两项声势很大的形式主义的活动。一是制订'自我改造规划',二是'交心运动',采取群众运动的方式,用'左'的简单化、庸俗化的方法来对待思想改造问题。"①

① 中国民主同盟中央委员会编:《中国民主同盟七十年》,群言出版社,2011。

接下来，民盟中央整风领导小组于3月4日发出紧急通知，要求各级民盟组织和全体盟员积极而又迅速地投入正在全国范围内掀起的知识分子“自我改造大跃进”，进一步搞好民盟内一般整风运动。3月16日，包括民盟中央、民盟北京市委在内的各民主党派和无党派人士在天安门广场举行“社会主义自我改造促进大会”，会上通过了《自我改造公约》，会后举行万人大游行。

接着，云南民盟与许多省、市民主党派组织和无党派民主人士也相继仿效北京的做法，举行了类似的“自我改造促进大会”。3月23日，云南省各民主党派、无党派民主人士四千余人在人民胜利堂举行自我改造促进大会。民盟云南省委寸树声主委致开幕词。盟员竺良甫、赵雁来、朱彦丞、王树勋、刘崇智、吴乾就等人在提出的倡议书中，向全省高校教师和科技工作者提出挑战，争取三年内达到又红又专。会后，民盟和其他民主党派成员抬着写有争取三年内把百分之八十成员改造成为“左派”和中左分子的组织规划的牌子，举行了游行。各民主党派和无党派民主人士还写出了自我改造的决心书。

4月初，民盟中央开始搞所谓“交心运动”，要求参加整风运动的人员都要贴出大字报，或自我揭发，或相互揭发，向组织暴露“不符合六条政治标准”的各种错误言行以及思想。然后，由组织把“交心”交出的问题分类“排队”“梳辫子”，组织大辩论。

全盟各基层组织竞相举办各式各样的“交心竞赛”，以提高“交心”大字报的数量，“一种人人自危的政治、心理压力，使‘交心运动’成为政治庸俗化的典型……把思想问题上升为政治立场问题，混淆了两类不同性质的矛盾，加上无限上纲的批判，不仅在当时伤害了许多同志，而且还成为后来‘文革’中‘造反派’制造错、假、冤案的黑材料，后果极其严重”。[1]

全盟向党“交心运动”告一段落之后，转入了整风大辩论。民盟中央连续开展多次大辩论，云南民盟与其他各地民盟一样，不甘落后，积极开展大辩论活动，并按照民盟中央关于要各地组织结合整风大辩论开展“拔白旗，插红旗”活动的部署，要求盟员对自己的“资产阶级个人主义以及资产阶级教育思想和学术思想”作自我检查，然后组织批判，用无限上纲、简单、粗暴的做法对待学术问题，这在一些高等学校里造成对知识分子很大的政治压力和极为恶劣的后果。[2]

1958 年反右运动结束以后，许多盟员因整风中片面批判白专道路的影响，顾虑重重，不敢大胆搞业务。1959 年国庆节前后，全国各地宣布摘去一批表现好的右派分子的帽子。云南也对统战系统中一些知名的起义人员摘去了右派分子的帽子。1960 年，云南民盟中的少数右派也被宣布摘去右派帽子，但在实际工作中，有些仍被部分同事视为“脱帽右派”而依然受歧视。

至于反右运动中对全国民盟和云南民盟产生了重大牵连的“章罗同盟”问题，在二十多年之后，在中共中央逐渐恢复实事求是的思想路线之后，重新做出了对“章罗同盟”和罗隆基的历史结论。1980 年 6 月，中共中央统战部在《关于爱国人士中的右派复查问题的请示报告》中，证实通过复查并不存在“章罗同盟”这

---

① 中国民主同盟中央委员会编：《中国民主同盟七十年》，群言出版社，2011。

② 中国民主同盟中央委员会编：《中国民主同盟七十年》，群言出版社，2011。

个组织或组织系统。所谓“章罗同盟”的“反动纲领”，即民盟起草的关于科学体制和高校领导制度的建议文件，也得到了平反。

1986年10月24日，民盟中央在北京隆重纪念罗隆基九十周年诞辰，中共中央统战部部长阎明复在会上说：“今天中国民主同盟中央在这里举行座谈会，纪念中国民主同盟的创建人和领导人之一、著名的爱国民主战士和政治活动家罗隆基先生九十周年诞辰，缅怀他对我国民主革命和社会主义事业做出的贡献。我代表中共中央统战部向今天座谈会的主办者——中国民主同盟中央致意，并向罗隆基先生的亲属表示亲切问候。”他最后说：“纵观罗隆基先生的全部历史和全部工作，总的来说，他是爱国的，进步的，为我们民族和国家做了好事，是值得我们纪念的。”

第二节　服务和改造

一、民盟工作思路的转变

反右运动结束后，全国出现了民主党派和知识分子不敢讲话，更不敢讲真话的局面。整个国家的政治和经济领域都为“左”的错误路线所主宰。在这种形势下，中国民主同盟第三次全国代表大会于1958年11月12日至12月4日在北京召开。大会的中心议题是讨论如何适应形势的需要，推进民盟组织和盟员个人的改造。

会上，民盟中央主席沈钧儒主席代表民盟第二届中央委员会做工作报告。《工作报告》错误地认为“长期以来盟内存在着社会主义和资本主义两条道路的斗争”“正确路线和右派路线的斗争”，做出了“民盟是一个资产阶级性质的政党，盟员的多数还没有完全抛弃资产阶级立场”的荒谬结论。而“国家正在加速社会主义改造，民盟目前的政治面貌和组织面貌与当前的形势是不适应的，因此必须进行组织的根本改造，清除右派路线的残余影响，树立正确的政治路线和组织路线，建立接受共产党领导，坚决走社会主义的领导核心，把民盟从资产阶级的政党改造成为接受共产党领导的、为社会主义服务的政党”。

报告进而强调：“盟的组织改造和成员的个人改造是统一不可分的，盟员的个人改造，首先要改造政治立场，同时也要批判形形色色的资产阶级个人主义和资产阶级学术思想”，而个人改造“必须以政治挂帅为前提”“拔白旗，插红旗，改造立场，改造思想”“跟上形势，过好社会主义关”。改造的主要方法和途径则是“在共产党的领导下，以政治思想为统帅，以工作岗位为基地，以参加劳动和实践为基础，认真地学习马克思列宁主义，学习毛主席的著作，经常开展批评与自我批评”“重视参加体力劳动”“走到工农群众中去，同工人农民同吃、同住、同劳动，向工人农民学习”等。

与会代表在一种政治“高压”气氛下，违心地通过了这样一个给民盟自身戴上“黑帽子”的政治报告，还通过了《中国民主同盟关于社会主义改造规划草案》，作为民盟的奋斗目标和工作准绳，并通过了一项各民主党派展开自我改造的“竞赛书”。

大会闭幕后，云南民盟与各地盟组织一样，都开始围绕大会所提出的奋斗目标和工作准绳，以“服务和改造”为中心工作，尽其所能地“以政治思想为统帅，以工作岗位为基地，以劳动实践为基础”“做好工作，安心改造”。这种状况一直延续到1966年上半年，直到急风暴雨的“文化大革命”来临时才中止。

1959年5月5日至14日，民盟中央在北京召开全国工作会议，交流各地服务和改造工作的经验。民盟云南省委负责人参加了会议。会议根据周恩来总理在人大会议上所做的《政府工作报告》的精神，讨论了知识分子和继续贯彻“双百”方针等问题。针对反右运动以后知识分子普遍存在“不讲话，工作上怕负责任，干劲不足，改造有厌倦情绪”等情况，会议提出了“和风细雨，深入细致”地做工作的问题，并交流了这方面的经验，要求各级民盟组织“从思想、工作、生活各方面关心知识分子”。此次会议将先前改造和服务的提法顺序，改为了服务和改造，反映出民盟的工作思路开始有了转变。

9月30日，云南省各界集会热烈庆祝建国十周年。寸树声主委代表民盟云南省委和其他民主党派云南地方组织、无党派民主人士向大会献辞，衷心祝贺在共产党领导下中国人民在社会主义建设事业中所取得的伟大胜利，并表示一定要响应党的一切号召，更紧密地团结在共产党周围，为社会主义建设事业做出贡献。

1960年1月23日至2月2日，民盟云南省委召开盟员服务与改造经验交流会。昆明、大理、个旧盟组织的代表一百八十人参加，其他民主党派成员和大学无党派教师五十多人应邀出席。交流会听取典型发言，讨论了知识分子服务与改造结合、搞好工作的有关问题。

1960年的上半年内，为了推动服务，加强改造，民盟中央指导多个区域分别召开了工作经验交流会或盟务协作会议，交流了加强知识分子政治思想工作，调动知识分子为社会主义服务的积极性的经验。2月，广东、广西、湖南三省在广州召开会议；3月，江苏、安徽、江西、湖北、上海、北京四省二市在上海召开会议；4月，四川、云南、贵州三省在成都召开会议，辽宁、吉林、黑龙江三省在长春召开会议；5月，山东、山西、河南、河北四省在天津召开会议；6月，陕西、甘肃、青海、宁夏四省在西安召开会议。民盟云南省委于4月间组织代表赴成都，参加川、滇、黔三省盟组织联合举办的盟员服务与改造经验交流会。

10月，民盟云南省委以“神仙会”的形式，贯彻“三自”（自己提出问题、自己分析问题、自己解决问题）原则和“三不”（不揪辫子、不打棍子、不戴帽子）方针，开展形势教育活动。尽管大家心中多少还有一定的疑虑，但已经能敞开发言。形势教育活动一直在延续。民盟各级组织陆续召开各种座谈会，讨论“双百”方针、红专关系、青老关系、师生关系和党盟合作共事关系，以提高认识，推进工作。

1961年4月，民盟云南省委做出“结合毛著学习，加强形势教育的决定”，以推动盟员学习毛泽东著作，用马列主义的世界观和方法论认识形势，明辨是非，加强思想政治工作，认清政治方向。但总的来说，1961年全年云南民盟的工作没有多大的起色。

直到1962年春夏之交，云南民盟的活动才开始有了转机。

本年3月，周恩来总理、陈毅副总理在广州召开的科学工作者会议和全国话剧、歌剧、儿童剧创作座谈会上，重新评价了知识分子，继而又在同月召开的二届人大三次会议上，重申了党的“八大”对知识分子的估价，再次肯定了知识分子是劳动人民的一部分，鼓舞了广大知识分子，也促进了民盟工作的改进。民盟三届中常会 4 月 9 日举行第二十六次（扩大）会议，讨论我国人民民主统一战线的新形势和民盟在当前的工作任务。与会者对民盟中央的工作提出了批评与改进意见，讨论通过了《中国民主同盟 1962 年工作计划要点》等几个文件。

遵照民盟中央的部署，云南民盟在 1962 年的工作中，都强调了要在共产党的领导下，进一步贯彻“长期共存、互相监督”的方针，全面发挥民盟参（参加社会主义建设和各种政治活动）、代（代表盟员的合法利益和合理要求）、监（互相监督）、改（自我教育和自我改造）的作用，团结一切可以团结的人，调动一切可以调动的积极因素，完成建设社会主义的任务。开会学习时仍然运用“神仙会”的方式，贯彻“三自”原则与“三不”方针，使会议尽量出现宽松的氛围。

到了这段时间，服务和改造工作才开始有所活跃。不少盟员加强了责任感，提高了工作的积极性与主动性，在提高教学质量、进行科学研究、培养人才等方面取得了成绩，有的还做出了比较突出的贡献，一些盟员先后被评为各级先进工作者和优秀教师。

二、民盟云南省第五次盟员代表大会

1962 年 8 月 15 日至 22 日，民盟云南省第五次盟员代表大会召开。会议贯彻了民主、团结精神，总结了三年来云南民盟的工作。提出今后的任务是：在党的领导下，高举三面红旗，发扬民主，加强团结，贯彻“长期共存、互相监督”方针，积极参加国家政治生活，并推动盟员钻研业务，做好本身的工作；认真学习马列主义和毛泽东著作，通过学习和实践继续进行自我改造。民盟中央常委周新民向大会做了民盟历史和今后任务的报告。中共云南省委统战部副部长周韧在会上传达了中共云南省委统战工作会议精神。会议选举寸树声、杨明、杜棻、竺良甫等四十五人组成第五届民盟云南省委员会；寸树声为主任委员，杨明、杜棻、竺良甫为副主任委员。

第五届民盟云南省委常委会于8月29日通过了《1963年工作计划要点》，提出以阶级斗争和两条路线斗争为纲，安排和完成1963年各项工作任务的要求。9月8日，各民主党派负责人和无党派民主人士举行双周周谈会，民盟云南省委主委寸树声在会上介绍了不久前闭幕的民盟云南省第五次盟员代表大会情况。

1963年1月，中国民主同盟召开了三届三中全会，全盘接受了中共八届十中全会决议和毛泽东以阶级斗争为纲的理论，通过了《中国民主同盟关于当前形势和1963年任务的决议》，号召民盟深入学习中共八届十中全会公报，在民盟认真进行一次爱国主义、国际主义和社会主义（三个主义）的思想教育，并强调“这是本盟今后一个时期内的中心任务”。

民盟云南省委于1963年2月11日至3月2日召开五届四次全会，传达贯彻民盟中央全会精神和学习中共中央八届十中全会公告。会议讨论了国内外形势和1963年的工作任务。提出了推动盟员和所联系的群众继续深入学习马列主义、毛泽东思想，进行爱国主义、国际主义和社会主义的系统教育；进一步贯彻以农业为基础、以工业为主导的发展国民经济的总方针，做好岗位工作。寸树声、杨明、杜棻等负责人在会上讲话。6月6日和23日，民盟云南省委分别举行五届十一次常委（扩大）会和基层干部会，研究和部署深入进行“五反”（反贪污、反盗窃、反浪费、反官僚主义、反分散主义）运动学习的问题。6月7日和11日，民盟云南省委又分别邀请云南大学、昆明师范学院的部分盟员座谈“五反”问题。此后，各基层组织根据会议精神，在各级党委领导下进一步开展了“五反”学习。

民盟云南省委宣传部于10月间分别召开基层干部和有代表性盟员座谈会，分析和估计知识分子问题。会上许多同志提出知识分子的立场问题已经解决。10月11日，民盟云南省委组织部和宣传部联合召开基层组织委员、宣传委员座谈会，研究贯彻民主集中制原则问题，提出了贯彻民主集中制原则必须与进行爱国主义、国际主义和社会主义教育结合起来。民盟云南省委还以云大支部为试点，试行民盟中央“关于加强基层工作的几点意见”；配合中共云南省委以昆明师院为试点进行社会主义教育。

民盟云南省委负责人寸树声、杨明在1964年1月9日召开的云南省三届一次人代会上，当选为省人民政府委员。在1月10日闭幕的省政协三届一次会议上，寸树声当选为省政协副主席，杜棻、赵雁来、兰瑚等盟员当选为常委。

2月3日至7日，民盟云南省委召开五届六次全委(扩大)会议，讨论如何推动盟员认清形势、明确任务、提高觉悟、鼓舞信心，积极为社会主义服务的有关问题。3月，民盟云南省委提出“民盟云南省委会关于在成员中更加系统、广泛、深入地开展爱国主义和社会主义教育的初步意见”，推动盟员积极投入岗位“五反”，参加农村“四清”(清思想、清组织、清政治、清经济)运动。

我国第一颗原子弹爆炸成功后，在昆的民盟云南省委委员于10月18日专门举行庆贺座谈会。大家一致认为，我国原子弹爆炸成功是中国共产党的胜利。

1965年3月，民盟云南省委召开五届九次全会，学习周总理在全国三届一次人代会上的政府工作报告和中共中央的“二十三条”(《农村社会主义教育运动目前提出的一些问题》)，传达省三届人大三次会议和省政协三届三次会议以及民盟中央会议精神，要求各基层组织和全体盟员认真贯彻上述会议精神，积极投入社会主义教育运动，为争取云南省工农业生产和其他战线取得更大成就贡献力量。4月14日，民盟云南省委五届二十二次常委会通过了《1965年工作计划要点》。提出中心任务是：以阶级斗争为纲，以社会主义和资本主义两条道路斗争为纲，组织和推动盟员参加社会主义教育运动和教学改革实践。

8月，民盟云南省委常委集中学习周总理的政府工作报告和中共中央的“二十三条”；民盟云南省委机关干部也分两批脱产参加了省政协的学习，以进一步提高对参加社会主义教育运动的认识。这个月，首批参加农村“四清”的十一名盟员归来，第二批三十八名盟员参加本地区和本单位的“四清”运动。与此同时，昆明医学院盟员中有四人下乡巡回医疗，昆明市有五名医疗卫生战线的盟员到农村安家落户。

从1963年到1965年，云南民盟组织基本上都是围绕“三个主义”教育这项民盟中央确定的中心任务开展活动的。通过不断的学习，“提高认识，增强信心，巩固团结，加强改造”“以阶级斗争为纲”的思想一直贯穿在各项活动中。

第三节　文化大革命

1966年5月16日，中共中央正式发布《五・一六通知》，宣告“无产阶级文化大革命”开始了。

云南民盟也同全国各地的民主党派组织一样，在“横扫一切牛鬼蛇神”的红色风暴的席卷之下，在“文化大革命”开始不久，很快便受到严重冲击和迫害。民盟被视为反动组织，被迫停止活动。民盟云南省委的牌子被砸，文书档案和办公设备遭破坏，整个组织陷入瘫痪状态。民盟云南省委及下属地方组织的负责人和干部以及知名度高、有影响的一些民盟成员被揪斗、批判、隔离审查、关“牛棚”。大多数盟员被扣上“资产阶级知识分子”的帽子，贬为“臭老九”，遭到批斗。在“文化大革命”初期，被迫害致死的云南民盟负责人有民盟云南省委第三、四、五届副主任委员，昆明工学院副院长、教授，第二、三届全国人大代表竺良甫和民盟云南省委秘书长丁维铎。

但即使是在“文革”那样的环境中，一些盟员仍顶着压力，克服困难，继续从事自己的专业工作，为国家为人民作贡献。如中国科学院昆明植物研究所所长、著名植物学家吴征镒就是其中之一。吴征镒是1945年由闻一多介绍入盟的老盟员，“文革”前为民盟云南省委常委。“文革”开始后也被戴上“反动学术权威”帽子，被分配去“牛棚”烧开水炉。劳动之余，他利用当时能得到的“赤脚医生”用的中草药小册子，继续从事自己的科研工作。他一边烧开水，一边摘抄小册子上的内容，对各地民间的常用中草药植物进行订正。他凭着自己惊人的记忆力，把五千多种中草药，按低等向高等的演化次序编出了详细的目录，并在古代医书及有关植物学书籍中进行考证。在考证中，他发现了一些名不见经传，或已经失传的中草药植物。没有纸，他就把研究成果记在香烟盒、小学生课本上。两年间，他整理记录了各地中草药植物的四大本笔记，后来成为编辑《新华本草纲要》的基础和依据。也是在“文革”期间，在昆明郊区黑龙潭田间劳动的时候，吴征镒白天在锄地时记下看到的各种植物，晚上回到小屋后就赶紧悄悄写出来、归类，就这样完成了九万字的《昆明黑龙潭地区田间杂草名录》。

1968年8月15日，云南省革命委员会成立。中共云南省统战部成立了造反派为主的“革命委员会”，管理民盟及各民主党派的“老统”（对统战人士的贬称）。学习一段时间后，“老统”们和民盟云南省委机关干部都被安排到位于昆明近郊山间的农场劳动锻炼和学习，自己开荒，种菜种粮，饲养猪牛羊。

1971年后，民盟云南省委的少数负责人逐步开始露面参加社会活动。1973年5月1日，寸树声以省政协和民盟云南省委负责人的身份参加了昆明市庆祝“五一”联欢会。这是“文革”以来民盟云南省委负责人第一次露面参加社会活动。10 月 1 日，寸树声、杨明、杜棻等民盟云南省委负责人参加了昆明市庆祝国庆二十四周年的游园联欢活动。此后，每年的五一劳动节、国庆节，寸树声、杨明、杜棻、兰瑚等民盟云南省委负责人都分别参加了昆明地区的庆祝节日的游园联欢活动。

1976 年 10 月 6 日，“四人帮”被彻底粉碎，十年浩劫结束了。云南民盟和全国人民同庆胜利，民盟云南省委的负责人逐渐出来承担一些社会工作。12 月 12 日，寸树声主委和民盟云南省委其他负责人出席了云南省政协四届一次会议，寸树声担任大会主席团召集人，并在此次会议上当选为云南省政协四届委员会副主席。12 月 16 日，寸树声发表《在抓纲治国中贡献力量》一文，拥护中共中央的战略部署。12 月 20 日，杨明、吴征镒、谭庆麟等盟员当选为云南省五届人大一次会议主席团成员。六天后，杨明副主委当选为云南省革命委员会委员。

第八章

新的历史时期
（1978 年—1988 年）

第一节　拨乱反正

一、民盟云南省委恢复工作

“文化大革命”十年间，统一战线工作遭到严重破坏，民主党派的方针政策遭到了肆意践踏，新中国成立以来全国民主党派从中央到地方各级的工作被全盘否定。民盟云南地方组织同其他民主党派一样，被诬蔑为“反动组织”，停止了一切活动。“四人帮”制造了大量的冤、假、错案，民盟云南地方组织领导人和不少盟员受到残酷迫害，云南的统一战线工作以及包括民盟在内的民主党派工作遭到极为严重的破坏。

粉碎“四人帮”后，中国开始进入以社会主义现代化建设为中心任务的新的历史时期。中共中央新的领导集体坚决拨乱反正，肯定了各民主党派的历史功绩和积极作用。1977 年 10 月 18 日，中共中央统战部向各民主党派传达了中共中央关于各民主党派、工商联恢复活动的指示。民盟随即酝酿成立了中国民主同盟中央临时领导小组，努力恢复健全各个工作部门，组织成员学习，着重整顿和重建基层组织，研究民盟基层工作的恢复及如何在新形势下把民盟工作的着重点转移到“四化”建设上来。

1977年岁末,中共云南省委主要领导会见了云南各民主党派负责人。之后,民盟云南省委开始着手恢复工作,民盟云南省委机关干部和民盟成员积极投身到揭发批判林彪、江青反革命集团的群众运动中,着重批判林彪、“四人帮”反革命集团践踏统战政策,破坏统一战线,摧残民主党派的罪行。1978年2月26日,民盟云南省委主委寸树声在全国政协五届一次会议上当选为第五届全国政协常委。同月28日,云南盟员吴征镒、谭庆麟与在京的云南籍盟员楚图南也在全国人大五届一次会议上当选为全国人大代表。

上述活动,表明云南民盟的拨乱反正工作开始起步。

1978年4月1日,民盟云南省委主委寸树声在昆明逝世,终年82岁。在一周后举行的追悼会上,全国政协主席邓小平以及全国政协、中共中央统战部、民盟中央、中共云南省委、云南省革委会、省政协等部门送了花圈。省、市各方面负责人出席了追悼会,省政协副主席刘披云致悼词。悼词肯定了寸树声在担任省政协副主席和民盟云南省委主委工作中,积极贯彻中国共产党的统战政策,在团结知识分子、爱国人士方面做了大量工作;认真贯彻国家教育方针,为祖国文教事业做出了重要贡献;“文革”中痛恨“四人帮”,在揭批“四人帮”斗争中立场坚定、旗帜鲜明,对实现社会主义现代化充满了信心。

1978年4月5日,中共中央批准统战部和公安部关于全部摘掉右派分子帽子的请示报告,决定摘掉全部右派分子的帽子。民盟中央临时领导小组于5月23日召开民盟三届中常会第六十四次（扩大）会议，宣布摘掉前民盟中央副主席章伯钧、罗隆基的右派帽子。1978 年 10 月，民盟中央在广州召开盟务座谈会，民盟云南省委派代表出席。大家交流情况、总结经验，讨论研究如何把民盟的工作重心转移到为“四化”建设服务上来，为迎接新任务做准备。1978 年 11 月，中共中央组织部发出《关于落实党的知识分子政策的几点意见》。民盟中央成立了落实政策小组与办公室，具体负责平反盟员的冤、假、错案，落实知识分子政策的工作。

不过，在民盟恢复活动的最初两年里，由于“左”的流毒在盟内外均尚未肃清，民盟工作困难甚多，落实知识分子政策等工作仍遇到不少阻力。这种情况在云南民盟与各省民盟中都存在。总体看来，落实政策的进展步伐不大。直到中共十一届三中全会以后，拨乱反正、落实政策的工作才开始有了明显的好转。

中国共产党于 1978 年 12 月召开十一届三中全会，结束了粉碎“四人帮”之后两年中党的工作在徘徊中前进的局面，从根本上冲破了长期“左”倾错误的严重束缚，端正了党的指导思想，使广大党员、干部和群众从过去盛行的个人崇拜和教条主义束缚中解放出来，重新确立了党的马克思主义的路线，确定了“解放思想，开动脑筋，实事求是，团结一致向前看”的指导方针，从此将指导思想由阶级斗争转移到经济建设上来，将党领导的社会主义事业引向健康发展的道路。中共十一届三中全会揭开了中国共产党和国家历史的新篇章，是具有深远意义的伟大转折。

民盟各级组织和广大盟员一致拥护中共十一届三中全会确立的路线、方针、政策，为了跟上发生伟大转折的这一大好形势，从民盟中央到各地民盟都在研究怎样更好地开展工作。云南民盟在中共云南省委统战部的领导下，首先抓落实统一战线政策和知识分子政策，调动知识分子积极性的工作。

1979年3月10日，在"文革"中被迫害致死的民盟云南省委副主委、昆明工学院副院长竺良甫得到平反昭雪。4月18日，中共云南省委统战部召开落实政策大会，落实了二十二名民主人士的政策。民盟云南省委代主委杨明和民盟云南省委秘书长丁维铎在"文革"中的"问题"得到平反。杨明在会上对"文革"中的极"左"路线进行了揭露批判，表示要提高爱国主义和社会主义觉悟，以大局为重，以全国各族人民的利益为重，同心同德，一切向前看，为发展安定团结的大好形势，为"四化"贡献力量。

6月15日，邓小平同志在全国政协五届二次会议上做题为《新时期的统一战线和人民政协的任务》的开幕词。他根据中国社会阶级关系发生的重大变化，重新界定了统一战线的性质："我国的各民主党派在民主革命时期有过光荣的历史，在社会主义改造中也做了重要的贡献。这些都是中国人民不会忘记的。现在，他们都已经成为各自联系的一部分社会主义劳动者和一部分拥护社会主义的爱国者的政治联盟，都是在中国共产党领导下为社会主义服务的政治力量。"邓小平还指出："各民主党派和工商联的成员和所联系的人中，有大量的知识分子、专家、学者，有丰富的实践经验，是现代化建设中不可缺少的重要力量，能够在巩固和发展安定团结局面，促进社会主义现代化建设，发扬社会主义民主，加强法制，进行自我教育和促进祖国统一等方面，做出更大的贡献。”①

这是以邓小平同志为核心的第二代中共中央领导集体对民主党派的性质、地位和作用进行的阐述，表明民主党派的组织工作恢复，多党合作的理论、方针和政策有了重大发展。

云南大学民主党派基层组织恢复活动

云南 79.8.6 三版

本报讯 云南大学民盟支部、九三学社支社、民革小组最近联合举行大会，正式恢复组织活动。(1979.7.14)

各民主党派成员怀着激动和喜悦的心情，参加了文化大革命以来的第一次活动。他们一致表示，要在中国共产党的领导下，积极参加民主党派活动，解放思想，发扬民主，互相学习，共同提高，团结一致，同心同德，聚精会神，以自己的有生之年，为实现社会主义现代化多作贡献。

民革云南省委员会主任委员张天放，民盟云南省委员会代理主任委员杨明、副主任委员杜棻，九三学社昆明分社主任委员贡曲伟湘、副主任委员方国瑜参加了大会，并在会上讲了话，同时分别宣布了各民主党派支委或组长名单。

中共云南省委对云大民主党派基层组织恢复活动极为重视，中共云南省委统战部副部长何晓光参加大会表示热烈祝贺。昆明地区的几所大专院校的党委、统战部的负责人，参加了大会，有的还送了贺信。云大党委的负责同志参加了大会并讲了话，表示对今后民主党派的活动给予积极的支持。

在大会上，民盟云南大学支部主任委员王树勋，代表民盟云大支部、九三学社支社、民革小组讲了话。他说，林彪、“四人帮”肆意破坏毛主席的革命统一战线，把民主党派诬蔑为“反动组织”，被迫停止活动达十余年之久。今天，在华主席为首的党中央领导下，拨乱反正，恢复名誉，恢复组织活动，这是我们政治生活中的一件大喜事。我们一定要在校党委的领导下，更好地发挥民主党派革命的、进步的、为社会主义服务的积极作用，同心同德，群策群力，紧紧抓住教学、科研这两个中心，努力提高教学质量，积极开展科学研究，为实现四个现代化，多培养人材，多出人材，多出成果。

（源）

1979 年 7 月初，云南大学民盟支部恢复组织活动

云南民盟的基层组织也在逐渐恢复，落实政策的工作逐渐推进。7 月初，云南大学民盟支部同云大九三学社支社、云大民革小组联合举行恢复组织大会。民盟云南省委杨明代主委和副主委杜棻及民革省委、九三学社昆明分社负责人参加大会并讲了话，会上宣布了各党派云大支部负责人名单。民盟云南大学支部主委王树勋代表三个党派支部讲话，表示今后要更好地发

① 中共中央文献编辑委员会编辑：《邓小平文选（1975—1982）》，人民出版社，1983。

挥民主党派为社会主义服务的积极作用,抓住教学、科研两个中心,为“四化”多培养人才、多出成果。10月,民盟昆明工学院支部也恢复了组织活动。

10月2日,民盟云南省委举行庆祝建国三十周年茶话会,来自文教、科技、卫生等战线的一百八十多位盟员参加了茶话会。中共云南省委统战部、省政协有关负责人应邀出席。杨明、杜棻、赵雁来、王源璋等与出席茶话会的其他同志畅谈了粉碎“四人帮”后,祖国处处有生机、知识分子大有作为的感受,表示要同心同德、群策群力,为加速“四化”建设尽心尽力。10月5日,省政协邀请部分在昆常委和各民主党派负责人学习座谈叶剑英在国庆座谈会上的讲话,杨明以省政协副主席和民盟云南省委负责人的身份出席。

中国民主同盟于1979年10月11日至22日在北京召开第四次全国代表大会。由胡愈之作的《工作报告》回顾了民盟历史,总结了“文革”前十七年的工作和经验教训,着重阐明了新时期民盟的性质和任务:“在新的历史时期,民盟是中国共产党领导下的革命的爱国的统一战线的一个组成部分,是以社会主义知识分子,特别是文教科技界中上层知识分子为主的社会主义劳动者和拥护社会主义的爱国者的政治联盟。民盟的任务是广泛地团结所能联系的文教科技界的中上层知识分子,其中包括社会主义劳动者、拥护社会主义的爱国者和拥护祖国统一的爱国者,在他们中间发挥带头作用、骨干作用和桥梁作用。”“为了切实地把民盟的工作重点转移到为四个现代化服务上来,要完成几项任务:第一,积极推动盟员和民盟所联系的知识分子为四个现代化贡献力量；第二，贯彻‘长期共存、互相监督’的方针，积极参加政治生活，为发扬社会主义民主做出新贡献；第三，推动成员学习马列主义和毛泽东思想，在改造客观世界的同时不断地改造主观世界；第四，扩大联系，广泛团结爱国知识分子，特别是要开展同台湾同胞、港澳同胞、海外侨胞中的广大知识分子的联系工作；第五，继续整顿组织，适当发展组织，充实干部队伍。”[①]这些阐述和任务要求，成了云南民盟日后开展工作的指针。

大会选举了民盟新的领导机构，史良当选为民盟中央主席；胡愈之、邓初民、楚图南、苏步青、华罗庚、彭迪先、萨空了、李文宜、费孝通为副主席。九名副主席中，有三位是云南民盟老一辈盟员：楚图南、李文宜、费孝通。

民盟第四次全国代表大会标志着中国民主同盟进入一个新的发展阶段。大会之后，各省、市、自治区的民盟组织传达贯彻全国代表大会的精神，确定今后的工作任务，选举新的领导班子。

云南民盟同全国一样，积极开展了拨乱反正的工作。参加民盟第四次全国代表大会的云南民盟代表杨明、方仲伯、杨维骏、高国泰回到昆明，传达了全国代表大会的精神。民盟云南省委组织盟员学习全国代表大会精神，号召全省各级盟组织和盟员，明确民盟在新时期的性质和任务，在今后的社会主义事业中发挥积极作用。

云南民盟的领导成员开始逐渐参与到全省重大社会活动

① 中国民主同盟中央委员会编：《中国民主同盟七十年》，群言出版社，2011。

中，并先后在省人大和省政协中担任重要职务。

1979年12月7日，云南省政协举行座谈会，纪念云南和平解放三十周年，各民主党派云南地方组织负责人出席。民盟云南省委代主委杨明在会上发言，赞扬共产党的统战政策，表示要为云南的社会主义建设做出更大贡献。12月12日，中共云南省委邀请各民主党派负责人、无党派民主人士召开民主协商会，就云南省人大、政府、政协、法院、检察院人事安排进行民主协商。杨明等民盟云南省委负责人参加了协商会。1980年1月1日，民盟云南省委副主委杜棻在省五届人大二次会议上当选为省人大常委；在省政协四届二次会议上，杨明代主委当选为省政协副主席，方仲伯、赵雁来当选为常委。

1980年2月12日，在民盟中央、民盟北京市委联合举行的"迎春茶话会"上，中共中央政治局委员、中共中央组织部部长胡耀邦鼓励民盟同志要"敢字当头，敢于反映情况，敢于提意见，敢于抓工作，敢于帮助我们共产党纠正缺点"，鼓励民盟积极参政议政，和中国共产党合作，一起把国家的事办好。胡耀邦坦诚地说："你们的党怎么样呢？我看，公公道道地讲，在许多问题上民盟有很大的优点。比如说，你们同中国人民、同中国共产党一道奋斗了几十年，有一个光荣的革命传统，这总是优点嘛。第二，你们盟内成员的大多数、绝大多数有知识，知识面是宽的，是有本事的。搞四个现代化，没有知识不行。你们的成员虽然数量少，但是从比例上来说，有本事的人的比例比我们共产党大，我们有三千八百万党员，知识不够的可能占百分之七八十。你们虽然只有二万多盟员，知识比较多的，可能占百分之九十以上，你们许多同志有知识、有学问、有真才实学。这是你们的第二个优点。第三,你们的党作风比较好,比较诚实、比较正直。诚实、正直、俭朴,这总是中国人民应该发扬的品德嘛!”[①]胡耀邦这番讲话极为重要,后来在民盟广泛传达之后,全盟上下为胡耀邦这番肺腑之言深深感动,受到极大的鼓舞,焕发了参政议政的热情。

二、民盟云南省第六次代表大会

1980 年 2 月 21 日至 25 日,民盟云南省第六次代表大会召开。

出席大会的代表们认真学习了邓小平此前不久在中央召集的干部会议上精辟分析国内外形势的重要讲话,进一步贯彻民盟第四次全国代表大会的精神,听取并审议民盟云南省第五届委员会的工作报告,认为这个报告如实地初步总结了三十年来云南民盟的工作,澄清了 1957 年反右运动中由于极“左”思潮的影响对云南民盟某些工作的曲解,充分肯定了云南民盟自建立组织以来,始终紧跟共产党走,诚恳接受党的领导的主流。大家认为工作报告所总结的两条基本经验,即:坚定不移地接受党的领导和加强团结、扩大团结面,这应当是云南民盟今后工作中所必须牢牢记住和认真贯彻的两项基本原则。

大会经过充分酝酿,民主协商,选出了由四十七名委员和十一名候补委员组成的民盟云南省第六届委员会。委员会成员

---

① 黄景钧:《难忘的民盟 1980 年迎春茶话会》,《人民政协报》2008 年 1 月 24 日。

中，有早年参加民盟、一直在党的领导下勤勤恳恳从事盟务工作的老同志，有在学术和业务上有威望的老教师、老专家，还有年富力强、工作积极的中年文教科技工作者。在六届一次全委会上，杨明当选为主任委员，方仲伯、杜棻、吴征镒、朱彦丞、王源璋、杨维骏当选为副主任委员，高国泰为秘书长。

民盟云南省第六次代表大会标志着云南民盟进入了一个新的发展阶段。

第二节　巩固健全组织

由于“文革”中民盟受“四人帮”的摧残迫害严重，以至近乎瘫痪，此时，摆在云南民盟新的领导机构面前的首要任务是巩固健全组织。

民盟云南省第六届委员会结合当前的实际，把组织建设作为工作的重点。1980 年上半年内，民盟云南省委为了使各级组织尽快恢复并加强基层组织的领导，先后恢复了个旧、下关两个市委，新建立了昆明市委，使大多数基层组织恢复了活动，民盟云南各级组织的活动渐趋正常。10 月 24 日，民盟云南省委在六届四次常委会上，通过了《民盟云南省委会关于发展组织工作的十条意见》，要求所属各级组织根据盟章规定和民盟中央关于发展组织工作的指示精神，切实抓好吸收新盟员的工作。

1980 年 11 月，停刊二十三年之久的《云南盟讯》恢复出版，并提出复刊后的宗旨：以四项基本原则为指导，为“四化”这个中心任务服务；以推动成员和所联系的群众，为现实“四化”、争取台湾回归祖国和完成祖国统一大业做出贡献。

1981年1月1日至15日,方仲伯、高国泰、纪士孔、朱学任四名盟员代表云南民盟赴京参加民盟中央全国工作会议。会议宗旨是总结工作经验,研究当前盟务工作中的主要问题,提出今后工作的意见。参会代表返滇后,民盟云南省委即召开扩大会,由秘书长高国泰传达了民盟全国工作会议精神。民盟云南省委扩大会拥护中共中央做出的在经济上进一步调整的决定和政治上进一步安定团结的方针;要求全省各级盟组织和盟员必须在政治上同中共中央保持一致,为贯彻国家的各项方针政策做出贡献。

春节前夕,民盟云南省委在机关礼堂举行春节茶话会,民盟云南省委负责人与一百多名盟员参加,中共云南省委统战部负责人出席。杨明主持茶话会,并在讲话中强调指出:中国共产党是领导我们事业的核心力量。在当前进一步调整时期,全省各级盟组织和盟员要更加紧密地团结在中共中央周围,自觉地、无条件地在政治上与中共中央保持一致,加强思想政治工作,做经济调整和安定团结的促进派。

2月21日至3月14日,民盟云南省委为配合正在开展的中共中央工作会议文件的学习,推动盟员和所联系的知识分子明确形势、任务,增强信心,搞好工作,连续举办了四场录音报告会,共八百多人参加。民盟昆明、个旧、下关市委也先后组织了十二次录音报告会,对盟员和所联系的知识分子进行了形势教育。5月2日,《云南日报》第一版以《珍惜大好时光,投身"四化"建设》为题,介绍了云南盟员振奋精神,努力为人民做贡献的成就和事迹。

7月1日是中国共产党成立六十周年纪念日，民盟云南省委和民盟昆明市委分别隆重集会庆祝。与会盟员收看了首都庆祝建党六十周年大会实况，聆听了中共中央总书记胡耀邦的重要讲话，畅谈了对共产党和社会主义的认识过程及自己在党的教育下的成长经历。杨明主委发表文章纪念中国共产党成立六十周年，文章指出：中国共产党六十年的光辉历程，清楚地说明党的领导是革命胜利的根本保证；民盟四十年的历史证明，民盟的一切成就都是在党的领导和帮助下取得的；接受党的领导已成为盟员的坚定信念。表示今后要更紧密地团结在中共中央周围，同心同德，为“四化”建设做出更大贡献。

1981年3月，民盟成立四十周年纪念大会

7月16日,民盟云南省委在机关礼堂举行迎新茶话会,到昆明出差的民盟中央副主席楚图南与参加茶话会的一百二十多位新盟员亲切会见。他对新入盟的同志表示欢迎和祝贺,鼓励盟员认真学习《关于建国以来党的若干历史问题的决议》,敢于反映情况,提出建议,大胆工作,努力为“四化”做出成绩。

中共中央《关于建国以来党的若干历史问题的决议》发表以后,民盟云南省委及基层组织积极组织盟员认真进行了两个多月的学习,并就如何评价毛泽东的功过和毛泽东思想进行了充分讨论,明确了认识。通过《决议》的学习,盟员用七个字概括了体会,即“二顺、三合、四句话”:“二顺”是顺人心、顺天理;“三合”是合情、合理、合法;“四句话”是是非分明、功过清楚、方向坚定,鼓舞人心。盟员们一致认为,《决议》“好就好在实事求是”。

1982年2月8日至10日,民盟云南省委召开(扩大)会议。中共云南省委统战部副部长李瑾介绍全国统战工作会议情况,传达了中共中央总书记胡耀邦在会上的重要讲话。与会者认为“长期共存、互相监督、肝胆相照、荣辱与共”是“长期共存、互相监督”方针的继续和发展,是崭新的、大胆的、深刻的、感人肺腑的提法。一些盟员还认为,要真正做到“肝胆相照、荣辱与共”,中共内外都要作巨大努力,作为民主党派,必须以中国共产党的领导、走社会主义道路为前提,并要加强学习,努力提高思想水平。

8月21日至23日,民盟云南省委组织新盟员学习会,对新盟员进行坚持四项基本原则、新时期统一战线政策以及民盟的历史、性质、任务等方面的教育。9月17日,民盟云南省委举行常委(扩大)会议,学习中共十二大文件。省属各级盟组织也先后展开讨论。大家对国家前途充满信心,鼓足了实现“四化”宏伟蓝图的热情和干劲,纷纷表示要把十二大精神贯彻到实际工作中去。1983 年 2 月 19 日至 21 日,民盟云南省委在昆召开全委(扩大)会议,传达和学习中央有关重要文件,听取并审议民盟云南省委工作报告,研究召开省盟代会和迎接全盟“五大”事宜,通过了秘书长高国泰作的题为《为开创云南民盟工作的新局面而努力》的工作报告。

第三节　落实知识分子政策

进入新的历史时期后,民盟的任务是广泛团结所能联系的知识分子,为在二十世纪内把我国建设成为社会主义现代化的强国,为实现祖国统一大业而奋斗。民盟云南省第六届委员会在巩固健全组织的同时,另一个工作重点便是推动落实知识分子政策的工作,为加强教育事业和解决知识分子问题献计出力。

民盟云南省第六届委员会配合中共党委和政府有关部门,支持一些盟员逐渐走上本单位和部门的领导岗位。1980 年 11 月 1 日,民盟昆明工学院支部在民盟云南省委机关礼堂举行茶话会,欢送谭庆麟和于仪两位盟员分别调任昆明工学院院长和云南工学院副院长。民盟云南省委负责人方仲伯、杜棻、高国泰出席了茶话会。方仲伯副主委代表民盟云南省委讲话,希望两位走上新岗位的同志和全体盟员,努力工作,当好党的助手。半年后,民盟云南省委副主委吴征镒当选为中国科学院主席团成员。

1981 年 2 月 14 日,民盟云南省委举行报告会,由出访日本归来的民盟云南省委副主委、中国科学院生物学部委员、昆明植物研究所所长、研究员吴征镒向高等院校、科研单位的盟员和所联系的群众作访日报告。4 月 11 日和 23 日,民盟云南省委举行报告会,分别由黄佑文、杨明介绍访问加拿大和美国的观感。他俩既介绍了加拿大的教育、科研和美国的文化艺术及华侨的情况,提出了一些值得学习和借鉴的东西,也分析了一些资本主义社会存在的问题和矛盾,帮助与会听众正确认识西方国家,增强爱国主义思想。1982 年 8 月 12 日,民盟云南省委邀请从美国哈佛大学接受荣誉法学博士学位后回国来昆休假的民盟中央常委、山东大学校长吴富恒教授举行大型座谈会,向近二百多位高等院校盟员介绍美国高等教育情况,并同大家一起交流了高等教育工作意见。吴富恒教授当年曾在云南大学工作,并且在昆明加入了民盟。

民盟中央的多位负责人也到云南指导民盟云南省委开展这方面的工作。1981 年 5 月 28 日,民盟中央秘书长高天和组织部办公室主任敬季超等到昆明视察盟务。6 月 4 日又前往个旧调查了解该地区民主党派和边疆知识分子状况。1982 年 4 月 20 日,民盟中央副主席费孝通来昆协助落实知识分子政策,并指导民盟云南省委的工作。5 月 1 日,费孝通在民盟云南省委常委(扩大)会议上强调指出,民盟作为共产党的助手,就要在做好知识分子情况调查研究这样的国家大事上花时间、集中力量、全力以赴。他要求民盟云南省委在 6 月上旬拿出一个有情况、有数据、有分析、有建议的初步成果。在费孝通的指导帮助下，民盟云南省委广泛调查、深入研究，按期写成了调查报告。各省直盟基层组织也按中央“通知”精神和民盟云南省委的部署，展开了知识分子政策落实情况的调查工作。

《云南盟讯》第三期（1983年9月）发表了杨维骏副主委的《试论教育在“四化”建设中的地位》《关于如何依靠知识分子建设社会主义的一点看法和建议》及方仲伯副主委的《全盟重视教育全盟抓教育》等文章。这些文章对教育在“四化”建设中的地位、作用做了分析阐述，提出了搞好云南教育事业的一些意见和建议。1982年7月上旬至8月上旬，民盟云南省委组织云南省文教科技界的专家、教授十人，组成两个讲学组，分赴滇南的个旧、开远两市和滇西的下关市讲学。1984年5月上旬，民盟云南省委又邀请天津一中校长韦力、副校长祝汝芳到昆明、下关、个旧讲学。以帮助提高地州学校的教学水平。

民盟云南省委发挥自身拥有多领域的多位专家的优势，面向社会，开发智力资源，为“四化”建设服务。1982年1月，民盟云南省委邀请盟内科学家举办专题报告会：云南林学院院长、教授徐永椿讲《云南林业在“四化”中的作用》；著名经济学家千家驹讲《目前中国的经济问题》；著名生态学家侯学煜讲《教学与科学》。这些报告受到盟内外的热烈欢迎。

民盟云南省委组织经济、科学、文化咨询服务队于1983年2月下旬到滇南蒙自县进行咨询服务。咨询队的五位专家分别向有关干部和专业人员作了《植物保护》《化学防治》《黏虫的防治》《化学除草》和《发展农业经济的战略问题》等专题报告。半年后，杨维骏副主委率领民盟云南省委经济、文化咨询服务队到蒙自、元阳两县开展咨询服务。咨询服务队由盟内外从事农、林、牧、水利、化工等方面的专家、教授组成，分别对两县的工农业生产中的技术问题、扫除文盲问题提出了意见和建议，并对农业病虫害防治作了咨询服务。

1983年7月23日，民盟云南省委举行专题报告会，邀请民盟中央委员、北京师范大学教授、著名经济学家陶大镛作了《从世界经济现状看祖国“四化”前景》的报告。会前，陶大镛还与一些从事经济和农林工作的盟内外专家、学者，就云南经济建设的成就和问题交换了意见。8月，为使云南省经济、文化建设计划更加完善，省人大六届一次会议后，民盟云南省委组织盟内外农、林、化工、煤炭、教育、卫生等方面的专业人员对《云南省国民经济和社会发展第六个五年计划》(草案)进行讨论；提出了一些意见和建议，形成了由一个综合意见及五个专业意见组成的书面材料，分送云南省人大常委会、省政府及有关厅、局参考。

第四节　民盟工作的新进展

一、民盟云南省第七次代表大会

1983年8月12日至15日，民盟云南省第七次代表大会(第一阶段会议)在昆明召开。二百零四名代表出席了会议，选出云南出席第五次全国盟代会代表方仲伯、高国泰、顾建中等十三人，加上杨明、杨维骏、杜棻、王源等四名当选代表，共计十七人。

民盟云南省第七次代表大会的召开在时间安排上是与民盟云南历次代表大会不同的一次大会。本次代表大会分为两个阶段举行,并且两个阶段之间的时间跨度长达十六个月。1984 年 12 月 6 日至 9 日,民盟云南省第七次盟员代表大会(第二阶段会议)在昆明召开。主委杨明作《工作报告》,从六个方面总结了五年来的工作:(1)组织和推动盟员学习马列主义、毛泽东思想和国家的各项方针政策,自觉同中共中央在政治上保持一致,积极为"两个文明"建设贡献力量;(2)协助中共党委落实知识分子政策,调动成员和所联系的知识分子的积极性;(3)参与政治协商、调查研究和献计献策;(4)开展以智力支边咨询服务为中心的社会服务;(5)宣传工作;(6)组织建设工作。会议讨论和通过了这个报告。会议还组织代表认真学习了《中共中央关于经济体制改革的决定》,播放了千家驹作的《经济体制改革和对外开放问题》的报告;选举了六十九名委员、十四名候补委员组成第七届省委会;通过了大会决议。

民盟云南省委七届一次省委会选举杨明为主任委员,杜棻、王源璋、杨维骏、高国泰、袁德政、孟如(女)为副主任委员,吕培炎为秘书长。

1984 年 12 月,民盟云南省委机关从昆明翠湖北路小吉坡一号迁入翠湖南路九十四号省政协大楼四楼。自 1953 年以来,民盟云南省委机关一直在小吉坡一号办公。

二、注重"三个教育",开展思想建设

民盟云南省委紧紧围绕四项基本原则和改革开放的基本要

求,以推动精神文明建设为中心,结合云南民盟的实际,注重形势教育与统一战线方针、政策和盟史、盟的性质、任务的教育,以及先进人物先进事迹的教育,目的明确、形式多样、讲求实效,开展思想建设工作。

自拨乱反正以来,民盟云南省委的组织发展较快,一批中、青年知识分子加入盟组织中,为盟组织增添了新鲜血液,增强了盟的活力。但是,新盟员同志对中共的统一战线方针、政策,对民盟与中共风雨同舟、并肩战斗的历史以及盟的性质、任务学习不够,了解不够。针对这种情况,民盟云南省委不断地通过各种会议或组织新盟员培训、以会代训等方式,宣讲统一战线的方针、政策,介绍盟的历史和盟的性质、任务,提高盟的各级干部和盟员对统一战线方针、政策的理解,增强对统一战线重要性的认识。

1986 年 7 月是李公朴、闻一多烈士在昆殉难四十周年。民盟云南省委通过举办纪念活动,加强了这方面的教育。民盟云南省委收集整理了李、闻烈士有关的图片资料,编印了《李公朴、闻一多烈士纪念册》,发行了四千多册,受到了盟内外的广泛重视和充分肯定;还同有关部门一道,建立了李公朴、闻一多先生殉难处纪念碑;同云南师范大学合作,在“一二・一”运动四烈士纪念馆内开辟了李、闻烈士纪念室。这些工作,在云南民盟的历史上是第一次,在人力、物力有限的情况下,做到了尽力而为,起到了好的影响,收到了好的效果。三年多来,民盟云南省委在统一战线方针、政策和盟史,盟的性质、任务的教育中,增强了盟员的光荣感、责任感,进一步认识了党、盟关系。

1986年7月14日，李公朴、闻一多先生殉难处纪念碑落成典礼

1986年7月15日，李公朴、闻一多殉难四十周年，高国泰在闻一多殉难处向盟员讲李公朴、闻一多先生的事迹

用盟员的先进事迹教育盟员，也是民盟云南省委思想建设的又一个重要内容。对盟员、大理医学院教师李树楠先进事迹的宣传，不仅在云南，而且在全盟、全国都引起了强烈反响，对盟内外的知识分子产生了鼓舞和教育作用。李树楠早年毕业于华西医科大学药学系，多年来坚持对蟑螂的药用价值进行研究，发明了治疗各种创伤、溃疡、结肠炎的“康复新液”等药品，先后获得省级特等劳模、全国先进工作者等称号。

1987 年 8 月上旬在昆明召开的“以身作则、教书育人经验交流会”和“先进基层、盟务积极分子表彰会”，是一次比较集中的用盟员的先进事迹进行自我教育的高潮。这两次会上共表彰了一百二十名在教书育人中做出成绩的盟员教师、十九个先进基层和一百八十名盟务积极分子，并出了专刊，发行四千份，介绍给《云南日报》《春城晚报》发表了十三篇，在盟内外起到了宣传先进、鼓舞先进的作用，推动了学习先进的活动。民盟云南省委在平常工作中，还通过《云南盟讯》不间断地以各种形式及时报道盟员在“两个文明”建设中的先进事迹和成就，激励盟员奋发向上，争做贡献。

本时期的宣传教育工作也有新的拓展:《云南盟讯》改版为四开报纸后，出版周期缩短，可读性、指导性均有所增强，受到盟员及社会的好评；云南盟史的编撰工作启动；自 1985 年起，在《云南年鉴》《云南省情》《当代中国》上重点介绍云南民盟的组织活动和工作情况，增强了社会对民盟的了解；加快推进撰写《云南民盟大事记》和《云南省志 · 党派志》中云南民盟部分的工作；成立了统战理论研究筹备组，着手组织力量开展研讨工作；

初步开展了领导和盟员之间以茶叙方式进行的对话，取得了良好效果。

三、加强基层组织建设

随着对统一战线方针、政策的逐渐深入宣传，民盟的性质、地位、任务、作用为更多的知识分子所了解。本时期中，云南民盟组织有了较大的发展，新盟员增多，新建市委一个、基层组织三十二个。到 1988 年一季度时，盟员已发展到三千二百七十七人，全省中两个州十个市都建立了民盟云南省委的直属组织，共有市委四个、基层组织一百一十六个，其中总支六个。

发展盟员的工作，坚持了“发展为了工作，在工作中发展”，注意质量的原则，发展基本上是健康的。新盟员中的绝大多数是文教、科技界的业务骨干，具有高级职称的盟员比例逐年提高。随着盟队伍地不断壮大，盟内出现了新成员多、新组织多、新干部多的“三新”情况。从 1987 年 8 月起，民盟云南省委考虑到自身的承受能力并恪守双月座谈会的协议，把注意力转到了盟组织的巩固、提高上。民盟云南省委积极贯彻民盟中央乐山会议精神，认真学习、贯彻民盟中央《关于基层组织工作若干问题的意见》，提高了全体干部对基层工作重要性的认识。从上到下，逐渐重视和加强了基层工作，使一些基层组织的工作开始有了起色，在组织建设上迈出了新的一步。

新、老盟员在各自的岗位上兢兢业业地为“四化”建设辛勤劳动，努力工作，受到党、政府和人民的高度评价。云南盟员在“两个文明”建设中贡献聪明才智，取得显著成绩。据不完全统计,截至1985年年底,云南盟员共计出版专著三百零八部,发表论文一千零五十一篇,译文六十七部(篇),取得各种科研成果二百四十三项,有一百四十五人获奖;有六百九十人分别获得全国、省、市和所在单位授予的劳动模范、优秀教师、优秀班主任、先进工作者等光荣称号,三百零一人受到各种表彰。还有二十二人到国外讲学或考察,一人两次获国外荣誉勋章,三人被收入《世界名人录》。至1988年年底,全省盟员中有一千零四十四人获得了全国、省、地、(州)、市、县授予的劳动模范、优秀教师、"三八红旗手"等各种先进称号,受到各级政府的奖励和表彰。

由于大批中年知识分子加入盟组织中,使云南民盟的成员年龄结构起了很大的变化,基本改变了老化现象,年龄结构渐趋合理。从界别分布来看,教育界、科学技术界和文化艺术界占比如下:教育界占百分之五十六点七;科学技术界占百分之三十二点一九;文化艺术界占百分之三点九四。上述情况说明,云南民盟的发展工作,基本上是符合盟的组织发展原则和组织路线要求的。

四、开展政治协商、民主监督

在各级人大、政协的各次会议上,担任人大代表、政协委员的盟员都以积极认真、求实的态度,对全省的"七·五"计划发表意见,就云南省和一些地区大政方针的制定、执行提出意见、建议,对腐败现象、不正之风提出批评。这些意见、建议涉及社会主义民主政治、经济、教育、科技、知识分子政策等许多方面,有的还从战略高度、宏观决策的高度提出见解。

1986年,民盟云南省委领导写信给中共云南省委书记普朝柱,建议听取专家、学者对云南省"七·五"计划的意见。此建议得到采纳,省计委两次召开"七·五"计划意见听取会,应邀参加会议的盟员都积极就涉及全局性的改革、建设、发展,对云南省"七·五"计划提出了意见,这些意见多被采纳。同年5月底,省人民政府经济技术研究中心、省政协、省科委、中国科学院昆明分院和省总工会组织专家、学者和工程技术人员赴文山州考察,探索文山州综合开发治理的路子。参加考察的九位盟员通过调查研究,既从宏观方面,又从农业、教育、矿业等方面对文山州怎样脱贫致富提出了政策性建议,在考察活动中起到骨干作用。此外,民盟云南省委还组织盟内有关方面的专家、学者就经济体制改革、科技体制改革、教育体制改革、改进职称评定工作等问题进行讨论、研究,向中共云南省委、省政府或有关部门提出书面建议,所有这些都为党委、政府、有关部门的民主决策、科学决策、改进工作提出了有益的意见,发挥了参政议政的作用。

除了较高层次的参政议政、民主监督的工作有了进一步开展之外,一些基层组织也结合本地区、本单位的中心工作,就改革、建设中的一些重大问题提出切合实际的意见、建议,发挥了民主党派应有的作用,既为民盟基层组织参政议政积累了新经验,也说明基层组织在改革和建设中同样可以发挥政治协商、民主监督的作用。如:民盟云南大学总支几年来坚持就学校的一些大政方针向校领导提出自己的意见,受到校领导的高度重视;民盟西双版纳州支部对《西双版纳傣族自治州自治条例》向州人大提出了三十一条修改意见,基本上被采纳;民盟昆明师专支部为学校的办学方向提出建议，校党委认为是“具有战略性的建议”，大部分被采用施行；民盟玉溪三中小组以主人翁的精神，为学校建设提出建议十条，有八条被采纳实行；民盟云南省设计院支部就院机构改革提出了建议，院领导认为其符合实际，很有价值，被授予二等奖；等等。

五、发挥智力优势，开展社会服务

云南民盟重视发挥智力优势，多方开展面向社会的智力服务工作。民盟云南省委根据实际情况，以办学、讲学为基础，以科技咨询为支撑，积极参与各级党政部门的支边扶贫和“星火计划”有关项目的实施。办学、办班、讲学的门类很多，涉及机电等十九个专业；办班的形式多样，有全日脱产班、业余学习班、文化学习的各种补习班，专业培训的辅导班等，培训人数逾万人。科技咨询服务的地点除本省外，远到四川、贵州等地。服务的内容也比较广泛，有林业资源调查等十五个方面的技术服务；完成了一百六十多项科技咨询项目、四十多项支边扶贫项目。这些服务，不少收到了较好的社会效益和经济效益。

盟员、云南农业大学教授黄础平于1986年至1987年中共应曲靖市委、市政府邀请，为提高烟草质量，深入产区，调查研究，提出栽培技术措施，进行科学指导，取得显著的社会效益和经济效益。使曲靖市烟草质量由原来全省的较差水平跃入先进行列。上、中等烟叶质量，由原来的百分之四十七点六提高到1987年的百分之九十五点四。经济效益大幅度提高，这些都是推广先进科技的结果，也是民盟为发展生产力，提供智力服务的成果。

为了更好地开展面向社会的智力服务工作，民盟云南省委于1984年成立了社会服务部。在民盟云南省委的支持下，继1985年成立了“昆明多学科咨询服务中心”之后，1987年又先后成立了“昆明社会医学科学研究所”“民盟设计事务所”等机构。

1986年12月，民盟云南省委召开社会服务工作会议

这一期间，面向社会智力服务工作的特点是，除民盟云南省委、昆明、个旧、大理、开远市委都在进行外，盟的一些地、州支部和在昆基层组织也开展了这方面的工作。他们都根据社会的需要，发挥自身的专业优势，多方面地为社会进行智力服务，取得了成绩，受到了有关方面的好评。

从1985年年底开始，民盟云南省委开展了“三胞”联谊工作，并为此成立了专门机构即“民盟云南省委联络委员会”。此后，根据主、客观条件，主要开展了提高认识、消除顾虑、摸清情况、搞好服务、提供信息的工作，通过座谈、听政策宣讲等方式，使一些心中尚存余悸的有“三胞”关系的盟员消除了思想顾虑，明确了政策，从而促进了与“三胞”的联系。通过调查，联络委员会初步摸清了全省近八百位盟员在港、澳、台和海外亲友的基本情况。协助一些盟员做好出访工作和他们的亲友回国探访的接待工作。有的盟员还为引进外资发展云南高等教育铺路搭桥，为建立昆明市与美国丹佛市的友好交往起到了媒介作用。此外，联络委员会陆续编发了《联络工作参考》十四期，帮助有“三胞”关系的盟员从中了解情况、沟通信息、提高认识。

六、民盟云南省第八次代表大会

随着改革和开放的深入，经济建设持续、稳定、协调发展，社会主义民主日益扩大，政治生活空前活跃。1987 年 10 月下旬，中国共产党召开第十三次全国代表大会，大会深刻阐述了社会主义初级阶段的理论，提出了党在这一阶段的基本路线，确定了加快和深化改革的任务。大会的精神，对今后统一战线的发展，对云南民盟的工作都具有十分重要的指导意义。在这种形势下，云南民盟于 1988 年 5 月 23 日至 27 日在昆明召开了云南省第八次代表大会，二百二十七名代表参加了会议。

这次大会的主要任务是：以中共十三大的精神为指导，总结云南民盟的工作，研究如何适应加快和深化改革的新形势，更好地为社会主义初级阶段的基本路线服务，为富民兴滇做出更大的贡献。

会议认为，中共十三大之后，我国的历史进入到一个新的发展时期，党中央提出要完善和发展共产党领导下的多党合作和协商制度,进一步发挥民主党派在国家政治生活中的积极作用,肯定民主党派是维护安定团结,进行“两个文明”建设的重要依靠力量,民盟肩负的历史任务更繁重了,地位和作用更明确了。会议号召云南盟的各级组织和全体盟员,在中共十三大精神的指引下,高举社会主义和爱国主义两面旗帜,更加紧密地团结起来,解放思想、振奋精神、同心同德、开拓前进,为维护安定团结的政治局面,为发展社会主义民主和完善社会主义法制,为促进云南省的“两个文明”建设和进一步推动社会生产力的发展,为祖国的和平统一和建设有中国特色的社会主义伟大事业做出应有的贡献。

大会在发扬民主、充分酝酿协商的基础土,选举产生了民盟云南省第八届委员会和出席第六次全国盟员代表大会的云南代表。通过这次换届改选,退下来的老同志共四十名,接近于全体七届委员八十二名的一半。新选举产生的第八届委员的平均年龄五十八岁,比上届委员的平均年龄六十六岁下降了八岁;候补委员的平均年龄五十岁,比上届候补委员的平均年龄五十四岁下降了四岁。第八届省委委员、候补委员中,五十五岁以下的四十六名,为总数八十八名的百分之五十六(民盟中央只要求三分之一左右)。1957 年以前的老盟员还在新一届委员会中留下二十名,占百分之二十四,其余六十八名都是 1979 年恢复组织以来加入民盟的,占百分之七十六。这些比例数字说明,新的领导班子会向年轻化又迈出了一大步,年龄结构趋于合理,体现了新老合作和交替的原则,既有利于领导班子的稳定性,又有利于工作的连续性。新的领导班子必将更加团结,更加有活力,更加能适应新形势、新任务的要求。

民盟云南省第八届委员会第一次全体会议选举杨明为主委，杨维骏、高国泰、袁德政、孟如（女）、陈永民、高晓宇为副主委，吕培炎为秘书长。

第九章

努力发挥新时期参政党作用

（1989 年—1996 年）

第一节　明确参政党地位
为跨世纪政治交接做准备

一、中共中央发布纲领性文件——中发〔1989〕14 号文件

1989 年 12 月 30 日,《中共中央关于坚持和完善中国共产党领导的多党合作和政治协商制度的意见》(中发〔1989〕14 号文件)(以下简称《意见》)正式向全国公布。

《意见》阐明了我国多党合作的一系列重要原则,全面总结了我国社会主义政党制度的历史经验,系统规范了中国多党合作的各项工作,在新中国的统一战线乃至民主政治发展史上具有里程碑意义,是我国进入新时期以来指导统战工作的纲领性文件。

《意见》对民主党派的性质做了全面的表述,充分肯定了"各民主党派是同中国共产党长期风雨同舟、患难与共的亲密战友,是我国爱国统一战线的一支重要力量,也是维护我国安定团结、促进社会主义现代化建设和祖国统一的一支重要力量"。并将此前多党合作的"长期共存、互相监督"的方针进一步发展为"长

期共存、互相监督，肝胆相照、荣辱与共”。

《意见》是中国共产党历史上第一个关于多党合作和政治协商制度的文件，宣告我国的基本政治制度在规范化、制度化的轨道上迈出了重要的一步。《意见》中明确指出：“中国共产党领导的多党合作和政治协商制度是我国一项基本政治制度。”“我国是人民民主专政的社会主义国家。中国共产党是社会主义事业的领导核心、是执政党。各民主党派是各自所联系的一部分社会主义劳动者和一部分拥护社会主义的爱国者的政治联盟，是接受中国共产党领导的，同中共通力合作、共同致力于社会主义事业的亲密友党，是参政党。”

《意见》第一次明确地把中国多党合作制度下的民主党派定性为“参政党”。并规定了民主党派参政议政和履行民主监督的基本内容、形式、渠道，规范了参政党与执政党、与人民代表大会、与各级政府及司法机关这四对关系之间的相互作用以及相互之间联系的内容和形式。即“一个参加、三个参与”：参加国家政权；参与国家大政方针和国家领导人人选的协商；参与国家事务的管理；参与国家方针、政策、法律、法规的制定执行。

二、加强参政党意识，努力发挥参政党作用

民盟中央要求全盟认真学习、宣传和贯彻中共中央〔1989〕14号文件精神和有关决定。云南民盟与全盟一道，在此后的工作中，认真学习、贯彻《意见》精神，积极按照《意见》中提出的方针、原则开展工作。

民盟云南省第八届委员会按照民盟中央的要求，带领广大

盟员认真学习贯彻文件精神，统一认识，坚定同中国共产党通力合作，不断加强全省盟员的参政党意识，积极发现和培养有参政议政能力素养的后备力量，将工作重心调整到参政议政、社会服务工作上来，并在工作中逐步明确“参政议政”工作为民盟云南省委工作的“第一要务”，努力发挥参政党作用，与全国人民同心同德，为建设民主、文明、富强的社会主义国家贡献力量。

三、为跨世纪的新老交替和政治交接做准备

云南民盟自成立之初，至民盟云南省九届委员会，均是以经历过革命时期民主运动考验、德高望重的民盟前辈担任主要领导的。他们是云南民盟组织的核心，也是广大盟员心目中的师长。他们个人的历史经历也早已成为云南民盟组织的一笔宝贵的精神财富。进入 20 世纪 90 年代后，这些前辈领导均已步入古稀之年。中国民主同盟的事业在云南薪火相传，必然需要一大批年轻有为、学有专长，能展示民盟组织新时期的形象，并带领广大民盟盟员不断进取，为国家各项建设事业建功立业的精英人才来继续完成。而在这几年，民盟云南省委部分领导班子成员的变故也加速了这种工作要求的紧迫性。

1990 年 2 月 15 日，民盟云南省委专职副主委高国泰在履职期间，因病医治无效在昆明逝世。

高国泰出生于 1918 年，云南新平人，彝族。高国泰在云南大学求学期间加入学生秘密组织“星火社”，1939 年大学毕业后，先后担任昆华工校教务主任和省立泸西师范校长。1945 年 11 月加入民盟，以教书为掩护，从事地下革命活动。担任过民盟主办

的《中国周报》经理，因从事革命活动被反动当局逮捕入狱，关押半年后经多方营救出狱。之后高国泰奉组织之命带一部电台赴滇西和滇东北参与争取、控制、策反地方武装的工作。云南解放后，高国泰积极参加人民政权的建设和民盟的组织活动，先后担任昆明市人民政府委员，昆明工业学校校长，民盟云南省委常委、副秘书长兼文教部部长。1957 年，高国泰被错划为“右派”，1979 年得到平反，重新走上民盟云南省委领导岗位，先后担任了民盟云南省委常委、秘书长、专职副主任委员，省政协常委、副秘书长，民盟中央委员和第七届全国政协委员等职务。

1990 年 9 月 28 日，民盟云南省委秘书长吕培炎在履职期间，因病医治无效在昆明逝世。

吕培炎出生于 1928 年，云南昆明人，汉族。吕培炎长期从事林业工作，是我国第一代森林调查队员，为云南的林业建设事业做出了贡献。吕培炎热爱专业、勤于钻研，深入实际调查研究，跑遍了云南一百二十多个县、区，先后参与滇西北、滇西南大林区及国营林业局、林场的勘察设计，负责过云南省屏边、邱北、镇雄、西双版纳等县、区的林业规划设计及综合考察；主编或参与编写了《西双版纳自然保护区综合考察集》《哀牢山自然保护区综合考察集》《云南经济地理》等书，负责制订了《云南自然保护区规划方案》；多次出席全国性的林业及生态学术研讨会，在各种专业刊物上发表过 10 余篇学术论文。1982 年 8 月加入民盟，是云南省政协第五届、六届委员会委员，第五届省政协副秘书长，民盟云南省第七届、八届委员会常委、秘书长。

1992 年 5 月 3 日，民盟云南省委副主委袁德政在履职期间，因病医治无效在昆明逝世。

袁德政出生于1930年，四川安岳县人，汉族。袁德政1952年自四川省立高等会计专科学校毕业后，先后在西南农业科学院、云南省农业厅、云南省维尼纶厂建设指挥部、云南省经济研究所工作，1984年6月调入云南省社会科学院，任农村经济研究所所长，直至去世。袁德政1981年3月加入民盟，1984年起先后当选为民盟云南省第七届、八届副主委，民盟中央委员；增补为省政协委员，当选云南省人民代表大会常务委员会委员、财经委员会委员；1987年12月获得云南省政府"有突出贡献的优秀专业技术人才"称号，次年获"云南省劳动模范"称号、"全国优秀科技工作者"称号、"全国五一劳动奖章"。袁德政在云南省农村经济、山区发展与经济、粮食问题、农业现代化、农村发展战略等方面提出了有见地的观点，在云南省农村经济研究领域做出了重大贡献。

1990年10月17日，民盟云南省委召开八届十六次常委（扩大）会议，鉴于高国泰、吕培炎两位常委逝世，会议决定增补周曾敏、何昆华为常委，任命冯齐为秘书长，并提请下次全委会追认。

1992年8月5日，民盟云南省第九届委员会第一次全体会议选举杨明为主委，杨维骏、陈永民（专职）、孟如（女）、高晓宇、周曾敏为副主委，冯齐任秘书长。

从1993年起，民盟云南省委加强了对中青年盟员骨干的培训力度，并对后备干部进行了较全面的建档、考察，从1995年起，陆续安排了一百二十七名新干部到盟的各级领导班子中，让他们在盟务工作和社会活动中锻炼成长。

至此，民盟云南省委为跨世纪新老交替和政治交接所做的准备工作已基本就绪，为民盟云南省第十届委员会老同志退出领导岗位、由新一代优秀盟员进入领导班子打下了基础。

四、民盟云南省第九次代表大会

中国民主同盟云南省第九次代表大会于1992年8月2日至5日在昆明召开，出席会议的代表有一百七十八名。

民盟云南省第九次代表大会以1992年3月9日至10日召开的中共中央政治局全体会议的精神和邓小平同志南巡讲话精神为指导，在认真学习邓小平同志重要谈话和中央有关文件的基础上，总结云南民盟八大以来的工作，研究云南民盟如何适应新形势的要求，在思想、组织和工作上进行必要的革新调整，提出今后的基本任务；选举新的一届省委员会；选举出席民盟七大的云南代表；通过政治决议。

会议认为，中共中央政治局全体会议精神和邓小平同志南巡讲话，是对党的十一届三中全会以来改革开放的经验总结，解决了建设有中国特色的社会主义的许多重要理论问题，对整个社会主义现代化建设事业有着重大的指导意义，是推动我们解放思想，更新观念，深化改革，扩大开放，发展经济，振兴云南的强大动力。民盟云南各级组织要切实推动盟员和所联系的知识分子，认真学习、深刻领会中共中央政治局全体会议精神和邓小平同志南巡讲话的精神，继续坚持贯彻执行党的基本路线，紧紧围绕经济建设这个中心，加强自身建设，积极参政议政，为富民兴滇做好事、做实事，为坚持和完善中国共产党领导的多党合作和政治协商制度做出新的贡献。

民盟云南省第九次代表大会选举产生了由六十七人组成的民盟云南省第九届委员会，选举了出席民盟全国七大的云南代表十八人，并推举了退下来的十二位老同志为民盟云南省委顾问。九届一次全委会上选举杨明为主委，杨维骏、陈永民、孟如（女）、高晓宇、周曾敏为副主委，（1995 年 1 月 17 日第九届三次全会增补倪慧芳、廖鸿志等十名较为年轻的省委委员，九届四次全委会 1996 年 6 月 15 日九届四次全会增补廖鸿志、倪慧芳（女）为副主委冯齐为秘书长。新领导班子体现了团结稳定、新老合作和交替的原则精神，年龄结构、知识结构更趋合理。

五、按照参政党要求加强自身建设

按照《中共中央关于坚持和完善中国共产党领导的多党合作和政治协商制度的意见》的要求，民盟云南省第八届委员会和各级盟组织认真落实民盟中央《关于当前加强思想建设和组织建设的若干意见》及《关于当前巩固、健全组织的意见》，做出了一系列加强自身建设的决定，确定努力目标，采取积极措施，逐步健全和完善盟的政党机制。

思想建设

根据形势的变化和盟员的思想实际，民盟云南省委本着正面教育、正确引导的原则，发扬自我教育的优良传统，通过召开各种会议，编发学习辅导材料，在《云南盟讯》上设学习专栏，民盟云南省委领导到基层宣讲，盟内专家教授做专题报告等形式，在盟内进行了坚持走有中国特色的社会主义道路的教育，继承和发扬民盟同共产党长期密切合作优良传统的教育，新时期爱国统一战线的性质、方针、政策、任务的教育，帮助盟员提高认识，增强在错综复杂环境里明辨是非的能力。

1991年，民盟云南省委和各级盟组织利用纪念民盟成立五十周年和中国共产党成立七十周年的时机，分别召开了纪念会、座谈会、报告会，举办盟史图片展览，集中地对盟员进行了一次革命传统教育和盟史教育。组织盟员学习江泽民总书记的“七一讲话”和《中国民主同盟简史》，请中共党委和盟组织领导人做报告，《云南盟讯》出专刊。通过上述活动，使广大盟员进一步认识到：民盟接受共产党的领导是历史的必然选择；有中国特色的社会主义道路是振兴中华、富民强国的必由之路；当代中国共产党人的庄严使命，也是民盟的庄严使命。

民盟云南省委还对盟员的思想状况进行调查，有针对性地加强以正面教育为主的经常性思想工作，组织盟员认真学习邓小平重要讲话和党中央关于加快改革开放步伐的文件，推动盟员为经济建设献智出力。由于加强了思想建设，绝大多数盟员加深了对建设有中国特色的社会主义的认识，加深了对“一个中心、两个基本点”的基本路线的认识。全省盟员的政治方向是明确的，思想状况是健康、积极、向上的。

民盟云南省第九届委员会履职的五年间，继续坚持把思想建设放在首位，紧紧抓住学习邓小平建设有中国特色社会主义理论这个中心，继续进行了形势任务教育、优良传统教育和盟员先进模范事迹的宣传，增进全省盟组织和盟员同共产党的共识，提高整体素质。

民盟云南省委领导班子带头搞好学习。民盟云南省委领导人参加了中共云南省委举办的学习《邓小平文选》读书班和中央社会主义学院的学习班，较为系统地学习建设有中国特色社会主义理论，还参加了全省“解放思想加快发展”大讨论。常委会也多次集中学习《邓小平文选》，学习江泽民总书记关于讲政治、讲学习、讲正气、讲团结的重要讲话，使民盟云南省委领导班子的思想政治水平和理论水平不断提高，进一步明确了民主党派讲政治，坚持正确的政治方向、政治立场，提高政治辨别力和政治敏锐性的重要现实意义，增强了坚持中国共产党领导的多党合作和政治协商制度，坚持走社会主义道路的自觉性和坚定性。

与此同时，民盟云南省委通过举办培训班、召开座谈会、请专家做报告、编发学习辅导材料、在《盟讯》上刊登学习心得等方式，推动全省各级盟组织和盟员搞好建设有中国特色社会主义理论的学习。各级盟组织还组织盟员学习中共十四大精神，学习中共中央提出的《爱国主义教育实施纲要》《关于加强精神文明建设若干重要问题的决议》和《关于国民经济和社会发展“九五”计划和2010年远景目标的建议》，学习中共云南省第六次党代会精神，帮助盟员提高认识，明确形势任务，树立正确的世界观、人生观、价值观。

民盟云南省委和各级盟组织还利用中国人民抗日战争和世界反法西斯战争胜利五十周年，“一二·一”爱国运动五十周年，李公朴、闻一多殉难五十周年，寸树声一百周年诞辰等时机，举办纪念活动，对盟员进行爱国主义、社会主义和优良传统的教育。1997年2月19日，中国改革开放的总设计师邓小平逝世，民盟云南省委和各地盟组织召开座谈会，撰写纪念文章，组织盟员收看北京追悼会实况转播，号召盟员以努力做好工作的实际行动，悼念邓小平同志，缅怀他的丰功伟绩。

五年里，《云南盟讯》始终坚持正确的办刊方向和舆论导向，在指导工作、沟通信息、发表言论、推动学习、宣传基层组织和盟员的先进事迹等方面，发挥了重要作用。

组织建设

民盟云南省第九届委员会认真贯彻落实民盟中央关于加强自身建设和九七换届的一系列指示，采取了许多积极措施和有效办法，逐步健全参政党机制。领导班子建设和后备干部队伍建设是民盟云南省委的工作重点，在基层组织建设和机关建设方面，民盟云南省委班子也有一些新的举措。

民盟云南省委按照新老合作的原则，在中共各级党委、党委统战部的支持和帮助下，先后完成了昆明、开远、个旧、大理四个市委，蒙自县委和四十六个省直属基层领导班子的改选换届；相继建立了云大、楚雄、文山、曲靖、玉溪、保山、西双版纳、昭通、东川、昆明水电设计院、西南地质勘查局、昆明工学院等地区和单位的总支委员会；解决了一些省直基层班子不健全、不团结的问题。民盟云南省委和各地盟组织还通过召开基层干部会、举办干部培训班、选送干部到中央和省社会主义学院学习等方式，培养盟务干部，逐步提高各级领导班子的素质和水平。

培养、选拔后备干部。从1993年起，采取同省社会主义学院联合办班的方式，先后对四批共一百九十五名中青年盟员骨干，进行了较为系统的邓小平建设有中国特色社会主义理论、市场经济体制知识、爱国统一战线方针政策和民主党派工作的学习和培训。在此基础上，对一百六十七名后备干部的情况进行了较全面的考察，建立了档案，并结合九七换届和新老交替工作，在九届三次和四次全会上，增补了十一名委员、六名常委、两名副主委。通过以上工作，使盟的各级领导班子政治水平、工作能力普遍得到提高，年龄结构趋于合理，带动不少基层组织的工作出现了新气象，并为完成民盟云南省委的九七换届，实现跨世纪的新老交替打下了基础，为盟的自身建设和向人大、政协、政府部门推荐干部储备了人才。

为了加强基层组织建设，发挥盟的整体作用，民盟云南省委领导人多次到省直基层组织开展调研，听取意见。1996 年民盟云南省委重新制定了联络员下基层的规定，要求机关干部定期下基层，做好为基层服务、为盟员服务的工作。在民盟云南省委和广大基层干部、盟员的共同努力下，基层工作有了改善，出现了一批班子团结、工作活跃、盟员热心盟务、组织凝聚力增强的先进基层组织，涌现出大量优秀盟员。1996 年 1 月，民盟云南省委召开了表彰会，交流和总结了经验，对三十四个先进基层组织和二百四十三名优秀盟员进行了表彰。

在加强组织建设的过程中，民盟云南省委重视提高机关效能、健全工作机制。通过完善各种规章制度、选送干部到社会主义学院学习、安排新干部到基层锻炼、选派中层干部到政府挂职、开展学习人民公仆孔繁森的活动，使机关干部的政治素质和工作能力得到了提高。从 1994 年起，民盟云南省委机关参照推行公务员制度，逐步完成了机关“三定”工作，每年严格考核干部和职工,健全了人事管理。民盟云南省委机关创建文明单位的工作也不断进步,连续三年被评为昆明市文明单位。民盟各市、县委机关也根据自身实际,在改进机关工作、加强制度建设、提高工作效率等方面做了不少工作,取得了良好成效。

在抓好以上工作的同时,组织发展工作有了新的进展。为了贯彻民盟中央关于“当前要把主要力量放在巩固组织,提高盟员素质上”的精神,从1990年起,民盟云南省委适当放慢了组织发展速度,严格了审批程序和手续,注重了新盟员的质量。要求各级组织按照发展方针和原则,有计划、有重点、主动地做发展对象的工作,将德才兼备、在社会主义建设中做出成绩、有一定代表性的人士发展进来。通过积极稳妥的工作,发展了八百零八名政治素质、业务水平都比较好的中青年知识分子入盟(其中百分之七十三是高、中级知识分子),为民盟的发展注入了新鲜血液。由于加强了自身建设,至民盟云南省第九次代表大会召开之前,全省共有五个市委、一个县委及二百八十个基层组织,盟员人数达四千八百二十六名。

第二节　积极参政议政

按照《中共中央关于坚持和完善中国共产党领导的多党合作和政治协商制度的意见》(中发〔1989〕14号文件)的精神和民盟中央提出的“积极参政议政,发挥参政党作用”的要求,民盟云南省第八届委员会以经济建设为中心,发动和组织盟员开展调查研究,积极发挥参政党作用。在省六届政协的历次会议上,民盟云南省委分别以民盟云南省委、各专门委员会和政协委员的名义，作了《当前的经济困难和需要解决的几个问题》《云南区域开发的“三层四线”设想》《关于“八五”期间省内粮食基本自给的几点建议》《关于我省机电产品出口中的问题及其建议》《建议成立“大农委”，加强对我省农业的领导》《关于九十年代云南经济发展的几点思考和建议》《建立云南地理数据信息系统》《乡镇企业发展中亟待解决的几个问题》等一百九十三件有关云南省改革和建设的大会发言和提案。其中，《关于我省机电产品出口中的问题及其建议》受到了中共省委领导同志的好评，《云南区域开发的“三层四线”的设想》《建立云南地理数据信息系统》受到了省政府有关部门的重视。

担任人民代表的盟员，密切联系群众，认真履行职责，反映人民群众的意见和要求。在省七届人大的会议上，对云南的经济发展战略、教育科技发展、知识分子问题等方面发表意见、提出议案。

上述工作，对于促进云南省完成“七五”计划、制订“八五”计划和十年规划起到了积极作用。

1991 年中共中央工作会议、中共十三届八中全会和邓小平同志巡视南方的重要讲话精神传达后，民盟云南省委及时召开了常委会和工业、农业、教育、科技、医卫等专题研讨会，通过会议发言和书面意见等形式，向中共省委、省政府有关部门反映，积极为云南的改革开放和经济建设献计献策。

全省各地盟组织也联系本地实际，通过人大会议、政协会议等渠道，就本地区的经济和社会发展规划、治理整顿、廉政建设、教育科技发展、生态环境保护、禁毒等问题，提出意见和建议，促进了当地的建设和发展。

为了提高参政议政水平，从1991年起，民盟云南省委组织了“议政日”活动，组织数百名盟员参加，进行专题研讨，并且采取“走出去，请进来”的方式，加强同政府部门的联系和合作。民盟云南省委先后邀请省教委、省计委、林业厅、机械厅、电子局、昆明市教委等政府部门的负责人参加盟内的有关会议，共同研讨云南林业发展、机电产品的生产出口、电子计算机生产、厂矿教育等问题；应邀参加有关部门的专题会议，参与研讨云南省的经济发展区域布局、加强高等院校学生的思想政治工作、繁荣社会主义文艺等问题，发表了很好的意见，受到了省计委、省高教工委等部门负责同志的重视和好评。民盟云南省委和各地盟组织还陆续与教委、科委等政府部门建立了对口联系。上述活动和工作，为“知情出力”创造了条件，使云南民盟的参政议政水平有所提高。

为了贯彻落实中共中央〔1989〕14号文件精神，民盟云南省委和各盟组织认真推荐盟员到人大、政协和政府部门任职。被推荐的盟员在担任上述职务中，作风正派、工作努力，普遍受到了有关部门和人民群众的赞扬。

民盟云南省委和各地盟组织还积极参与各级党委、政府进行的治理整顿工作。从1989年到1991年，民盟云南省委负责人和数十名盟员参加了省里和各地的清理整顿公司、廉政建设和财税物价检查，为治理整顿、深化改革做出了贡献。

民盟云南省委和各地盟组织认真履行政治协商、民主监督职能。民盟各级负责人多次参加中共各级党委、政府召开的民主协商会、情况通报会和座谈会，就完成云南省的“七五”计划、制订“八五”计划和十年规划，贯彻落实中共中央和中共云南省委的重要部署、重要人事安排等发表看法，提出意见和建议。全省各级盟组织还发动盟员参加人大、政协组织的各种检查、视察和专题论证，通过多种渠道发挥了政治协商、民主监督的作用。

民盟云南省第九届委员会按照民盟中央关于“在加快改革开放和现代化建设步伐的新形势下，全盟要努力把参政议政提高到一个新水平”的要求，先后组织了有关教育、科技、农业和办开发区和昆交会、经济发展的“两个根本转变”等问题的座谈讨论；在云南的民主党派中，民盟云南省委首次承担和完成了省科委下达的《云南计算机推广运用》课题研究；在中共云南省委统战部和省政协有关部门的支持和帮助下，先后开展了发展高新技术及其产业、政府经济部门职能转变、改善云南外商投资软环境、异地开发扶贫、加强精神文明建设等专题调研；加强了同省教委、省科委、省计委、省政府经济技术研究中心、省异地开发扶贫办公室等十多个政府部门的联系和合作，为搞好参政议政工作创造了条件。民盟云南省委领导人每年都参加中共云南省委、省政府和省政协召开的各种协商会、通报会、座谈会，对执行云南省经济和社会发展的“八五”计划、制订“九五”计划和2010年远景目标、规划区域经济的发展、实施“科教兴国”战略、贯彻教育改革与发展纲要、推进科学技术进步、发展爱国统一战线、重大人事安排等方面，积极参与协商，提出意见和建议。

民盟云南省委和盟员中的政协委员充分利用省政协会议这

一参政议政的重要场所，在省七届政协的历次会议上，先后提出了：《“复关”对我省的影响及对策建议》《市场经济中的非市场因素》《关于扩大云南对东南亚开放的几点建议》《加速发展我省高新技术及其产业的对策建议》《关于进一步加强廉政建设的几点建议》《我省民族教育发展的困难及建议》《开发区热应适度降温，对借开发区之名乱占滥用良田应采取果断措施制止》《关于净化青少年成长的环境》《关于加快小湾电站建设扭转我省供电被动局面》《云南中医事业发展中的问题与建议》《改善我省外商投资软环境建议》《加快我省城市化进程建议》等一百六十七件大会发言和提案。由于事先做了大量调查研究，这些发言和提案的质量都比较高，对于促进中共云南省委、省政府决策的民主化、科学化，加快云南省各项事业的发展，起了积极的作用。如：《“复关”对我省的影响及对策建议》经中共云南省委负责人看后，批转省人民代表大会和省计委参考；《关于云南电子计算机推广运用的对策和建议》《加速发展我省高新技术及其产业的对策建议》受到了省科委、省计委的重视；《我省民族教育发展的困难及建议》《抓住机遇加快云南全方位对外开放的几点意见和建议》《发展我省机电工业优势，克服薄弱环节，使之成为具有竞争能力的支柱产业》等九件提案，被评为省政协优秀提案。1996年底，民盟云南省委被省政协评为了优秀提案单位。

担任省人大代表的盟员，认真履行人民赋予的神圣职责，积极参加人大的各种会议和活动，参与对教育和文化市场、市政建设、环境保护、妇女权益保障、国有大中型企业改革的视察和执法检查，代表人民的利益坦诚建言。在省人大八届历次会议上，提出了云南省制订经济发展战略规划、发展边疆民族地区和贫困地区教育、实施《教师法》、开发澜沧江水利资源、保护生态环境、城市道路建设、住房制度改革、加强旅游业管理、制定农作物种子条例、领导干部廉政建设等一系列议案和意见,较好地发挥了人民代表的作用。

随着形势的发展,参政议政领域也不断扩大。民盟云南省委派出干部参加了中共云南省委、省政府、省纪委、省监察厅组织的对省林业厅、建设厅的检查和党政机关用车、领导干部住房的廉政建设检查,一批盟员到政府部门、司法机关任职、挂职和担任特约工作。到 1997 年为止,全省盟员中,共有二百五十七人担任各级政协委员,六十九人担任各级人民代表。在县以上各级机构中,有五人担任人大常委会副主任,十五人担任政协副主席,十九人担任政府部门负责人和副市(县)长,十八人担任特约监察员、检察员、教育督导员,四人担任省政府参事室参事。1993 年,民盟云南省委主委杨明率领由各民主党派负责人参加的云南省政府代表团访问新加坡,参加了新加坡至昆明航线的首航式。1994 年 11 月,民盟云南省委负责人随省政协代表团出访了老挝、泰国、缅甸等国。

与此同时,全省盟组织参政议政的整体作用得到了较好发挥。昆明、大理、个旧、蒙自、玉溪、昭通、文山、东川、保山、楚雄、曲靖、西双版纳等地盟组织,根据当地实际,围绕经济建设的中心,通过人大会议、政协会议和其他渠道,提出了不少好的意见和建议。这些意见和建议涉及贯彻教育改革和发展纲要、发展职业技术教育、民族区域自治、治理滇池污染、保护生态环境、开发旅游资源、公路建设、市政管理、农业发展、禁毒戒毒等许多方面。不少意见建议被当地党委和政府采纳实施,对促进教育、科技、经济和社会发展起到了积极作用。一些地方的盟组织还参加了当地党委、政府、政协组织的各种检查、考察和出国访问,开阔了眼界,增长了知识,提高了参政议政能力。

第三节　为"四化"建设服务为科教兴滇献智出力

按照民盟中央关于"要发动广大盟员,努力为社会主义现代化建设做好事、做实事"的要求,民盟云南省第八届委员会和各级盟组织继续把推动盟员钻研业务,做好本职工作,为"四化"建设献智出力,作为一项重要工作来抓。

在推动盟员做好本职工作的同时,民盟云南省委和各级盟组织根据云南教育、科技、经济相对落后的实际情况,结合自身的条件和优势,继续开展了以智力开发、支边扶贫为重点的面向社会,为"四化"服务工作。

民盟云南省委和昆明、西双版纳、开远等地的盟组织,继续通过多形式、多层次、多渠道,开展办学、讲学活动。先后开办了"工业经济管理""工业与民用建筑""乡镇企业管理""商业服务""幼师培调"、医士、财会、文秘、养蜂、文化补习等一百一十六个全日制班和短训班,培训学员七千五百人。还为昆明地区部分大中型企业的厂长、经理举办了"东南亚国家及港台地区经济系列讲座"。

通过办学讲学,为云南省的经济建设和边疆民族地区的发展培养了一批人才,受到了各级党委、政府的肯定和人民群众的欢迎。

1990 年以后,民盟云南省委逐步将社会服务工作的重点转到支边扶贫上来。先后组织了经济、科技专家赴思茅、红河、元阳、武定、双柏等贫困县,开展魔芋精粉生产、提高芭蕉芋酒的质量、砂金矿地质普查、发展蜂业等技术咨询服务。民盟云南省委还开展了宏观战略咨询服务,先后为寻甸、红河等贫困县制定发展战略提供咨询,组织有关专家参加了“红河州经济和社会发展战略鉴定会”。

昆明、文山、个旧、玉溪、东川等地盟组织,也积极为贫困地区进行了教育、科技、医疗卫生、矿山建设、提高产品质量等多方面的智力支边扶贫活动。

上述工作,逐步产生了良好的社会效益和经济效益,受到了贫困地区党委、政府的肯定和人民群众的欢迎。例如,武定县由于盟员专家匡邦郁等人的长期帮助,已从发展蜂业上找到了一条切合本地实际的脱贫致富路子。

民盟云南省委和各级盟组织继续开展了“三胞”联谊和妇女工作,调动各方面积极性,为“四化”建设服务。先后协助有“三胞”和海外关系的盟员接待亲友的来访和探亲,请出国回来的同志介绍出访观感,为促进对外文化科技交流合作,搞好云南的“三引进”工作,为祖国的和平统一做了有益的工作。民盟云南省委妇女委员会和各级盟组织通过举办各种活动,召开妇女问题专题讨论会,开展女知识分子问题调查,反映女知识分子的意见和要求,介绍女盟员的先进事迹,交流工作经验等方式,推动女盟员为社会主义现代化建设贡献力量。

在云南省的澜沧、耿马、东川、昭通、禄劝、武定、丽江、中甸等地先后发生自然灾害和1991年夏天安徽、江苏等省区遭受特大洪涝灾害时,全省盟组织和广大盟员发扬了爱国主义精神和与人民患难与共的光荣传统,捐钱捐物支援灾区,为国分忧,表达了对灾区人民的一片爱心,为灾区人民战胜困难、重建家园贡献了力量。

民盟云南省第九届委员会带领各级组织和广大盟员,在民盟中央和中共云南省委的领导和帮助下,学习党的路线、方针、政策,明确盟的性质、任务、作用,紧紧围绕为科教兴滇献智出力这个主题,发挥自身优势,群策群力,开展活动,在社会服务、智力扶贫、"三胞"联谊等方面做了很多工作,取得了一定成绩;一批组织和盟员在社会主义"两个文明"建设中做出了突出成绩,受到了表彰和奖励。

民盟云南省委和各级盟组织先后组织盟员学习贯彻《中国教育改革和发展纲要》《教师法》《教育法》和中共中央《关于科学技术进步的决定》《关于加强社会主义精神文明建设若干重要问题的决议》,积极推动盟员做好本职工作,以自己的行动实践费孝通同志提出的"为改革开放和现代化建设'出主意、想办法,做实事、做好事'做出新贡献"的号召。

为了推动干部学习市场经济和现代科技知识,从1993年起,民盟云南省委先后邀请厉以宁等盟内外著名专家学者和省科委领导,为昆明、个旧、开远、曲靖等地的知识分子和机关企事业单位的干部，作有关市场经济、边境贸易、“复关”问题、股份制与股票、现代科技发展、行政诉讼法等的专题报告。

1993年以后，民盟云南省委进一步推动了面向社会办学的进程，健全了办学机制，建立了民盟云南教育培训中心。本着“注重社会效益，保证教学质量，热情服务学员”的宗旨，扩大办学规模，开办了经济管理、建筑、财会、旅游、医士、电脑、法律、英语、中文等大、中专自学考试班，共招收了一万两千多人，为社会培养了不少人才，产生了良好的影响。1995年，民盟云南教育培训中心被评为昆明市社会力量办学先进单位。

智力支边扶贫是近年来民盟云南省委发挥自身优势，面向社会服务的一项重要工作。从1994年起，民盟云南省委贯彻中央和省里的扶贫攻坚计划，先后将新平县和文山县东山彝族乡确定为挂钩扶贫点，组织了专家赴新平、文山、石屏等县考察，根据当地实际，提出了发展蜂业、酿酒、果树种植、水利开发、良种牛羊养殖等脱贫致富项目。民盟云南省委为新平县扶贫示范点腊嘎底乡开发竹类资源，建立芒果种植基地提供技术指导；帮助文山县东山乡发展蜂业，开发林果种植业、畜牧业和加工业，培训各类技术人员四百多人，还为该乡兴办希望小学筹措资金，发动盟员捐款一万余元。1996年，民盟云南省委又两次组织盟内医学专家到文山县，帮助县医院提高医疗技术，指导医疗和为民办教师义务体检一千多例。

在面向社会，为两个文明建设服务中，各地盟组织也做了不少工作，通过定点挂钩扶贫，组织优秀教师、医学专家和各方面技术人员到贫困地区讲学、支教、义诊和开展技术咨询服务，受到了政府的奖励和人民群众的欢迎。如民盟昆明市委由于工作努力、成绩突出，被评为昆明市“为农村奔小康献计出力”先进单位；昭通总支长期帮助该市乐居乡的中小学，使学校教学质量不断提高，受到了群众的赞扬。

为了充分调动各方面力量为社会主义现代化建设服务，民盟云南省委还继续做好“三胞”工作，推动有“三胞”关系的盟员开展联谊活动，利用各种关系为云南的“三引进”工作牵线搭桥。民盟云南省委还为女盟员参政议政，参与盟的各项工作创造条件，提供舞台。不少女盟员在本职工作和盟务活动中表现了卓越才干，做出了贡献。

按照中共云南省委、省政府有关部门的要求，民盟云南省第九届委员会完成了《云南年鉴》《新编云南省情》中有关章节和《党派志·民盟编》的撰写工作，协助解决了在文山县建立楚图南纪念铜像的有关困难，推动精神文明建设和爱国主义教育。

全省盟员在本职岗位上兢兢业业，勤奋工作，在社会主义物质文明建设和精神文明建设中发挥了重要作用，在群众中树立了良好的形象。到1997年为止，有六十六名盟员被评为省级以上的劳动模范、优秀教师、先进工作者，一千二百一十三名盟员受到了县级以上地区和单位的表彰和奖励，四十三人享受政府颁发的有突出贡献专业技术人员特殊津贴。此外，一千五百二十二名盟员获得了各种高级专业技术职称，其中有中科院院士一人、博士生导师五人。

第十章

建设适应时代发展要求的高素质参政党

（1997 年—2006 年）

第一节　跨世纪的新老交替和政治交接

1997年,江泽民同志在与民主党派、工商联新老领导人座谈时说:“进一步搞好政治交接,是民主党派、工商联各级组织当前和今后一个时期自身建设的首要任务。”推进新老交替基础上的政治交接,深入分析研究、认真解决政治交接中存在的主要问题,建立长效机制,切实保障民主党派在长期发展建设中新老交替与政治交接的同步实现,是跨世纪新老交替和政治交接的重要任务。

1997年上半年进行的民主党派、工商联换届,是一次跨世纪的换届。通过换届既实现了组织上的新老交替,为民主党派增添了新的生机与活力,同时也在实现政治交接方面迈出了重要的一步。政治交接也是在1997年各民主党派、工商联顺利实现跨世纪新老交替的历史关头提出来的。从政党学角度考察,这是一个全新的概念。“交接”的含义是涉及“交”与“接”的双向互动,包含了有交有接,要交能接等丰富内涵。民主党派的政治交接,是上一届领导集体把本党派的政治思想和综合政治素质交给下一届领导集体,并使之保持、延续和与时俱进地不断丰富完善,也是使民主党派的政治主张、政治观念、政治信念、政治原则、政治态度、传统作风等由上一届领导集体平稳地交给下一届领导集体,使之得到保持、延续能与时俱进地落实到思想和行动之中。其核心内容主要有以下几个方面:坚持走中国特色社会主义政治发展道路;增强接受中国共产党领导的自觉性和坚定性;巩固多党合作和政治协商的政治基础;继承和发扬民主党派老一辈领导人长期以来与中国共产党团结合作形成的政治信念、优良传统和高尚风范;要自觉地、与时俱进地不断丰富政治交接的内涵。因此,坚定的政治立场、正确的政治方向、鲜明的政治态度、强烈的政治责任、严明的政治纪律、丰富的政治经验、高尚的政治品德,成了这一时期民主党派政治交接的主要内容:与时俱进、励精图治、锐意开拓创新,成为这一时期民盟工作鲜明突出的特点。

民盟各级组织在面临着实现跨世纪的新老交替和政治交接的重大历史任务的同时,也面临着机遇与挑战并存的复杂局面。在这样的背景下,民盟云南省委在民盟中央和中共云南省委的领导下,在中共云南省委统战部的指导帮助下,着眼于民主党派的政治路线和政治纲领的延续和发展,着眼于与共产党亲密合作关系的延续和发展,着眼于民主党派老一辈领导人的政治立场、优秀品格和优良作风在新一代领导骨干和代表人物身上延续和发展,把政治交接提上了议事日程,作为工作的重中之重加以研究落实,并从理论与研究的结合中,创造了一些新典型、新经验,并就云南民盟怎样建设和发展,如何履行职能、发挥作用等方面进行了艰辛的探索。

一、民盟云南省第十次代表大会

1997 年是中国历史上重要的一年,有两件大事尤其引世人瞩目:一是中国政府恢复对香港行使主权,二是中国共产党召开第十五次全国代表大会。对于中国民主同盟来说,1997 年同样是一个重要的年份,第八次全国代表大会在本年度内召开,顺利完成跨世纪的新老交替和政治交接。

在民盟第八次全国代表大会召开之前,民盟云南省第十次代表大会于 1997 年 5 月 7 日至 9 日在昆明举行。杨明致开幕词,陈永民代表民盟云南省第九届委员会做《努力做好工作,为建设有中国特色社会主义贡献力量》的工作报告。与会代表审议并通过了工作报告。

大会认为,民盟作为参政党,要以"讲政治"的精神贯穿工作的始终,增强参政党意识。盟的各级领导要提高政治辨别力和政治敏锐性,做到政治立场坚定、政治方向正确、政治态度鲜明、政治纪律严明。唯有这样,才能更好地坚持和完善中国共产党领导的多党合作和政治协商制度,发展爱国统一战线。大会要求:全省各级盟组织要深入调查研究,反映社情民意,立足本职,面向社会,为两个文明建设做实事、做好事;广泛开展"三胞"联谊活动,迎接香港、澳门回归,促进祖国和平统一;切实加强盟的思想建设和组织建设,改进机关作风,提高整体素质,逐步健全参政党机制,使云南民盟以崭新的面貌跨入二十一世纪。

在本次大会上,根据盟章的规定和换届有关文件的精神,全体代表一致推荐杨明为本届委员会名誉主委,杨维骏、陈永民为名誉副主委；大会经过全体代表认真的酝酿讨论，选举产生了民盟云南省第十届委员会。十届一次全会选出了新一届常委、主委、副主委，任命了秘书长，为民盟云南省委顺利、稳妥地实现跨世纪的新老交替和政治交接迈出了重要的一步。会议还选举了出席民盟全国第八次代表大会的云南代表十三名。新一届民盟云南省委共有七十一名省委委员，体现了新老合作和团结稳定的格局。

民盟云南省第十届委员会主任委员：高晓宇；副主任委员：孟如（女）、周曾敏、廖鸿志、倪慧芳（女）、施哲；秘书长：刘建群（刘建群于1999年2月卸任，1999年2月民盟云南省委十届三次全会任命赵国贤为秘书长）。

二、适应时代发展要求，努力建设高素质参政党

民盟云南省第十届委员会任期的五年是世纪之交的五年。民盟顺利实现新老交替后，带领全省各级盟组织按照中共十五大和民盟八大精神，结合云南实际，团结全省盟员，围绕党和政府的中心工作，积极发挥参政党作用，努力为全省的改革、发展和稳定做贡献。

加强领导班子建设，努力搞好政治交接

在发展社会主义市场经济和对外开放的条件下，如何保持民主党派的政治方向、优良传统和特点不变，是摆在民主党派面前的一个现实而重大的课题。本年全国民主党派换届的主题就是在组织上完成了新老交替后，要把政治交接作为一项长期的战略任务。各民主党派按照1997年2月中共中央总书记江泽民

在党外人士迎春座谈会上提出的“三个延续与发展”的要求:着眼于各民主党派政治纲领更好的延续与发展;着眼于民主党派与中国共产党亲密合作关系更好的延续与发展;着眼于民主党派老一辈领导人的坚定政治信念、优秀品质和优良作风更好的延续与发展。

政治交接,就是在实现了组织上的新老交替之后,还要把民盟和中国共产党在长期风雨同舟、荣辱与共、团结合作的实践中所形成积累的基本经验继承下去,发扬光大。1997 年民盟云南省委换届后,民盟云南省第十届委员会深切感到在当前国际、国内新形势下进一步提高理论水平、丰富实践经验的重要性和紧迫性。领导班子成员通过深入学习,不断提高政治敏锐性和政治鉴别力,提高坚持中国共产党领导的多党合作和政治协商制度的自觉性和走具有中国特色社会主义道路的坚定性,在新的历史条件下,保持民盟的政治方向不变、优良传统不变、优势和特点不变。在面对党和国家的各项重大改革措施和政策出台,以及以美国为首的北约轰炸我驻南使馆、李登辉抛出“两国论”、李洪志及其“法轮功”邪教组织进行非法活动、美国战机撞击我军用飞机等国内外重大事件时,民盟云南省委和各级组织旗帜鲜明、立场坚定、态度坚决,带领全省盟员自觉同中共中央、中共云南省委在思想上、政治上、行动上保持了一致。

民盟云南省委认真贯彻民主集中制,坚持“集体领导、民主集中、个别酝酿、会议决定”的原则,按照民主程序办事,充分发挥领导的积极性和主动性,分工负责,团结协作,发挥整体作用,提高了驾驭全局的能力。领导班子成员还坚持召开民主生活会,开展积极的批评和自我批评,逐步树立起讲团结、顾大局、真抓实干、开拓进取的作风。全省各级盟的领导班子也通过加强学习,改进作风,贯彻民主集中制,树立"讲学习、讲政治、讲正气"风气,不断提高领导水平和自身素质,推进了全省盟组织的政治交接和各项工作的顺利开展。

认真履行参政议政、民主监督职能,为两个文明建设服务

民盟云南省委第十届委员会成立后,认识到在新形势、新任务、新情况下,履行好参政议政基本职能的重要性和必要性。为了充分发挥专门委员会作为参政议政参谋班子的作用,民盟云南省委及时调整充实了原有的教育、科技、文化、经济、联络五个专门委员会,又先后组建了法制委员会和人口资源环境委员会。七个专委会积极认真地开展工作,为民盟云南省委的参政议政做出了重要贡献。

民盟云南省委围绕中共云南省委、省政府的中心工作和云南经济社会发展战略,结合自身优势和特点,找准切入点,先后组织了科教兴滇、金沙江流域生态保护、加快城市化进程、深化高校管理体制改革、民办高等教育发展、培育农村消费市场、培育资本市场等十六个专题调研。在此基础上,提出促进云南经济、社会发展的意见建议,为中共省委、省政府决策提供参考。

在八届省政协的历次全会上,民盟云南省委及盟员中的政协委员共提出大会发言和交流材料五十份、提案三百四十五件,占五年来省政协立案总数的百分之十点六,比上一届省政协期间提出的提案增加了一倍多。大会发言和提案的质量也有明显提高。其中:有十二件被省政协列为重要提案;《加快我省城市

化进程建议》《对启动和发展我省农村消费市场的意见》《抓住西部大开发的有利时机，加快云南境内金沙江流域生态环境治理与保护》《努力为西部大开发营造良好的法治环境》《滇池污染治理的新思路——换位置保滇池》《关于我省农村剩余劳动力转移的建议》等意见、建议，具有较高的前瞻性和科学性；民盟云南省委提出的《长江源及长江上游环境治理的建议》和《民办高校的现状、问题、建议》，先后被民盟中央采纳，形成了民盟中央在九届全国政协第三、第四次会议上的提案和大会发言，产生了较大的影响。2000 年 8 月，由民盟云南省委承办的“民盟第十二次部分省市高教研讨会”召开，对构建高等教育的质量保障体系、大力发展民办高等教育等问题进行了深入研讨。与会代表共同探讨我国高等教育的改革与发展，为西部大开发献计出力。民盟中央主席丁石孙、中共云南省委书记等领导出席会议并讲话。

在中共云南省委、省政府召开的协商会、座谈会、通报会上，民盟云南省委领导和盟内专家学者就制订云南省的“十五”计划、实施经济社会发展战略、中共云南省委和省政府工作报告、贯彻全国统战工作会议精神、重要人事安排等重大问题参与协商，提出意见建议，许多意见和建议被采纳和吸收。

各地盟组织在认真开展调研的基础上，就当地制订“十五”计划、实施发展战略，以及教育、文化、医药卫生、城市发展、旅游开发、生态环境保护、产业结构调整、国有企业改革、民营经济发展、政府职能转变、下岗职工再就业等方面积极建言献策。五年中，据不完全统计，各地盟组织通过政协会议等渠道共提出提案和建议一千三百多件。不少意见建议被当地党委、政府采纳，在经济社会发展中发挥了积极作用。一些地方的盟组织和盟员还参加了当地的行风检查和执法检查。

五年中,民盟云南省委推荐了两人担任特约检察员,两人担任省政府特约法制督查员,九人担任特约监察员、特约教育督导员和特约行风评议员,还有两人分别被聘为省政府顾问团顾问和省检察院专家咨询委员会专家。盟员中,有七人担任省人大代表、两人担任全国政协委员、四十二人担任省政协委员,二百一十六人担任省级以下各级人大代表、政协委员。其中:担任县级以上各级人大常委会副主任四人、各级政协副主席十九人。一些盟员担任政府和企事业单位的行政领导职务。这些同志认真履行职责,反映群众的意愿和要求,勤政廉洁,尽职尽责,受到了各方面的好评,为民盟树立了良好形象,扩大了民盟的社会影响。

社会服务是围绕中心、服务大局的一项重要实践活动。本着为现代化建设"出主意、想办法,做实事、做好事"的精神,五年间,民盟云南省委继续帮助挂钩扶贫的文山县东山乡修路、通电、义诊、培训人才、解决饮水问题、创办希望小学、引进先进技术和农作物新品种,为该乡解决温饱问题做出了应有贡献;协助民盟中央社会服务部,在贵州兴义开展扶贫工作,收到了实效;在昭通开展智力扶贫,完成了《昭通市昭阳区城镇发展带动战略》课题研究。由于工作成绩突出,民盟云南省委被中共云南省委、省政府授予"挂钩扶贫先进单位"。全省盟组织努力克服困难,继续坚持办学工作:民盟云南省委自学考试辅导站被省自学考试指导委员会授予"自学考试先进集体"。在 1999 年昆明世界园艺博览会举办期间,民盟云南省委积极开展了有关的宣传工作,制作了世博会图片在昆明和各地州展出;《云南盟讯》出了贺世博专刊;民盟云南省委还接待了多批来自全国各地参加世博会的有关人员;不少盟员直接参加了世博园的筹建和文艺作品创作,为世博会的成功举办贡献了力量。

各地盟组织发挥自身的特色和优势,立足自身实际,坚持开展了支教、办学、挂钩扶贫、"三下乡"活动、法制宣传教育、为下岗职工服务等社会服务工作,受到了当地党委、政府和人民群众的好评,也为民盟搞好参政议政提供了不少实践经验。

在改革开放和现代化建设的伟大实践中,广大盟员勤奋努力,兢兢业业地做好本职工作,取得了许多可喜的成果;不少盟员获得全国和省、部级先进工作者、优秀教师、"三八红旗手"等荣誉称号或受到表彰;有的盟员在全国科技大会上受到了表彰和奖励,为两个文明建设做出了积极贡献。许多盟员还参与献爱心活动,捐款捐物援助贫困地区和受灾群众,体现了盟员的高尚情操。在1999年昆明世界园艺博览会举办之际,民盟云南省委动员和组织盟员为大会的成功举办贡献力量。

加强自身建设,努力建设高素质参政党

进入新时期以来,民盟组织发生了两个显著变化:一是参政议政、民主监督成为民盟的基本职能,参政与监督的任务越来越重,要求越来越高;二是与过去相比,民盟不但组织规模扩大了,而且八十年代以后入盟的盟员已成为组织的主体。为适应建设高素质参政党的要求,迫切需要民盟全面加强自身建设,提高全体盟员的整体素质,把民盟全省各级组织建成政治坚定、组织巩固、机制健全、工作创新的高素质参政党组织。

五年间，民盟云南省委从适应新形势、新任务的需要和长期坚持中国共产党领导的多党合作和政治协商制度的战略高度出发，认真贯彻《各民主党派中央关于加强自身建设若干问题座谈会纪要》和《民盟中央关于加强后备干部队伍建设的意见》《中国民主同盟组织发展暂行条例》，狠抓落实工作，使自身建设有了新的进展。

1. 以理论学习为先导，加强思想建设

根据国际国内形势及民盟是进步性与广泛性相统一的政治联盟的特点，民盟云南省委按照从实际出发，突出重点、讲求实效的工作思路，把中国共产党领导的多党合作和政治协商制度作为深入学习和宣传的重点。通过学习，深刻领会这一制度是适合我国国情的基本政治制度，是我国政治制度的特点和优点，加深了对当前形势任务的理解和认识。

为了增强学习的针对性和实效性，民盟云南省委还开展了盟员思想态势调查，组织盟内同志到各地做专题报告，坚持对学习情况进行了四十五期测评，不仅对盟内的理论学习产生了积极的效果，而且对盟基层组织所在单位和地区产生了良好影响。2000 年 12 月民盟云南省委在昆明召开了学习邓小平理论研讨会，来自全省各基层组织的六十多位同志交流了学习邓小平理论的经验和体会；各地盟组织也组织了多种形式的邓小平理论学习，召开理论研讨会。这些活动，对推进全省各级盟组织和盟员深入学习邓小平理论，增强学习理论的自觉性和实效性起到了积极作用。1999 年 6 月，民盟中央主席丁石孙来到昆明，走访了民盟云南省委机关，与民盟云南省委常委、各基层负责人和机关部室的同志座谈。

全省各级盟组织结合中共十一届三中全会召开二十周年、人民政协和新中国成立五十周年、中共中央〔1989〕14号文件发表十周年、香港澳门回归、中国共产党成立八十周年和民盟成立六十周年等大事、喜事，开展形式多样的社会主义、爱国主义、国情、国史和民盟优良传统教育，增强广大盟员坚持共产党领导、走建设有中国特色社会主义道路、坚持基本路线和基本政治制度的信念和决心。全省各级盟组织为庆祝新中国成立五十周年、中国共产党成立八十周年，纷纷举行庆祝会、座谈会、专题报告会，组织书画展、诗歌朗诵、征文评选，收看庆典活动电视直播，表达欢乐情怀，受到了社会主义、爱国主义教育。在民盟成立六十周年的时候，民盟云南省委在昆明人民胜利堂举行了隆重的纪念大会，来自昆明和各地、州盟组织的代表共一千二百多人满怀喜悦与自豪参加了纪念会；全省各地盟组织也举行了形式多样的纪念活动，在盟内外产生了较好的影响。

在理论学习和思想建设中，《云南盟讯》和各地《盟讯》坚持正确的政治方向和舆论导向，结合形势任务的需要，积极进行宣传教育，发挥了盟内思想宣传阵地的重要作用。为了搞好对外宣传，民盟云南省委还直接组织了一百六十多篇稿件在各种报刊上发表。

2. 重点深入、分类指导，帮助基层开展工作

针对盟的基层组织长期存在的组织发展困难，基层活力不强等问题，民盟云南省委采取“重点深入、分类指导”的方法，先

后分类深入各基层调研，认真分析情况，帮助基层组织解决存在的困难和问题。民盟云南省委先后召开了在昆高校基层组织发展工作会、科技口基层组织工作会，在昭通召开地方和基层组织工作研讨会，协助滇东南片盟组织召开盟务工作研讨会，研究解决的办法和措施。民盟云南省委还邀请在昆各高校党委统战部和各地州党委统战部的负责同志座谈协商，争取对基层组织的支持和帮助。民盟云南省委领导还深入蒙自、个旧、文山、东川等地和一些在昆直属基层组织调研，进行基层组织状况和盟员思想动态调查，摸清基层情况。在此基层上，组织盟员学习贯彻《中国民主同盟组织发展暂行条例》《民盟中央关于加强后备干部队伍建设的意见》等文件精神，有重点、有针对性地推进基层组织建设，对于会议提出的解决办法和措施，民盟云南省委和各基层组织抓紧了落实工作，认真制订计划、发展组织、开展活动，加强督促检查，使工作收到了实效。通过召开科技口基层工作会等措施，进一步加强经过一段时间的努力，科技口基层组织的状况逐步改观，高等院校盟的组织发展得到改善，一些基层组织培养了新的工作骨干，充实了领导班子，促进了基层组织建设。全省盟的基层组织围绕本单位本地区的中心任务积极开展工作，发挥了应有的作用。

3. 坚持组织发展同后备干部队伍建设和参政议政需要相结合，积极发展新盟员

民盟云南省第十届委员会成立时，面临盟员年龄偏大、离退休人员比例较高的状况。经过多次认真地分析研究和准备，民盟云南省委于1999年10月在昆明召开了组织宣传工作会。会

议强调,任何时候都不应降低标准,追求发展数量,在当前情况下更要注意把好质量关,坚持“三个为主”和“发展为了工作,在工作中发展”的方针;在坚持质量标准的前提下,千方百计地进行组织发展工作;把组织发展同后备干部队伍建设和参政议政需要相结合,从源头抓起。各级盟组织积极落实会议精神,发展了一批政治、业务素质和群众基础都比较好的新盟员,为盟组织补充了新鲜血液,增添了活力。为了加强对新盟员的培训工作,民盟云南省委先后举办了三期中青年盟员培训班和全省专职干部培训班,共有三百余人参加了培训,同时把他们放到盟的工作实践中锻炼培养,不少人迅速成长为盟务工作和参政议政工作的骨干。

经过五年的努力,全省共发展了新盟员一千零四十七人,平均年龄三十七点二岁。在保持文教科技界别为主的同时,也发展了一些法律、经济界的盟员,使盟员整体的知识结构有所改善。至2002年民盟云南省第十一次代表大会召开时,全省共有盟员五千六百六十多人,与1997年相比,知识层次较高人士比例上升了九点九个百分点,盟员平均年龄下降一点三八岁。

4. 地方组织建设取得新进展

民盟云南省委按照建设高素质参政党的要求,加强了全省盟的地方组织建设。民盟云南省委领导多次到曲靖、玉溪、红河、大理、西双版纳等地州,了解当地盟组织的情况,考察领导班子人选。在中共党委和统战部门的支持和帮助下,先后建立了民盟曲靖市委、玉溪市委两个地级市的地方委员会和民盟昭通(县级)市委、昆明市东川区委两个县级地方组织,民盟大理州委、红河州委、西双版纳州委和昭通(地级)市委的筹建工作逐步推进,使全省盟的地方组织建设迈出了新步伐。

5. 加强机关建设

五年间,民盟云南省委重视机关建设,采取了中层干部轮岗、全员集中培训、健全岗位责任制、参照实行公务员管理等措施,加强了机关干部的学习、教育、管理,使机关作风有所改善,工作质量和效率得到提高。民盟云南省委机关还按国家规范完成了积留五十余年的资料、档案的清理、立卷、移交工作,受到了云南省档案局的通报表彰。通过加强机关文明建设,民盟云南省委机关再次被评为市级文明单位。

各地盟机关也加强了工作的规范化、制度化建设。通过改善机关办公条件、建立健全规章制度、充实机关工作人员、加强专职干部的教育培训,增强了机关干部的敬业奉献精神和为基层服务的意识,促进机关工作向务实、高效、优质的目标前进。

第二节　为促进和谐云南建设贡献力量

一、民盟云南省第十一次代表大会

民盟云南省第十一次代表大会于 2002 年 5 月 17 日至 19 日在昆明召开。中共云南省副书记、省政协主席杨崇汇,民盟中央副主席俞泽猷等出席了会议。廖鸿志致开幕词,高晓宇代表民盟云南省第十届委员会向大会做题为《与时俱进,开拓创新,努力建设高素质参政党》的工作报告,倪慧芳致闭幕词。

大会以邓小平理论为指导，认真学习了江泽民同志的“七一讲话”和中共云南省第七次代表大会精神，审议并通过了《工作报告》，选举产生了民盟云南省第十一届委员会和云南出席中国民主同盟第九次全国代表大会的代表，推举杨明为本届委员会名誉主委、杨维骏为名誉副主委。

这次代表大会是云南民盟新世纪的第一次盛会，将继续实现民盟云南省委领导班子组织上的新老交替和政治上的顺利交接。这次大会是保证民盟的事业长盛不衰、后继有人，发扬优良传统，继续坚持和完善中国共产党领导的多党合作和政治协商制度，更好地适应新世纪新形势新任务要求的一次很重要的大会，对于云南民盟在新世纪完成肩负的历史使命，建设高素质的参政党，具有重要而深远的意义。

大会认为，过去的五年，全省各级盟组织和广大盟员以邓小平理论为指导，认真学习江泽民同志“三个代表”重要思想，深入贯彻全国统战工作会议精神，不断加强自身建设尤其是领导班子建设，围绕中共党委和政府的中心任务，在政治协商、民主监督、参政议政和为现代化建设服务等方面做了大量卓有成效的工作，为云南的改革、发展和稳定做出了贡献。

会议选举产生了民盟云南省第十一届委员会，并选举了二十六名出席民盟全国第九次代表大会的云南代表。此次选举换届，新老交替的幅度较大，是一次适应形势发展变化，在一定程度上带有改革意义的换届，一些知识层次较高、具有代表性和影响力的年轻同志进入民盟云南省委领导班子。新选举的第十一届省委由七十三名委员组成，体现了民盟的界别特色。其年龄结构和知识结构更趋合理，是一个具有代表性和影响力的领导集体。

民盟云南省第十一届委员会主任委员：高晓宇，副主任委员：陈龙江、廖鸿志、倪慧芳（女）、施哲、戴抗（女）、邹丽春（女），秘书长赵国贤。民盟云南省委十一届二次常委会增补表决通过陈龙江同志任专职副主委，在之后的主委会议上又决定任命其为常务副主委。

二、提高参政能力，促进科学发展

2002年全国民主党派的换届是民主党派新一代领导人主导的第一次换届，也是新世纪的第一次换届。重点强调要巩固和发展政治交接的成果，提出建设高素质参政党和怎样建设高素质政党的问题。

经过在一定程度上带有改革意义的选举换届后的新一届民盟云南省委领导班子，在履职的五年里，在民盟中央和中共云南省委的领导下，团结带领全省广大盟员，坚持以邓小平理论和“三个代表”重要思想为指导，贯彻落实科学发展观，不断加强自身建设，提高参政能力，切实履行参政党职能，努力开创全省民盟工作新局面，为云南经济建设、政治建设、文化建设与社会建设做出了积极的贡献。

围绕政治交接，切实加强政治思想教育

五年间，民盟云南省委坚持以政治交接为政治思想教育的主线，加强政治理论学习，弘扬民盟精神和传统，为坚定不移地走中国特色政治发展道路奠定坚实的思想基础。

1. 加强政治理论学习,夯实多党合作的思想基础

民盟云南省委认真贯彻民盟中央九届八次中常会精神,在思想教育中以人为本、细雨润物、求真务实。坚持理论与实践相结合、与学习时事政策相结合,平时的点滴积累与关键时刻的积极引导相结合,坚持以基层工作为重点,以先进典型教育和激励广大盟员,坚持自我教育为主,努力营造宽松、团结、和谐与平等交流的良好氛围。

五年间,民盟云南省委有计划、分步骤、多层次、多形式地组织了一系列的学习、座谈、交流、研讨及培训活动。一是开展思想教育巡回讲座。五年来民盟云南省委不定期邀请盟内外专家、学者为在昆直属基层组织盟员做形势报告,到十个州、市就“三个代表”重要思想、科学发展观、构建社会主义和谐社会、民盟精神和优良传统等方面举行了巡回专题讲座三十多场次,近五千人次听取了讲座。二是建立了学习信息资料库,编印了六十多期政治学习材料和八十多期政治思想自测题,推动常委、委员及各级盟组织的学习。三是通过举办各种纪念和节庆活动开展爱国主义、社会主义教育,如开展邓小平诞辰一百周年纪念活动等。全省各级盟组织和广大盟员也以多种形式切实加强学习,如民盟昆明市委在继续坚持常委写学习论文制度的基础上,通过开展全市基层组织学习主题化活动,提高盟员学习的针对性和有效性。

2005 年 2 月,中共中央颁发了《中共中央关于进一步加强中国共产党领导的多党合作和政治协商制度建设的意见》(以下简称《意见》)。《意见》坚持以邓小平理论和“三个代表”重要思想

为指导,在认真总结历史经验的基础上对中国共产党领导的多党合作和政治协商的原则、内容、方式和程序等作了科学规范,是指导新世纪新阶段我国多党合作事业的纲领性文件。民盟云南省委及时发出学习通知,提出学习要求,并重点抓好主委、副主委、常委、委员及机关干部四个层次的学习,常委会按《六项政治准则》《履行参政党职能》《加强中国共产党对多党合作的领导》三个专题对《意见》进行了深入学习;民盟云南省委宣传部及时为常委及各地盟组织订购了《意见》学习读本和学习问答两书,编印了三期五万多字的学习辅导材料和自测题下发各地盟组织;《云南盟讯》及时对全省盟的学习情况进行了集中报道,开辟了"学习《意见》专版",连续发表常委及全省各级盟组织负责人撰写的学习心得,有力促进了全省盟组织对《意见》的学习贯彻;各地盟组织及时组织多种形式的学习。如:民盟曲靖市委以《意见》的"九大亮点"为线索,认真组织对《意见》精神的学习。

通过学习和各种活动,广大盟员加深了对中国国情的认识,对中国共产党的执政地位、民主党派的参政党地位及其历史成因有了深刻理解,高度认同中共十六大以来中共中央治国理政的重要战略思想。全省广大盟员的政治思想整体状况良好,主流健康稳定,积极向上。面临各种社会现象,盟员呈现出良好的政治素养和较高的精神风范。

2. 弘扬民盟精神,继承和发扬优良传统

在漫长的岁月中,民盟在中国共产党领导下,经受住各种考验,逐渐形成了一种值得珍视、值得继承和发扬的精神和传统,即"立盟为公,以天下为己任;正直正派、学有专长、甘于奉献;修德守身,淡泊名利、自尊自强”。这种精神激励民盟走过了六十六年的历程,激励民盟为民族和国家做好每一件事,是民盟不断前进的思想精神动力。政治交接就是要在新的历史条件下,把这种精神和传统接过来,传下去,以此凝聚全盟力量,使之成为全盟为建设和谐社会、履行职能的不竭动力。

民盟云南省委始终坚持把弘扬民盟精神作为思想教育的一项重要内容。长期以来民盟云南省委始终把盟史、盟章和盟的优良传统,作为巡回演讲、报告会、盟的干部培训班、盟员培训班的重要内容。尤其是民盟云南省委多年坚持举办的巡回讲座,对抓学习培训,不断提高盟员干部素质起到了十分重要的作用。民盟云南省委领导不但在参加各种会议和活动中宣传盟的优良传统,而且高度重视民盟精神和优良传统的教育基地建设。经民盟云南省委领导多方协调,李公朴殉难碑的恢复重建于李公朴、闻一多殉难五十八周年纪念日完成;在文山州盟组织积极配合下,当地党委政府于2006年初完成了楚图南故居的修缮工作,故居成为当地重要的爱国主义教育基地。民盟云南省委还通过举办各种大型纪念活动,弘扬民盟精神。召开纪念邓小平一百周年诞辰座谈会,深切缅怀邓小平同志的丰功伟绩。李公朴、闻一多殉难六十周年,民盟云南省委和省政协文史委举行纪念座谈会,民盟昆明市委举行“弘扬民盟精神,践行社会主义荣辱观”演讲比赛,省直工委组织所属盟员到烈士殉难处献花等,深切缅怀烈士追求真理、勇于献身的精神;民盟中央前主席费孝通2005年4月逝世后,民盟云南省委召开缅怀悼念会,深情缅怀费老“脚踏实地、胸怀全局、志在富民、皓首不移”的高尚情操。民盟的精神和优良传统，集中地体现在民盟历届优秀的领导人物身上，同时也广泛和普遍地体现在广大盟员的身上。弘扬民盟精神和传统，老盟员感到被理解，新盟员感到受激励，促进了广大盟员对接受中国共产党领导，走中国特色政治发展道路政治认同、思想认同和情感认同。

3. 加强宣传工作，树立良好的社会形象

民盟云南省委不断加强思想宣传工作和加大对内对外宣传力度。2003 年，召开组织宣传工作会议，对全省盟的宣传工作做了全面部署；2004 年，在西双版纳举办宣传干部培训班。五年间，《云南盟讯》在政治理论学习、参政议政、盟务工作等方面作了大量的宣传报道，并积极探索对版面和内容的创新，建立了通讯员管理制度；在《人民政协报》《团结报》《云南日报》等国家和省级主要媒体上发表有关盟务工作的信息和文稿近四百篇次。民盟红河州委开通了“红河民盟网”，各地盟组织利用当地电台、电视台、报纸等扩大盟的影响。民盟云南省委宣传部自 2004 年以来连续四年对宣传工作先进集体和先进个人进行了表彰。

民盟云南省委高度重视理论研究工作。2003 年，成立了理论研究组，就参政党思想建设、组织建设和制度建设等方面进行研究和调研，形成了《努力提高参政能力，开创参政议政工作新局面》等十多篇理论研究文章在专业刊物上发表，有的文章还在“云南省多党合作制度建设暨社会主义学院（校）建设理论研讨会”上获奖。2004 年，民盟云南省委宣传部被民盟中央评为宣传工作先进集体，2006 年，《云南盟讯》荣获“云南省首届优秀连续性内部出版物评审编校质量奖”。

围绕第一要务，切实履行参政党职能

民盟云南省委坚持把促进科学发展作为参政议政的第一要务，加强调查研究，紧紧抓住关系全省经济社会发展中的全局性问题建言献策，切实有效地履行参政党职能，发挥了参政议政和民主监督的作用。

1. 发挥集体智慧，参与政治协商，积极建言献策

民盟云南省委高度重视和参与政治协商。在参加各种政治协商活动之前，组织盟内外专家学者对协商内容进行广泛调研、科学论证，并经主委会议研究形成集体意见，从而保证了在协商中所提建议内容有深度、有高度、有广度。例如，在云南省“十一五”规划编制过程中，民盟云南省委各专门委员会分别召开建言献策座谈会，经过认真调查研究和论证，形成了《关于组织编制全省循环经济发展规划的建议》等五个课题报告。在中共云南省委协商会上，民盟云南省委就“十一五”规划建议（征求意见稿）提出十余项意见建议，很多意见被采纳，特别是在指导思想的表述中，采纳了民盟云南省委提出的把“经济社会发展切实转入以人为本，全面、协调、可持续发展的轨道”的修改建议。

2. 创新工作机制，重视调查研究，搞好参政议政

民盟云南省委坚持以科学发展观为指导，围绕构建和谐社会，创新工作机制，深入调查研究，进真言求实效，切实履行参政议政职能。一是加强领导，调整充实了七个专门委员会，建立了由每位副主委分管一至两个委员会的参政议政工作的制度；二是重视发挥盟的整体优势，民盟云南省委 2003 年和 2005 年分别召开专题调研协调会，充分发挥专门委员会的职能作用和全省

盟组织的整体优势；三是壮大了队伍，民盟云南省委逐步形成老中青结合、专业结构和知识结构相对完善的参政议政骨干队伍，在参政议政和专题调研工作中发挥重要作用。

民盟云南省委在参政议政和专题调研的机制建设等方面进行了探索和尝试，创新工作机制，建立和完善调研课题竞标办法和纵横联合上下联动等工作机制，整合盟内外参政资源，发挥了各级盟组织的整体优势，使全省盟的专题调研工作在数量上和质量上都有了一个大的提高。完成了《加强高校教师思想政治工作问题研究》《对我省退耕还林还草试点工作中的意见和建议》等中共云南省委统战部立项的重点调研课题十八个；完成了《保护耕地质量刻不容缓》《亟待建立合理的生态补偿机制》等民盟云南省委竞标立项的提案调研课题二十三个；先后与大理、文山、保山、玉溪、红河等地方盟组织合作开展了《我省农村"两免一补"实施情况调研》等课题的专题调研工作。共向省政协九届各次全会提交了《"人才强省"呼唤高等教育大众化》等三十六篇大会发言及交流材料和《关于大力发展循环经济减轻资源和环境压力的对策建议》等五十四份集体提案，并在界别联组会上做了《构建和谐党际关系重在全面落实5号文件》等五次重点发言。

民盟云南省委每年都有提案被省政协评为重点提案和优秀提案，不少提案还被《新华社经济决策参考》等新闻媒体刊载，《关于严格规范我国技术评审的建议》被民盟中央作为在全国政协十届二次会议上的集体提案，《关于尽快制定云南省生物安全条例》的提案为省政府及相关部门高度重视，省政府为此专门批准了由盟员承担的对云南省加强生物安全保护立法的前期调研。在全国人大十届五次会议上,盟员人大代表利用民盟云南省委调研报告成果提出的《关于加快建立生态补偿机制的建议》,被国务院政府工作报告采纳。2004 年民盟云南省委荣获民盟中央参政议政工作优等奖。2006 年民盟中央又确定由民盟云南省委牵头承担《巩固退耕还林还草成果的后续政策》的专题调研。

全省各级盟组织在参政议政工作中充分发挥职能作用,一些提案被评为"优秀提案"或"重点提案",受到各级党委政府的重视和采纳。例如:民盟大理州委五年共提出三百多件提案,其中四十多件被州、市政协列为"主席建议案""重点提案"或评为"优秀提案";民盟昆明市委连续三年获得中共昆明市委统战部调研课题一等奖,所提出的《北部县区农民增收问题研究和北部五县区特色产业集群探索研究建议》成为昆明市制定和实施北部县区发展战略的重要决策依据;民盟文山州委提出的关于推广沼气建设及促进三七发展等提案得到重视和采纳,并产生了明显的经济和社会效益。

五年间,民盟云南省委共向民盟中央和有关部门报送信息一百四十一篇次,多篇信息被民盟中央网站、民盟社情民意信息工作简报、《云南统战工作信息》和《云南政协信息》采用。2005 年度民盟云南省委荣获全省统战信息工作优秀组织奖。

3. 发挥自身优势,探索有效形式,开展社会服务

2002 年,民盟云南省委确定新平县建兴乡为民盟智力支边、科技扶贫联系点,联合民盟玉溪市委共同开展扶贫工作;2005 年

8 月，民盟云南省委参与建设的“文山县铜厂希望小学教学楼项目”在楚图南的故乡文山县建成；民盟云南省委还为昭通市引进油葵新品种，到大姚地震灾区慰问，帮助牵线全资收购沧源县佤山茶厂，支持和帮助民盟昆明市委在禄劝县马鹿塘乡的挂钩扶贫工作。玉溪、昭通、楚雄等各地盟组织发挥优势，结合实际，积极开展为贫困地区捐款捐物、捐资助学、社会办学、挂钩扶贫、科技咨询、医疗义诊、“三下乡”等形式的社会服务工作。2006 年民盟云南省委荣获民盟中央“社会服务工作优等奖”。

2005 年 8 月，民盟云南省委筹办、民盟上海市委与上海建桥集团出资建设的文山县铜厂希望小学教学楼落成

在各级人大、政府、政协、企事业单位担任领导职务以及担任各级人大代表、政协委员和各种特约员、监督员的盟员都能恪尽职守，努力工作，认真履行职责，受到有关部门、社会的充分肯定和高度赞扬。广大盟员在各自的工作岗位上立足本职，勤奋工作，敬业奉献，取得优异成绩。如中科院院士、中科院昆明植

物研究所研究员吴征镒荣获2003年度何梁何利基金奖、2001年度云南省科学技术奖突出贡献奖；昆医附二院教授兰瑚2006年获云南省兴滇人才奖；不少盟员分别荣获各级自然科学奖、科学技术进步奖、社科优秀成果奖、优秀论文奖等；一些盟员获得国突、省突、国贴、省贴等；有的盟员被中共中央统战部授予"各民主党派、工商联、无党派人士为全面建设小康社会做贡献先进个人"、民盟中央抗"非典"先进个人和"全国优秀教师"等称号，有的盟员获得全国西部大开发特殊贡献奖等。

围绕提高参政能力，切实加强自身建设

民盟云南省委围绕提高参政能力，把建设一个好班子、一个好队伍、一个好制度、一个好作风作为着力点，以思想建设为核心，以领导班子建设为重点，以组织建设为基础，以制度建设为保障，切实加强自身建设，为更好地履行参政党职能提供了持续动力和组织保障。

1. 实施"人才强盟"战略，着力加强干部队伍建设

提高参政能力，首要的任务就是建设一个好班子。在领导班子建设中，民盟云南省委领导参加了中央社会主义学院多党合作培训班和中共云南省委举办的民主党派、工商联省级负责人培训班的学习，以及省政协和中共省委组织部、统战部组织的研讨和座谈活动，形成了主委会、常委会学习制度，切实加强理论学习；在政治上，严格要求自己，谦虚谨慎，戒骄戒躁，廉洁自律，不谋私利；在工作中，坚持民主集中制，坚持集体领导和个人分工负责相结合，讲政治讲团结顾大局，营造了良好的议事氛围。经充实调整，一部分德才兼备、热心盟务、参政议政能力强

的盟员补充到十一届委员会里来,民盟云南省委领导机构得到了加强。

2003年民盟云南省委传达贯彻民盟中央九届四次中常会精神,专题研究部署实施"人才兴盟、人才强盟"战略,并制定了组织发展及干部队伍建设工作计划和中长期规划。组织发展呈现良好的发展势头并发展了一批有代表性人士入盟。民盟云南省委领导亲自过问或联系发展有代表性人士,主动做重点对象的工作,并多次走访部分高等院校党委、政府有关厅局,争取他们对民盟工作的帮助和支持,为全省盟的组织发展做出了表率。五年内共发展新盟员一千二百八十九人,年平均发展率为百分之四点三,其中文教科技界占百分之六十七点八,政府、经济和法律等界别占百分之十二点一,四十五岁以下占百分之八十三点三,进一步改善了全省盟员的界别和年龄结构。截至2006年年底全省盟员总数为六千七百三十八人,其中高中级职称占百分之八十一点八。

民盟云南省委及各级盟组织建立了后备干部队伍名单,对重点人才建立了比较详细的资料库,并建立后备干部队伍建设长效机制;民盟云南省委连续五年在省社会主义学院分别开办盟的干部、后备干部、专干和盟员骨干培训班,共培训二百多人次;共选派三十人次参加统战部组织的培训,并注重在参政议政工作和盟务活动实践中锻炼考察盟员。民盟云南省委和各级盟组织积极推荐盟员到人大、政府、政协及有关部门任职,一些盟员先后担任了省检察院、大专院校以及州市县一级人大、政府、政协的领导职务。截至2006年年底,全省盟员中共有十三人在政府及政府组成部门任副县（处）以上的领导实职；有一人任省检察院副检察长；共有四十人在大专院校和科研院所等事业单位担任副处以上实职，其中大专院校正、副校（院）长四人，科研院、所副院（所）长两人；中小学正、副校长七人。全省盟员中共有全国人大代表三人，全国政协委员一人；省人大代表八人，省政协委员四十人；州、市人大代表十一人，州、市政协委员九十四人；县、市、区人大代表十二人，县、市、区政协委员一百零三人。全省共有五十五人担任各级特约监察员、检察员、教育督导员和行风评议员等。

2. 加强基层组织建设，着力夯实组织基础

民盟云南省委认真贯彻落实民盟中央九届四中全会精神和《民盟中央关于加强基层组织建设的意见》，先后召开了四次座谈会传达学习有关精神，并召开了“基层组织、工委工作会议”进行深入贯彻。各级盟组织也认真传达会议精神，研究制定加强基层组织建设的规划部署，建立健全工作机制，形成“主委带头抓，分管副主委重点抓，组织部门具体抓，职能机构配合抓”的工作格局。2003 年民盟云南省委用近半年的时间组织四个调研组深入四十八个省直属基层组织调研，掌握有关省直基层组织情况的第一手材料。

为了加强对基层组织的领导和指导，2004 年 1 月，民盟云南省委成立了高等教育、科研院所、医药卫生和省直属单位四个工作委员会，作为民盟云南省委的派出机构，直接联系和领导所属的基层开展盟务活动，并出台了《民盟云南省委工作委员会暂行规定》。四个工委成立后创造性地开展工作，加强了民盟云南省

委对省直属基层组织的联系和指导,扩大了盟支部间和盟员间的联系与交流,更好地体现了盟的界别优势,增强了盟的活力和凝聚力。

为发挥各地方组织的优势,为履行参政党职能奠定组织基础,全省地方组织建设和组织结构调整已按预定计划完成。截至2006年年底,十个州(市)盟组织中已成立了九个州(市)委员会,标志着全省各州(市)盟组织的自身建设跃上了一个新的台阶。五年来,先后成立民盟西双版纳、昭通、红河、大理、保山、文山州(市)委员会,为各地盟组织履行参政议政职能、加强自身建设构筑了新的平台;民盟昆明、曲靖、玉溪三个市委员会顺利换届。新建立和换届后的州(市)委领导班子成员知识化、年轻化程度有了很大提高。

2002年,民盟滇西盟务研讨会在大理召开,围绕加强自身建设和提高参政议政水平,以及滇西三地盟组织近几年来在开展盟务工作中开拓前进的成功经验和所取得的成绩等方面进行了交流和探讨。

民盟云南省委还加大了基层组织整合的力度,对部分省直属基层组织进行了撤、并、建等工作,进一步理顺组织关系,先后成立了云南大学委员会等六个基层委员会,新建了省社科院支部等五个省直在昆基层组织,成立丽江支部,进一步激活了基层组织的活力。为了进一步表彰先进,发挥先进典型的模范带头作用,民盟云南省委于2003年对二十五个先进基层组织和四百一十八名优秀盟员进行了表彰;2006年对三十六个先进基层组织、三百三十七名先进个人和二十四名先进盟务专职干部进行了表彰。

通过几年来的共同努力，全省各级盟组织涌现了一批先进典型。在2005年9月民盟中央召开的"民盟基层组织建设经验交流暨表彰大会"上，民盟昆明市委、西双版纳州委被评为"基层组织建设先进单位"，省交通委员会、云南艺术学院支部、文山县支部和大理州医院支部被评为"先进基层组织"。

3. 建立工作机制，着力推进制度建设

民盟云南省委把建设一个好制度作为工作的着力点，通过建立各种工作机制，为盟的自身建设，更好地履行参政议政职能提供了制度保障。十一次代表大会以后，新一届民盟云南省委制定了《常委会议职责》《主委会议职责》及各项会议和工作制度，制定了主委会、常委会学习制度；出台了《参政议政工作机制》《信息工作暂行办法》《信息员管理办法》等。全省各级盟组织重视和加强制度建设，民盟红河州委建立和完善支部班子工作责任制，民盟昆明市委建立了专题调研课题常委负责制，民盟保山市委、民盟西双版纳州委制定领导班子联系、检查和督促基层组织工作的相关制度等。

4. 推进机关建设，着力改进工作作风

民盟云南省委把改进工作作风作为着力点，不断推进机关建设。一是抓学习。努力建设学习型机关。邀请专家为机关干部举办讲座，组织机关干部参加各类学习培训、外出考察等活动，坚持每周一次的学习，努力营造良好的学风。二是抓制度。民盟云南省委不断总结机关工作规律，探索好的工作方法和机制，健全完善规章制度，培育良好的工作作风。三是抓干部。民盟云南省委按照《公务员法》规定，参照《党政领导干部选拔任用工作条例》，充实调整机关部室负责人，并积极选派机关干部挂职锻炼和参加中共云南省委党校及社会主义学院学习，为形成良好的工作作风提供组织保障。四是抓服务。建设服务型机关。民盟云南省委机关工作重心不断下移，建立了机关部室联系工委并任命机关部室负责人为工委专职副主任，加强基层组织的领导和联系，服务基层和广大盟员。2004 年 3 月，民盟云南省委机关工委女工委员会被评为云南省“三八”红旗集体，2006 年民盟云南省委机关又一次荣获“市级文明单位”称号。2006 年 7 月，由民盟中央等联合主办的第二届“海峡两岸暨港澳地区大学校长联谊活动”在昆明和丽江举行，民盟云南省委做了大量准备和协调工作，得到民盟中央领导和与会来宾的好评。

2005 年 12 月，民盟云南省委名誉主委、前任主委杨明因病医治无效在昆明逝世，享年八十六岁。杨明曾先后担任云南省文化局副局长、云南省剧协主席、民盟中央常委、全国人大常委会委员、民委委员、云南省人大常委会副主任、云南省政协副主席、云南省文联主席、云南省社会主义学院院长，于 2004 年离休。

第十一章

坚定走中国特色的社会主义政治发展道路

（2007 年—2014 年）

第一节 巩固政治交接成果

一、全盟开展政治交接学习教育活动

2007年是民盟中央和民盟省级组织的换届年,其中省级组织换届是全盟上半年的中心工作。为努力做好政治交接,顺利开展换届工作,2007年9月民盟中央召开了民盟九届十七次中常会,总结全国省级组织换届经验,研究2007年年底民盟中央换届工作。民盟中央蒋树声主席作了《努力做好政治交接,促进民盟在多党合作事业的可持续发展》的主题讲话。结合换届工作,全盟开展了政治交接学习教育活动。

政治交接从1997年提出到2007年已经十年,十年经历了三个阶段。

第一阶段是1997年民主党派换届。那次换届实际是"换代"。一大批从新民主主义革命时期就与中国共产党团结合作的民主党派老一代领导人退出了领导岗位。世纪之交,在发展社会主义市场经济和对外开放的条件下,如何保持民主党派的政治方向、优良传统和特点不变,是摆在民主党派面前的一个现

2007 年 6 月 19 日至 22 日，民盟云南省第十二次代表大会在昆明召开，实现领导班子新老交替

实而重大的课题。在此背景下，民盟中央提出了在组织上完成新老交替后，要把政治交接作为一项长期的战略任务，并把它确定为换届的主题。

第二阶段是2002年的换届。那次换届由民主党派新一代领导人主导,也是新世纪的第一次换届。重点强调要巩固和发展政治交接的成果,在民盟第九次全国代表大会上,提出建设及怎样建设高素质参政党的问题,并在修改的章程及报告中明确了参政党建设的目标和原则。

第三阶段就是2007年的换届。与前两次换届相比,这次换届有以下特点:一是1989年中共中央《关于坚持和完善中国共产党领导的多党合作和政治协商制度的意见》提出民主党派是"参政党"已经十八年,民主党派在国家政治生活中定位的重要转变,民主党派的地位和作用越来越重要;二是2005年以来,中共中央先后颁布了加强多党合作、人民政协工作和巩固壮大新世纪新阶段统一战线等文件,从推动社会主义民主政治,建设社会主义政治文明的高度,对新形势下坚持和完善多党合作制度提出了更高的要求;三是在这次换届中,一些改革开放初期加入民主党派的领导退了下来,一部分出生于二十世纪五六十年代、九十年代前后加入民主党派的同志走上了领导岗位。针对这些特点,在2006年党外人士迎春座谈会上中共中央总书记胡锦涛同志指出:民主党派换届要突出走中国特色社会主义政治发展道路这一主题,遵循多党合作的政治准则,要符合政治交接、优化结构和健全机制的总要求。在2007年迎春座谈会上,胡锦涛同志又对民主党派提出了"四个致力于":致力于科学发展,致力于加强中国共产党领导的多党合作,致力于推动社会主义核心价值体系的建设,致力于维护和促进社会和谐。

由此可见,政治交接作为一项长期的战略任务,所包含的内容是与时俱进的,是随着社会的发展和形势的变化不断丰富完善的。总结十年的探索,政治交接的重点是继承和发扬民主党派老一辈长期与中国共产党团结合作形成的政治信念、优良传统和高尚风范;关键是增强接受中国共产党领导的自觉性和坚定性;核心是坚持走中国特色社会主义政治发展道路;目的是巩固多党合作和政治协商的政治基础和组织基础,推动和实现我国统一战线和多党合作事业的可持续健康发展。

二、民盟云南省第十二次代表大会

中国民主同盟云南省第十二次代表大会于 2007 年 6 月 20 日至 22 日在昆明召开。会议的主要任务是:学习贯彻中共十六届六中全会精神及中共云南省第八次代表大会精神;审议民盟云南省第十一届委员会工作报告;选举民盟云南省第十二届委员会;选举出席民盟第十次全国代表大会的云南代表。

这次代表大会共有正式代表二百七十五人。民盟中央副主席吴正德代表民盟中央致贺词,中共云南省委常委、统战部部长黄毅代表中共云南省委对大会表示祝贺。省政协副主席、九三学社云南省委主委曾华代表省级各民主党派、省工商联致贺词。高晓宇致开幕词并代表民盟云南省第十一届委员会做题为《走中国特色社会主义政治发展道路,为促进和谐云南建设贡献力量》的工作报告。

大会对民盟云南省第十一届委员会的工作给予高度评价和充分肯定。大会认为,五年来,民盟云南省第十一届委员会在民盟中央和中共云南省委的领导下,团结带领全省广大盟员,坚持以邓小平理论和“三个代表”重要思想为指导，全面贯彻落实科学发展观，坚持走中国特色社会主义政治发展道路，不断加强自身建设，努力提高参政能力，紧紧围绕中共云南省委、省政府的中心工作，切实履行参政党职能，为云南经济建设、政治建设、文化建设与社会建设做出了积极的贡献。大会认为工作报告主题鲜明、重点突出、实事求是，全面客观地反映了民盟云南省第十一届委员会五年来的工作。

这次大会是一次承前启后、继往开来的大会，选举产生了民盟云南省第十二届委员会委员七十九人，顺利实现了民盟云南省委组织上的新老交替，并选出了云南省出席民盟第十次全国代表大会的二十六名代表。

6月21日，民盟云南省第十二届委员会召开第一次全体会议，选举么恩泽、关建民等二十四人为民盟云南省委常务委员；选举倪慧芳[①]（女）为民盟云南省委主任委员，廖鸿志、施哲、戴抗（女）、邹丽春（女）、肖宪、毕励（女）为副主任委员；任命周元复为副秘书长（秘书长空缺，周元复任职到2011年6月止）。

---

① 倪慧芳（1953—），女，云南昆明人，1969年至1971年为云南省德宏州瑞丽县下乡知青，1971年至1979年为昆明钢铁公司炼钢车间化验员，1979年9月考入云南大学政治系哲学专业学习，1983年7月至1985年10月任中共云南省委党校哲学教研室教师。1985年10月至1996年10月历任云南大学政治系讲师、副教授、教授（其间1986年9月至1988年7月在北京大学法律系学习，获研究生学历），1999年10月至2005年5月任云南大学副校长。2005年5月至今任云南省人民检察院副检察长，国家二级大检察官，民盟云南省第九、十、十一届副主委及十二届主委。

三、开展以坚持走中国特色社会主义政治发展道路为主题的政治交接学习教育活动

民盟云南省第十一届省委换届后，一部分出生于二十世纪五六十年代的盟员走上了领导岗位，进入民盟云南省第十二届委员会领导班子。这次民盟云南省委换届的重大意义在于，其不只是一次例行的换届，同时又具有换代的性质。领导班子成员新老交替的幅度较大，班子成员已由上届三四十年代出生的为主转变为五六十年代出生的为主。这次民盟云南省委换届后的领导班子成员的政治素质普遍较高，班子的年龄结构、专业结构得到了进一步改善。主委、副主委平均年龄五十二点八岁，常委平均年龄四十八点三岁，委员平均年龄四十六点五岁，较全面地反映了云南民盟盟员结构的特点和优势，巩固和发展了政治交接的成果，为今后五年的工作打下了良好的基础。

与此同时，民盟中央在省级组织换届的过程中，提出用一年左右的时间在新老交替的基础上搞好政治交接，并决定在全盟各级组织中开展以坚持中国特色社会主义发展道路为主题的学习实践活动。在这样的大背景之下，要搞好政治交接，必须从理论到实践深刻认识、把握政治交接提出的历史背景、丰富内涵、意义以及如何通过政治交接主题学习活动的开展，使全省盟员从思想上增强对我国政党制度和政治制度的认同，引导盟员把普遍具有的政治归属感升华为参政党成员必须具有的政治责任感，坚持走中国特色社会主义政治发展道路，继承和发扬民盟老一辈长期与中国共产党团结合作的优良传统和高尚风范，是新

一届领导班子的政治责任。

民盟云南省第十二届委员会在任期的五年间，深刻认识到自觉接受中国共产党的领导，坚持走中国特色社会主义政治发展道路，是政治交接的核心；以领导班子建设为重点，全面加强自身建设，是政治交接的必然要求；提高参政议政能力，认真履行职能，是政治交接成效的检验标准，从而确立了“以政治交接为主线，以加强自身建设、提高参政议政能力为两翼”的工作思路。五年间，坚持以思想建设为核心，领导班子建设为重点，组织建设为基础，制度建设为保障，努力推进自身建设，为更好地履行职能打下了良好的基础。

1. 以各种活动为载体，深入开展学习教育活动

开展以坚持走中国特色社会主义政治发展道路为主题的政治交接学习教育活动，为加强全省盟的自身建设提供了一个有效的载体和平台，意义重大而深远。为深入开展好政治交接学习教育活动，民盟云南省委及全省各级盟组织精心部署、周密安排，通过举办各种形式的学习教育活动，丰富政治交接主题学习教育活动的内涵。2007 年 8 月，民盟云南省委在红河蒙自举办了政治交接学习教育活动动员培训会。来自全省十一个地方盟组织的主委、副主委及民盟云南省委常委、委员和民盟云南省委机关部室负责人共一百零五人参加了培训。民盟云南省委主委倪慧芳作了《加强自身建设，提高参政能力，搞好政治交接》的主题报告，对开展政治交接学习教育活动的时代背景、重要意义和丰富内涵进行了深入全面的阐述，并对全省开展政治交接学习教育活动做了动员部署。10 月，民盟云南省委在昆明召开政治

交接学习教育活动动员会。民盟云南省委主委倪慧芳在会上做了《统一思想,提高认识,切实推进政治交接学习教育活动的开展》的主题报告,对全省各级盟组织全面深入开展政治交接学习教育活动做出安排并提出明确的要求。

2007 年 8 月、10 月,民盟云南省委分别在红河、昆明举行政治交接学习教育活动动员会

为讴歌改革开放三十年来我国经济社会取得的巨大成就,展示云南民盟三十年来的发展历程和所取得的成绩,展望多党合作的美好前景,2008 年 12 月 21 日晚,民盟云南省委在昆明会堂举行“让历史告诉未来”纪念改革开放三十周年专题文艺晚会。民盟云南省委还以纪念改革开放三十周年、“五一口号”发布六十周年、新中国成立六十周年、人民政协成立六十周年及多党合作制度确立六十周年等为契机,开展专题文艺演出、征文等活动,丰富学习教育活动的内涵、形式和载体。

民盟云南省委开展纪念中共发布"五一口号"发布六十周年纪念活动。图为2008年4月30日,倪慧芳主委为云南理工大学盟员及民主党派成员做报告

2011年是中国共产党建党九十周年和中国民主同盟成立七十周年,民盟云南省委举行了纪念庆典等系列活动,民盟云南省委领导分别参加了昆明、红河、昭通、大理、西双版纳等州、市盟组织的纪念活动。

在盟员吴征镒院士荣获"国家最高科学技术奖"后,民盟云南省委及时做出部署,宣传学习他的先进事迹。推荐盟员丁莲代表民盟云南省委参加"与党同行·身边的榜样"先进人物事迹报告会等,进一步激励引导盟员自觉践行社会主义核心价值体系。

民盟云南省第十二届委员会始终坚持把学习教育活动与继承民盟的优良传统、弘扬时代精神、提高参政议政能力相结合,引导盟员树立正确的政治信念和价值追求。民盟云南省委分别组织地方和省直基层组织的领导、盟员骨干和机关干部到井冈山、西柏坡、重庆特园等地学习考察，举办纪念吴晗先生百年诞辰座谈会、楚图南诞辰一百一十周年学术研讨会、费孝通一百周年诞辰座谈会等，把传统教育寓于活动之中。邀请民盟云南省委老领导、盟员专家作盟史、盟章报告，收集整理云南民盟历史资料并汇编成册，参与筹建党派发展史现场教育基地，编辑出版了《楚图南年谱》《费孝通与云南》等著作，使民盟爱国爱民的优良传统薪火相传。

2. 以建设学习型参政党为目标，加强理论学习

建设学习型参政党，是参政党加强自身建设、探索参政党建设规律的重要基础。本届民盟云南省委围绕学习贯彻中共中央、民盟中央及中共云南省委重要会议及文件精神，通过有计划、有步骤、形式多样的学习，推进各级盟组织理论学习的不断深入。领导班子成员积极参加中共中央党校、中央统战部、民盟中央以及中共省委及省委统战部、省政协等组织的各种学习、研讨和座谈。民盟云南省委领导深入基层了解盟员思想实际，并亲自带头或邀请盟内外专家到州市、省社院及一些大专院校为盟员作“社会主义核心价值体系学与行”“中国特色的政党制度”等巡回讲座，五年间共为盟员约七千人次作了三十余场报告和讲座。民盟云南大学委员会创办“民盟沙龙”、开远市委开展学习型组织创建活动等，都取得了良好的效果。通过学习，进一步增强了盟员对坚持中国特色多党合作制度，树立和践行社会主义核心价值体系的“四个认同”——政治认同、思想认同、感情认同和道路认同。

民盟云南省委于 2008 年改《云南民盟》为季刊，并开通“云

南民盟网站”，对盟的重大活动、重要建言、重点调研、先进典型等进行重点宣传报道。通过表彰宣传工作先进集体和优秀通讯员等措施，提高宣传工作质量。民盟云南省委多次召开“宣传工作暨通讯员培训会议”，有力推动了思想建设和宣传工作的开展。

民盟云南省委重要会议或重大活动都邀请主流媒体采访报道。特别是在《云南政协报》设立每月一期“民盟之窗”专栏，开辟了对外宣传的新平台。五年间在省级以上主流媒体发表文章九百余篇，被民盟中央网站采用的稿件在全国三十个省级盟组织中位居前列，发表于《云南政协报》的文章数量在全省八个民主党派中名列前茅。

民盟中央副主席李重庵先后两次到云南调研思想宣传工作，充分肯定了民盟云南省委提出的把宣传工作寓于参政议政、社会服务和自身建设各项工作之中的“大宣传”理念。

四、实施“人才兴盟、人才强盟”战略

中共中央《关于加强新形势下党外代表人士队伍建设的意见》指出，加强党外代表人士队伍建设，事关坚持和发挥我国社会主义政治制度的特点和优势，事关为全面建设小康社会提供人才支持，事关巩固党的执政基础和扩大党的群众基础，事关推动新形势下统一战线事业不断向前发展，并对进一步加强新形势下党外代表人士队伍建设做出了全面部署，提出了明确要求。新一届民盟云南省委要求全省各级盟组织要把贯彻落实《意见》精神与实施“人才兴盟、人才强盟”战略紧密结合起来，把发现、

培养、推荐盟内优秀人才作为工作重点，加强与中共各级党委及统战部的沟通交流，努力建设一支数量充足、结构合理、素质优良、作用突出的代表人士队伍，以适应形势任务的要求。

1. 以领导班子建设为重点，稳步推进组织发展

民盟云南省委把制度建设放在重要位置，制定了《民盟云南省委关于加强领导班子建设若干问题的意见》，建立健全领导班子的学习制度、会议制度、议事规则，以及联系基层制度和专门委员会制度等，为有效开展工作提供了制度保障。领导班子坚持民主集中制原则，凡属盟内重大事项，都在决策前深入调研、充分酝酿、听取意见、达成共识，建立了“集体领导、民主集中、个别酝酿、会议决定”的决策机制，较好地发挥了班子集体领导的作用，提高了科学民主决策的水平。

2010 年 8 月进行了领导班子届中调整。在民盟云南省第十二届委员会第五次会议上，增选了徐彬、徐宁两位副主委。按照民盟中央的要求，在 2011 年 12 月召开的民盟云南省第十二届委员会第七次全体（扩大）会议上，民盟云南省委领导班子及成员还进行了述职和民主评议工作，促进了领导班子建设。

为贯彻民盟中央“基层组织建设年”意见，民盟云南省委持续开展调研活动，在地方基层组织召开调研会三十余次；先后召开了两次组织工作会议，总结工作、交流经验、探讨基层组织建设。坚持每年召开“国庆 · 中秋”座谈会或茶话会，与省直基层组织所在单位党委及统战部领导沟通交流，和谐党、盟关系。省直四个工作委员会组织开展形式多样的活动，增强了盟组织的凝聚力和影响力，进一步强化了盟的组织基础。

成立了民盟丽江市委、普洱支部、中科院昆明植物研究所支部、云南省科技厅支部、云南广播电视大学支部五个地方及省直基层组织。云南中医学院总支部升格为基层委员会,云南省第一人民医院支部、昆明医学院附一院支部分别升格为总支部。完成了民盟西双版纳州委等七个州市组织和民盟云南大学委员会等二十四个省直基层组织的换届工作,对一些省直基层组织进行结构调整,理顺组织关系,进一步增强了盟组织的生机和活力。

五年来,发展了一批年富力强,有影响有潜力的年轻盟员,给盟组织注入了新鲜血液,进一步改善了全省盟员的结构。五年来全省共发展盟员一千三百八十五人,年平均发展率为百分之四点三。截至2011年12月底,全省盟员总数达七千八百八十二人,高中级职称者占百分之八十。

2. 举办多种形式培训班,努力强化干部队伍建设

民盟云南省委高度重视对盟的各级干部和盟员骨干的培训,先后举办了九期培训班,五百余人次参加了培训。民盟云南省委主委、副主委多次给培训班讲课。除在昆明举办新盟员盟务干部培训班外,2008年在中央社院分别举办“主委北京培训班”和“机关干部北京培训班”,2011年在中央社院举办“中青年干部北京培训班”,既创新了培训的方式,又充实了学习教育的具体内容,得到了民盟中央、中央社院的充分肯定和参训学员的好评。

民盟云南省委注重把组织发展与盟的工作需要相结合,把工作的重点放在后备干部的培养提高上,对他们进行系统的理

论与实践教育和多党合作优良传统的教育，提高他们的政治素质。把参政议政能力强的骨干盟员充实到后备干部队伍中，坚持在参政议政和盟务活动实践中锻炼考察盟员，不断加大代表性人士、参政议政人才、中青年人才三支队伍的建设力度。积极推荐盟员到各级人大、政府、政协及有关部门任职，为盟员干部成长创造条件，搭建平台，加快培养的步伐。健全后备干部队伍建设的工作机制，把后备干部的物色、培养、选拔等各项工作规范化和制度化。

全省广大盟员爱岗敬业、勤奋工作，许多盟员取得了优异成绩。据不完全统计，五年间，全省荣获省部级以上各种荣誉称号及奖励的盟员达一百三十人次，三个地方组织和六个基层组织被民盟中央授予“盟务工作先进集体”荣誉称号，十七个地方基层组织被民盟中央授予“先进集体”称号，三十七位盟员被授予“先进个人”称号。民盟云南省委也于2010年授予三十四个基层组织“先进基层组织”、二百三十五人“先进个人”、二十一人“先进专职干部”称号，为民盟增添了光彩。

3. 成立民盟云南省委青年委员会，为后备干部队伍培养人才

“青年兴则盟兴，青年强则盟强。”为更好地团结带领全省青年盟员加强学习，做好参政议政、社会服务工作，民盟云南省委决定成立青年委员会，使之成为民盟云南省委联系全省青年盟员的桥梁和纽带，为青年盟员展示才干搭建平台，为民盟的后备干部队伍培养人才。

民盟云南省委青年委员会成立大会于2010年10月21日在

昆明召开，选举产生了以刘亮为主任，尹伟、兰雁、张春燕、李章建、吴锦美、陈穗云、赵宏斌为副主任，许霞为秘书长的首届青年委员会领导班子。首届青年委员会由年龄四十五岁以下、副高以上职称的八十名青年盟员组成。

五、不断提高参政议政水平

参政议政是民主党派在国家政治生活中最重要的作用，其能力和水平是民主党派存在价值和地位的体现。进入新的历史时期后，民主党派拥有越来越广泛的知情、协商、提案、视察等民主权利，为民主党派在中国特色社会主义建设事业中积极发挥作用提供了良好的条件。民盟云南省第十二届委员会成立后，对参政议政工作进行了深入研究。把民主党派的整体优势、智力优势与政协的组织优势、渠道优势结合起来，优势互补，是云南民盟积极探索参政议政的一条新渠道、一种新形式。

1. 找准参政议政切入点

参政议政是民主党派的基本职能。五年来，民盟云南省委积极履行参政党职能，注重发挥盟的整体优势，创新工作机制，深入调查研究，积极建言献策，扎实服务社会，为促进云南经济社会又好又快发展做出了应有的贡献。

把促进云南经济平稳较快发展、维护社会和谐稳定作为履行职能、服务大局的主要任务，围绕云南经济社会发展大局，及时调整参政议政的思路，选准参政议政的切入点，就应对金融危机、改善民生、统筹城乡发展、促进教育公平、维护社会和谐稳定等方面的问题，深入调查研究，积极建言献策。

2. 建立健全参政履职机制

民盟云南省委高度重视参政议政工作,成立了参政议政咨询委员会,建立了课题咨询专家库,完善了调研课题遴选、咨询、评审机制。建立参政议政骨干盟员人才储备库,进一步充实各专门委员会,加大对骨干盟员的培训力度,为开展参政议政工作提供了人才保障。加强与兄弟省市盟组织、基层盟组织和政府有关部门的联系,形成互动机制,为参政议政工作的有效开展提供了制度保障。充分发挥盟员人大代表、政协委员、特约监督员等人员在参政议政、民主监督中的骨干作用,为他们参政履职创造条件。通过上述多项措施,不断健全完善参政议政的工作机制。

调查研究是做好参政议政工作的前提和基础。民盟云南省委特别注意发挥盟员界别优势,选择对云南经济社会发展具有战略意义的课题,针对云南经济社会发展和改革开放的重大问题,深入开展调查研究,积极建言献策。五年间,民盟云南省委共承担完成民盟中央委托合作调研课题四个、中共云南省委统战部委托调研课题十五个、民盟云南省委自立课题二十九个,开展实地调研四十多次。重点调研课题《云南省高校毕业生就业调研》《在实施桥头堡战略中推进对外开放的思考》等在中共云南省委召开的"省级各民主党派、省工商联重点课题调研成果汇报会"上,得到中共云南省委、省政府领导的高度重视和充分肯定。

政协是民盟履行参政议政职能的重要平台。民盟云南省委及各级盟组织高度重视在政协会议上积极建言献策。五年来,民盟云南省委向省政协十届委员会提交大会发言五篇、大会交流材料四十五篇、集体提案六十五件。其中,《促进我省能源结构低碳化转型的对策建议》等十二件集体提案被省政协评为优秀提案或列为重点督办提案。担任省人大代表、省政协委员的盟员向省"两会"提交建议、个人提案和大会发言二百余件。担任全国人大代表、政协委员的盟员向全国"两会"提交建议、个人提案和大会发言共计六十余件。其中,倪慧芳主委提交全国政协的《关于建立刑事被害人补偿机制的建议》,促成了全国政协关于"刑事被害人救助机制"专题调研组到云南调研,推动了《云南省法律援助条例》立法工作的开展。

反映社情民意是参政议政基础性和日常性的工作。五年来,民盟云南省委报送社情民意信息近五百条,被民盟中央采用三十一条、省政协采用二百八十七条。其中,《恢复开通打洛口岸中缅边境旅游》等信息得到省领导批示。民盟云南省委2008年至2011年连续四年被中共云南省委统战部评为全省统战信息工作先进单位,被省政协评为"2010年度云南省政协信息工作先进单位",获得了民盟中央"2011年参政议政工作进步奖"。

3. 搭建参政议政平台,创新工作机制

为弘扬民盟"心系民生、关注民生"的优良传统并拓宽参政议政平台,自2008年开始,民盟云南省委倡导并与省政协社会与法制委员会共同承办"云南省政协民生论坛",作为省政协与民盟云南省委创新工作机制、拓展工作领域、提高参政议政实效,充分发挥民主党派在政协工作中作用的一项重要举措。

"民生论坛"至2012年连续举办了五届。每届"民生论坛"

都以“民生”问题为主题，汇聚各方贤达之士和专家学者，共谋改善民生之策，为社会各方有志之士提供了一个沟通信息、交流思想、反映民情、建言立论的高端平台，创新了民主党派与政协联合参政议政的工作机制，增强了参政议政的实效性，得到了有关部门的重视和社会的广泛好评。论坛影响力不断扩大并取得丰硕成果，成为省政协和民盟云南省委参政议政的一个品牌，不断扩大了政协和民盟的社会影响，对广泛动员各方面力量推进我省以民生为重点的社会建设起到了积极的促进作用。

4. 突出界别特点，发挥民盟特色和优势

为发挥民盟界别特色和优势，多年来，云南民盟继承民盟的优良传统，一直把教育的改革发展作为参政议政的主要议题，对“把教育摆在优先考虑的战略地位”一直进行追踪调研。始终把教育与全省的经济社会发展紧密结合，就云南省教育改革发展中出现的一些热点、难点问题先后进行了数十次专题调研。在深入调查研究、探索思考的基础上，形成了很多卓有成效的意见和建议，转化为各级人大、政协“两会”议案、提案和建议，引起了政府部门和社会的关注，为云南省教育的改革发展，为中共云南省委、省政府科学决策起到了积极的推动作用。

2009年民盟中央蒋树声主席率“农村职业教育与技能培训”调研组到云南调研，民盟云南省委积极参与、认真配合，圆满完成了调研任务。五年来，为充分发挥界别特色和优势，民盟云南省委确立了十多个教育领域的调研课题进行深入调研，出版了《情系云南教育为本》一书，展示了全省民盟长期以来心系教育事业、积极参政议政的成果。

2011 年,民盟云南省委在云南大学举行了“以推进高校改革,办出大学特色”为主题的首届高等教育研讨会。省政协、省统战部、省教育厅、大理州和昭通市高校、昆明十五所高校盟组织、云南大学研究人员及研究生等近一百六十人参加了研讨会。研讨会认真探讨高等教育的改革发展,产生了很好的影响。

六、积极开展社会服务

社会服务是参政议政的延伸。新一届民盟云南省委以积极参与“同心示范点建设工程”为重点,把开展“农村教育烛光行动”、参与新农村建设与“同心工程”紧密结合起来,通过科技培训、引资引智、医疗服务等多种形式,使帮扶工作落到实处。2011 年 11 月,民盟云南省委获民盟中央“社会服务工作先进集体”表彰。

1. 推进“农村教育烛光行动”

2007 年 9 月,民盟云南省委、民盟玉溪市委与元江县教育局合作,在元江举办有三百六十余名农村教师参加的中教研习班,民盟“农村教育烛光行动”正式启动。此后,玉溪、红河、昆明、大理、曲靖、保山、文山等地盟组织相继建立了相应的民盟“农村教育烛光行动”定点帮扶学校。民盟云南省委请优秀教师到定点帮扶学校授课,传授教学经验,并选派丽江、红河等地的农村中小学教师到浙江、广东以及昆明市的重点中学跟班培训等,提升教师教学水平。民盟云南省委还与民盟昆明市委、玉溪市委、新东方教育集团等合作,培训农村中小学教师。通过上述多种方式,共培训教师达六千人次。

2012年7月，民盟云南省委与民盟广东省委联合在怒江州开展“烛光行动”教师培训活动，由民盟广东省委组织的广东教育专家作专题讲座，来自怒江州各县的初中教师近百人听取了讲座。9月至12月，由民盟云南省委和香港乐施会共同出资，先后在昆明市第八中学共举办了四期“农村教育烛光行动”教师培训班。来自昆明、华宁、大理、文山、丽江等十余个市、县的共五十四名乡镇初中教师参加了语文、数学、英语等科目的培训。

2.“明眸工程”成效明显

2010年，民盟“‘明眸工程’云南行”暨“爱心温州·善行天下”活动在昭通启动，免费为二百六十八名白内障患者做手术，四名患者作眼角膜移植手术。民盟中央副主席李重庵、民盟云南省委主委倪慧芳专程到昭通参加了此项活动。2011年，民盟云南省委与民盟广州市委等联合在凤庆县举行“云穗民盟手牵手、滇红之乡送光明”活动。民盟云南省委、民盟广州市委和广东狮子会共二十人联合组成“云南送光明”社会服务工作团，并联合云南生物制药有限公司，开展对凤庆县的二百位贫困白内障患者实施免费复明手术，民盟云南省委专职副主委徐宁参加了此项活动。

3. 开展监狱帮教工作

自2008年起，民盟云南省委把云南省第三女子监狱作为帮教基地，针对监狱的需要共同制定帮教工作计划。积极动员盟内力量，每年都到监狱开展形式多样的帮教工作。对监狱的启迪艺术团进行艺术指导，对监狱文化教员进行文化培训，为服刑人员做心理健康教育，参与监狱方的出监教育等方面的工作，为服刑人员作《文明素质与形象礼仪》《心理健康》等专题讲座，鼓励和帮助服刑人员积极履行法定义务、勤学上进、重新做人，对监狱的帮教工作起到了支持、补充和延伸作用。通过帮教工作，促进更多服刑人员启迪良知、重获新生，得到了省监狱管理局等司法单位的高度肯定。

4. 整合资源，实施"同心工程"

民盟云南省委自2011年10月以来，积极参与"同心·示范点建设工程"，注重发挥优势，在开展智力帮扶方面取得了显著成绩，得到当地党委、政府及教育部门的一致认可和肯定，受到帮扶学校师生的欢迎。

开展"同心·改善民生和智力支持"活动。民盟云南省委出资为大吗哒村援建饮水项目，向宁州镇捐赠体育设施、图书、教学设备；与民盟上海市委联合，共同出资四十万元援助建设"民盟农村教育烛光行动"岔纳小学师生宿舍楼；联合云南开放大学为暮车小学捐赠七十套课桌椅，援建暮车小学师生食堂；出资援建吗哒小学"同心·多媒体室"及"同心·图书室"；为华宁县宁州街道办事处培训了十七名初中教师、二十名小学教师。2012年8月，民盟云南省委还组织盟员专家、企业家到"同心"工程联系点华宁县宁州办事处开展帮扶调研；与民盟北京市委联合，组织北京阜外医院、中日友好医院、北京协和医院和云南省的医疗专家赴华宁县医院开展医疗技术指导、教学查访、讲座和义诊活动等。

第二节　为科学发展与构建和谐社会建言献策

一、民盟云南省第十三次代表大会

民盟云南省第十三次代表大会于2012年6月11日至13日在昆明召开。会议的主要任务是:学习贯彻中共十七届六中全会及中共云南省第九次代表大会精神,听取和审议民盟云南省第十二届委员会工作报告;全面总结民盟云南省委五年来的工作,确定今后的工作目标和任务;选举产生了民盟云南省第十三届委员会和云南省出席民盟第十一次全国代表大会的代表。

这次代表大会共有正式代表二百八十六人。来自民盟中央,中共云南省委、省人大、省政府、省政协,省委统战部,省级各民主党派,省检察院,省级科研院所,省属各高校领导出席大会开幕式。民盟中央副主席张平及中共云南省委常委、省委统战部部长黄毅到会祝贺。台盟云南省委主委郑凡代表省级各民主党派、省工商联致贺词。大会审议通过了倪慧芳代表民盟云南省第十二届委员会做的题为《同心同德,切实履职,为云南科学发展贡献力量》的工作报告,对民盟云南省第十二届委员会的工作给予了充分肯定和高度评价。

大会认为,五年来,民盟云南省第十二届委员会在民盟中央和中共云南省委的领导下,始终坚持以邓小平理论和"三个代表"重要思想为指导,深入学习贯彻科学发展观,团结带领全省各级盟组织和广大盟员;以政治交接为主线,以加强自身建设、提高参政议政能力为两翼，在继承中创新，在创新中发展，以思想建设为核心，领导班子建设为重点，组织建设为基础，制度建设为保障，全面推进自身建设；牢牢把握事关云南经济社会发展全局的重大问题，建诤言、献良策，心系民生、致力发展，很好地发挥了参政党的职能作用，为促进云南经济科学发展、社会和谐稳定做出了积极的贡献。

大会强调，今后的五年，是我国进入全面实施"十二五"规划和建设小康社会的关键时期，是深化改革、加快转变经济发展方式的攻坚期，也是云南省经济发展转型升级、社会事业全面发展，推进科学发展、和谐发展、跨越发展的黄金期。全省各级盟组织和广大盟员要服务于全省经济社会发展的大局，以促进科学发展为参政议政的第一要务，围绕"十二五"规划的全面实施，切实履行参政议政、民主监督的职能，为建设开放富裕文明幸福的新云南做出积极的贡献。

民盟云南省第十三次代表大会选举产生民盟云南省第十三届委员会委员七十九名，选举出席民盟第十一次全国代表大会代表二十六名。

6月12日，民盟云南省第十三届委员会召开第一次全体会议，选举马勇、卢云涛等二十八人为民盟云南省委常务委员；选举倪慧芳(女)为民盟云南省委主委，施哲、肖宪、徐彬、徐宁(专职)、刘吉开、梅妍(女)、李江虹(女)、刘亮为副主任委员。这次民盟云南省委换届后，领导班子成员的年龄结构、专业结构得到进一步改善，特别是主委、副主委平均年龄由五十二点八岁降到五十二岁。

二、新一代云南盟员进入民盟中央领导行列

中国民主同盟第十一次全国代表大会于2012年12月9日至12月13日在北京召开。这次代表大会是在中国进入全面建设小康社会决定性阶段,民盟正处于新老交替、政治交接重要时期召开的具有历史意义的会议。大会认真学习了中共十八大精神和中共中央致民盟十一大贺词,听取并审议通过了民盟第十届中央委员会工作报告,审议通过了《中国民主同盟章程修正案》,选举产生了由二百八十二名委员组成的新一届中央委员会。云南盟员刘吉开、施哲、柳清菊(女)、倪慧芳(女)、夏静(女)、徐宁、徐彬、潘红(女)当选中央委员,当选民盟中央委员的人数与前四届的人数相同。

在12月13日举行的中国民主同盟第十一届中央委员会第一次全体会议上,倪慧芳当选民盟中央副主席,夏静当选为新成立的民盟第十一届中央监督委员会委员。继云南民盟前辈罗隆基、吴晗、楚图南、李文宜、费孝通、闻家驷在不同阶段成为民盟中央领导成员之后,新一代云南盟员倪慧芳成长为民盟中央领导成员。这既是民盟中央对云南民盟历史地位的重视,同时也体现了民盟中央对近年来云南民盟工作的认可和肯定。

三、开展坚持和发展中国特色社会主义学习实践活动,不断强化思想建设

思想建设是民盟自身建设的核心,也是充分履行参政党职能的基本保证。民盟云南省第十三次代表大会以来,民盟云南

省委及全省各级盟组织坚持以中国特色社会主义理论体系为指导,深入学习中共十八大及其各次全会精神,学习习近平总书记系列重要讲话精神,学习民盟十一大及各次全会精神,传承民盟前辈与中共肝胆相照、荣辱与共、亲密合作的光荣历史和优良传统。通过学习,进一步坚定了广大盟员走中国特色社会主义政治发展道路的信心和决心。

2013年是云南民盟成立七十周年之年,民盟云南省委开展系列纪念活动,继承优良传统,夯实思想基础。召开了纪念云南民盟成立七十周年学术研讨会,围绕民盟历史事件、历史人物和民盟精神展开研讨,回顾光荣历史,深切缅怀先贤高尚风范。出版《云南民盟七十年》纪念画册、《云南民盟大事记》,编撰《云南民盟组织结构历史沿革》,再版《费孝通与云南》,启动编撰《云南民盟史》,挖掘整理云南民盟丰富的传统教育资源。成立了理论研究小组,由副主委肖宪担任组长,出台了《民盟云南省委理论研究小组工作办法》,推进多党合作和参政党理论研究。成立了云南民盟美术院,任命盟员画家廖开为院长,举办了首届美术作品展。举办以"中国梦·民盟魂"为主题的云南民盟成立七十周年纪念大会,全面展示了云南民盟七十年来与中国共产党风雨同舟、患难与共的光辉历程,展现了民盟的精神风貌,受到出席大会的全国人大常委会副委员长、民盟中央主席张宝文等领导的高度赞誉。

2013年,民盟中央决定在全盟开展坚持和发展中国特色社会主义学习实践活动。坚持和发展中国特色社会主义学习实践活动,是政治交接主题学习教育活动,树立和践行社会主义核心价值体系的深化和延续。民盟云南省委高度重视，按照民盟中央要求，决定从 2013 年第四季度至本届届终在全省各级民盟组织中开展坚持和发展中国特色社会主义学习实践活动。研究下发了《民盟中央关于开展坚持和发展中国特色社会主义学习实践活动的通知》，成立了以倪慧芳主委为组长的学习实践活动领导小组。2014 年 2 月，民盟云南省委召开学习实践活动动员会，制定下发了《民盟云南省委开展坚持和发展中国特色社会主义学习实践活动方案》，确定了学习实践活动每年按一个主题开展，2014 年以基层组织建设年为主题，2015 年以参政议政能力建设为主题，2016 年以领导班子建设为主题。围绕每年确定的学习实践活动主题，2014 年民盟云南省委领导班子成员先后赴各州（市）地方组织和省直基层组织开展调研，倪慧芳主委赴民盟曲靖市委、红河州委、大理州委进行专题讲座，指导“学习实践活动”的开展。组织民盟云南省委常委、州（市）盟组织负责人及部分企业家盟员到四川南充中国民主同盟林、张澜纪念馆开展民盟传统教育学习，民盟云南省委、昆明盟市委等盟组织和广大盟员、机关干部职工为“民盟林”建设捐款二十余万元。推动昆明、红河、文山等地的民盟传统教育基地建设，并在西南联大蒙自分校旧址建立了省级民盟传统教育基地。与民盟昆明市委共同拍摄《最后一次演讲》微电影，推动在昆明建设“闻一多公园”，并争取民盟中央支持，将其作为民盟传统教育基地等。各地方组织按照民盟云南省委的统一部署，举办形式多样的学习活动，收到良好效果。

在加强思想建设的同时，不断加大宣传力度，增强宣传实效。充分利用《云南民盟》杂志、网站、《工作简讯》等盟内宣传载体以及短信、微信平台，不断加大对内宣传力度，塑造民盟组织和盟员的良好形象。重视与盟外媒体的联系沟通、信息交流，围绕民盟云南省委各项重要盟务工作、重大活动以及每年云南省“两会”等，邀请新华网、云南电视台、《云南日报》《云南政协报》等主流媒体进行专题报道。在民盟中央网站投稿连续五年位居全国三十个省级盟组织中前三名；在《云南政协报》开辟“民盟之窗”专栏，发表文章位居云南八个民主党派第一，扩大了民盟的影响，提升了民盟形象。在民盟中央宣传工作会议上，民盟云南省委、昆明市委和文山州委西畴支部被评为“民盟宣传工作先进集体”。

四、强基固本，扎实推进组织建设

组织建设是民盟自身建设的基础。民盟云南省第十三次代表大会以来，民盟云南省委大力实施“人才强盟”战略，全省各级盟组织采取有效措施，努力推进领导班子建设、组织发展、干部队伍建设和基层组织建设，为更好地履行参政党职能提供了人才保证。

完善领导班子制度建设。领导班子建设是民盟组织建设的重中之重。2012 年，民盟云南省委换届后召开的第一次常委会审议通过了《中国民主同盟云南省第十三届委员会常务委员会工作制度》。2014 年，进一步完善了《民盟云南省委员会全体会议制度》《民盟云南省委主委会会议规则》《民盟云南省委主委、副主委、秘书长工作制度》《民盟云南省委领导班子学习制度》等各项规章制度，贯彻民主集中制，发挥领导班子的集体作用，明确班子成员分工和联系基层组织工作，促进领导班子建设的制度化、规范化，领导班子的政治把握能力、参政议政能力、组织领导能力和合作共事能力得到进一步提升。

进一步强化干部队伍建设。把培养参政议政骨干、代表性人士和盟务干部三支队伍作为工作重点，加强各类培训。举办盟员干部培训班，推荐盟员骨干参加中共中央统战部、中央社会主义学院、中共云南省委统战部、省公务员局举办的培训。加强后备干部队伍建设，积极做好干部的选拔培养和推荐工作，努力为各项工作的开展打下良好的人才基础。

扎实推进基层组织建设。基层组织是盟的组织基础和工作基础，是联系广大盟员的桥梁和纽带，也是盟的活力源泉。为进一步加强民盟云南省委与基层组织的联系，2013 年初民盟云南省委成立了高等教育工作委员会、科研院所工作委员会、医药卫生工作委员会、省直属单位工作委员会等四个工作委员会，分别任命柳清菊、周智敏、赵宏斌、朱旗为四个工作委员会主任，其中省直属单位工作委员会因朱旗工作地点变动，后改为由刘跃明任主任。各工作委员会充分发挥基层组织在凝聚盟员、参政议政和社会服务等方面的作用，更好地加强了基层组织建设。为加强与广大盟员的直接联系，民盟云南省委还成立了青年委员会、联络委员会、妇女委员会、老龄委员会，分别任命李国锋、黎华、袁嘉丽、廖丕博为主任。

基层组织建设年活动成效显著。民盟云南省委把 2014 年确定为“基层组织建设年”，全面贯彻民盟中央关于加强组织建设的方针政策和“人才兴盟、人才强盟”战略，通过切实加强领导班子建设、稳步推进组织发展、切实加强后备干部队伍建设，全面加强基层组织建设。一年来，按照民盟中央提出要在“强组织、扩覆盖、抓班子、强队伍、求实效、增活力”上下功夫的要求，民盟云南省委领导班子成员分别牵头组成六个调研组，对二十四个省直属基层组织和十个州（市）委及其所属三十八个基层组织进行广泛调研。召开民盟州（市）委主委座谈会，研究组织建设工作。举办“基层组织负责人培训班”，召开全省基层组织工作会议，表彰先进组织，交流基层组织建设工作经验，提出新形势下加强基层组织建设的新思路和新举措。制定《民盟云南省委关于贯彻〈民盟中央关于进一步加强基层组织建设的意见〉的实施意见》《民盟云南省委基层组织工作细则》等相关制度，规范全省基层组织建设。2014 年，全省新建六个基层组织，其中一个县级支部（腾冲县支部）；发展盟员三百二十四人，年发展率百分之三点九九，净增率百分之三点零九，分别比 2013 年高百分之一点一九和百分之一点二九。截至 2014 年年底，全省共有州（市）级地方组织十个、县（市）级地方组织四个、基层组织三百二十二个，全省盟员总数八千四百五十三人。基层组织建设科学化水平不断提高，基层组织建设工作呈现出新的局面，组织发展稳步推进，活动形式不断创新，党盟关系更加和谐，基层组织的活力、凝聚力和影响力不断提升。

稳步推进组织发展工作。组织发展是民盟实现可持续发展的重要基础。全省各级盟组织按照组织发展工作的有关政策，坚持突出界别特色，注重发展质量，发展了一批代表性人士和有发展潜力的中青年人才，为盟组织增添了活力。截至2014年底，全省盟员总数达八千四百五十三人，其中省属三千零九十九人。大学本科以上文化程度的盟员有五千二百七十人，占百分之六十一点三八；中高级职称的盟员有六千六百零五人，占百分之七十六点九五。高教、科技、医卫、文艺界的盟员所占比例分别为百分之十七点三、百分之十五点五、百分之十三点四、百分之二点七。盟员整体素质进一步提高，结构更加合理。

不断加强机关建设。以建设学习型机关为抓手，坚持开展机关月度学习，丰富学习内容，增强机关干部职工的学习意识。以建设服务型机关为基础，对中层干部进行轮岗，选派机关干部外出学习培训，建立了机关干部下基层挂职锻炼的机制。进一步健全机关内设机构，成立了联络部，加强与基层盟组织和盟员的联系。以建设效能型机关为重点，编印《民盟云南省委工作制度汇编》，通过制度建设促规范，作风建设促转变，团结干事促发展，有效促进机关工作制度化、规范化。2013年，民盟云南省委再次被昆明市人民政府评为“文明单位”。

各级盟组织和盟员连创佳绩获表彰。2014年，民盟云南省委荣获国务院“民族团结进步集体”、民盟中央“基层组织建设活力建设奖”；民盟云南大学委员会等十三个基层组织荣获民盟中央“基层组织建设先进基层组织”荣誉；六个州（市）级组织和四十二个基层组织荣获民盟云南省委先进集体，受到表彰。

广大盟员立足本职，双岗建功，涌现出一批在各领域做出突出贡献的优秀盟员。云南大学盟员柳清菊荣获“全国三八红旗手标兵”“全国最美女性”荣誉称号，云南大学盟员于黎荣获第十九届“中国青年五四奖章”荣誉称号，云南民族大学盟员刘晓荣荣获“全国民族团结进步模范个人”荣誉称号，西南林业大学盟员李乡旺荣获“全国离退休干部先进个人”荣誉称号。七位盟员荣获云南省科学技术进步奖等，两位盟员被民盟中央评为“民盟社会服务工作先进个人”……这些盟员以他们在本职岗位上取得的杰出成绩为云南民盟赢得了荣誉。

五、助推科学发展，参政议政谱新篇

参政议政是民主党派最基本、最重要的政治职能。新形势、新任务对民主党派参政议政提出了新要求，民盟云南省委坚持把促进科学发展作为参政议政的第一要务，紧紧围绕中共云南省委、省政府的中心工作，发挥优势特色，整合盟内外资源，深入调查研究，着力提高议政建言水平，切实履行参政党职能，在推进云南省经济社会科学发展中发挥了重要作用。2013 年，民盟云南省委获民盟中央“参政议政优秀成果奖”表彰。2014 年，民盟云南省委被民盟中央评为“2014 年度民盟参政议政工作先进单位”。

高度重视参政议政能力建设。以队伍建设、制度建设为抓手，不断提升参政议政能力和水平。2013 年 1 月，民盟云南省委在昆明召开工作委员会、专门委员会会议，任命新一届工作委员会、专门委员会、咨询委员会主任、副主任人员。共组建教育、科技、文化、经济、社会与法制、人口资源环境六个专门委员会，分别任命张建新、邵宛芳、潘红、马勇、陈志波、卢云涛为六个专门委员会主任，聘请廖鸿志为咨询委员会主任。制定《课题管理办法》《专门委员会工作条例》，健全完善专委会工作机制，专委会成为参政议政主力军，为进一步提升参政议政水平打下了良好的基础。2014年、2015年，连续两年将参政议政工作会议与民盟云南省委全会套开，传达民盟中央参政议政工作会精神，交流参政议政经验，对全省民盟参政议政工作进行统一安排部署，并采取以会代训的方式对参政议政骨干进行培训。民盟云南省委还将2015年确定为全省民盟的参政议政能力提升年，教育引导广大盟员充分认识我国政党制度的特点和优点，进一步提升对参政党性质、地位和作用的认识，增强参政议政的使命感和责任感。

积极参与重大问题协商。民盟云南省第十三次代表大会以来，倪慧芳主委等民盟云南省委领导在中共云南省委、省政府召开的协商会、座谈会上，围绕加快经济发展方式转变、保障和改善民生、深化改革、扩大开放、依法治省、生态文明建设等经济社会发展中的重大问题、关系群众切身利益的焦点问题建诤言、谋实策，很多建议受到中共云南省委、省政府高度重视。在2012年、2013年、2014年省级民主党派和省工商联重点课题汇报会上，民盟云南省委分别做了《云南周边国际环境新变化对桥头堡建设的影响》《发展我省低碳旅游的建议》《推进境外经济贸易合作区建设》三个重点课题成果汇报，受到中共云南省委主要领导的充分肯定。

充分借用政协会议平台履行参政议政职能。2013年1月，中国人民政治协商会议云南省第十一届委员会第一次会议和云南省第十二届人民代表大会第一次会议相继在昆明召开，倪慧芳主委再次当选省政协副主席，三十四位盟员担任省政协委员，五位盟员被选为省人大代表。在2013年3月召开的全国政协十二届一次会议上,倪慧芳主委当选政协第十二届全国委员会常务委员。担任各级人大代表、政协委员的盟员,参政意识和参政水平不断提高,围绕经济社会发展的重大问题提出了很多高水平、高质量的议案和提案。2014年,在全国政协十二届二次会议上,倪慧芳主委与民盟组联名提出《建议国家加紧建立有效应对暴力恐怖活动的体制机制》的提案,受到中央有关部门高度重视;在全国政协十二届第八次常委会上,倪慧芳主委代表民盟中央作《深化司法改革,促进司法公正》发言,产生了较大社会影响。2013年、2014年,在省政协第十一届一次、二次会议上,民盟云南省委共提交大会发言两篇、交流材料三十一份、集体提案三十五件、牵头八个民主党派省委联合提案一件。其中《建议加强婴儿疫苗管理》《把握国家建设"一带一路"战略机遇,大力提升云南对外开放水平》的提案被《云南日报》等主流媒体跟踪报道,引起社会的广泛关注。

深入开展课题调研。没有深入调研,就不可能有高质量建言。民盟云南省委高度重视课题调研。2013年,民盟云南省委共组织十七项课题调研,包括《发展云南省低碳旅游对策建议》等六项重点课题,《进一步完善云南灾害社会救助体系的对策研究》等十一项一般课题。完成向民盟中央申报的《关于更加重视发挥云南在国家向西南开放中作用的建议》、省科技厅委托的《完善公共科技服务,提升我省小微企业创新能力的对策研究》等四项合作课题。2014年,民盟云南省委承担了民盟中央《云南在向西开放战略格局中的地位及作用》的合作课题,完成民盟中央重点课题《大学生创业、就业政策优化》的云南部分调研和中共云南省委统战部委托的《云南推进境外经济贸易合作区建设的对策研究》《云南省高职教育资源配置现状与地方经济发展》和《孟中印缅地区跨境生物多样性保护合作战略研究》三个课题,以及民盟云南省委《云南强化市场主体监督管理的对策研究》等十三个自立课题。民盟云南省委组团赴法国、德国、中国台湾进行职业教育学习考察。各地盟组织围绕当地党委政府的中心工作开展调研,为促进各地经济社会发展做出了贡献。

积极举办、参与各类论坛、研讨会。2012 年,民盟云南省委和省政协社法委共同承办了云南省政协第五届民生论坛,民盟云南省委十二篇论文获奖。组织盟员撰写论文参加省政协企业家论坛,获团体组织奖,十七篇论文获奖。2013 年,为促进云南高等教育改革发展,民盟云南省委举办了以“推动高等教育改革,促进云南经济社会发展”为主题的云南民盟第二届高等教育研讨会。组织盟员参与省政协以“惠民生、办实事、促脱贫”为主题的云南扶贫恳谈会并作《在桥头堡建设中完善云南省农村扶贫开发模式》的交流发言。2014 年,围绕中共云南省委、省政府中心工作,民盟云南省委举办了以“向西开放与区域合作”为主题的《群言》专题论坛。在省政协主办的“激发非公经济活力,促进非公经济发展”对口协商会上,民盟云南省委推荐的《非公经济参与云南新型城镇化建设思考》的论文被选为主题发言。在省政协第七届民生论坛上,《重视建立农业转移人口市民化成本分担机制》论文被选为大会交流发言。

加大社情民意信息工作力度。建立民盟信息工作联络机制，通过信息工作培训，强化信息工作意识，提升了信息工作能力。制定《民盟云南省委关于进一步加强反映社情民意信息工作的意见》等有关工作制度，促进信息采集报送常态化。2012年、2013年、2014年民盟云南省委分别整理上报社情民意信息一百三十七条、一百六十二条、二百零九条，被民盟中央、省政协采用六十条、三十九条、五十八条。各级地方组织积极上报各类信息，报送数量和质量有了大幅提高。

认真履行民主监督职能。全省各级盟组织积极探索开展民主监督的有效渠道。通过政协提案、人大议案和建议、信息等及时报送民盟对一些重大事项的意见建议，发挥民主监督作用。担任各级特约（邀）检察员、监察员、人民监督员、教育督导员等职务的盟员，认真履职，积极参与受邀单位的监督工作，通过行风评议、民主测评、专项检查等多种形式和渠道提出意见和建议，在加强廉政建设、法治建设等方面发挥了积极的作用。

六、整合资源，持续推进社会服务工作

按照突出重点、务求实效、稳步推进的工作目标，民盟云南省委社会服务各项工作取得了新的成绩。2014年，民盟云南省委、昆明市委和开远市委被民盟中央评为“民盟社会服务工作先进集体”。

积极开展“农村教育烛光行动”。整合盟内外资源，开展农村教育帮扶，促进农村教育发展。本届以来，民盟云南省委共投入资金七十五万元，协调资金二百余万元，用于改善农村教育基础设施和办学条件。积极开展农村教师培训，在民盟“烛光行

动”教师培训基地昆八中和五华区莲华小学举办了十六期教师培训班，培训中小学教师一百五十人。采用“走出去”方式，到保山、华宁就地培训中小学教师二千余人次。争取民盟中央为全省六所民盟“农村教育烛光行动”帮扶学校捐赠价值十九万元的智能教学软件三百二十套。民盟云南省委领导班子成员多次带队深入帮扶学校调研，捐赠教学设备、图书资料，帮助改善办学条件。

组织实施“黄丝带帮教计划”。连续多年与省检察院、省妇联、民盟昆明市委联合到省第三女子监狱开展“阳光路上·关爱同行”帮教活动，进行法律咨询、心理矫正和开展文化知识、医疗保健讲座等。与云南开放大学合作，积极探索对服刑人员开展职业技能培训。组织盟员律师到看守所开展法律援助，进行心理疏导。与省司法厅合作共建“黄丝带帮教示范基地”。“黄丝带帮教计划”获得省司法厅、省监狱管理部门认同，为打造“黄丝带”品牌打下良好的基础。

扎实推进“同心工程”。在“同心工程”帮扶点华宁县宁州街道办事处开展对口帮扶。自 2012 年来，每年春节期间，民盟云南省委主要领导都亲自带队到帮扶点走访慰问困难群众。领导班子成员多次深入宁州街道“同心工程”帮扶点进行实地调研，指导开展帮扶工作，慰问当地贫困群众。采取“走出去、请进来”的办法，对帮扶点中小学教师进行培训，帮助帮扶学校改善办学条件。联合云南开放大学为暮车小学捐赠七十套课桌椅，并把“与北京同行——基础教育优质课件资源云南运用项目”引进到华宁三中、华宁城关小学。协调民盟上海市委出资三十万元援建岔纳小学师生宿舍楼。组织盟员医疗专家到帮扶点开展医疗义诊。选派机关干部到华宁县及其宁州街道办事处挂职锻炼。

拓展社会服务工作新途径。与民盟广东省委、广州狮子会合作,在昭通市彝良县开展"明眸工程",为三百余名白内障患者进行免费手术,使他们重见光明。与省公路局合作,开展"关爱养路工·情洒送健康"义诊活动。参与民盟中央"微天使工程",促成景东县人民医院成为云南首家"微天使工程"示范医院。积极参与赈灾救灾工作。2014 年,"8·03"鲁甸地震发生后,民盟云南省委及时发出倡议,民盟云南省委领导班子带头捐款,全省各级盟组织、广大盟员和机关干部积极响应,捐资捐物。

第三节　追逐中国梦　传承民盟魂

一、回首七十年征程

2013 年是云南民盟成立七十周年。作为民盟的第一个地方组织,从在七十年前的抗日战争烽火中诞生后,至今已走过了与中国共产党团结合作、风雨同舟的七十年征程。

七十年来,一代又一代的广大盟员,矢志不渝地为民族独立、国家富强和人民幸福孜孜以求,与时代同步前进。二十世纪四十年代,云南民盟志士抛头颅,洒热血,以生命为代价为争取中华民族的独立、自由、民主做出了卓越的贡献。新中国成立后的各个时期,无数盟员立足本职,默默奉献,为社会主义现代化建设,为云南经济社会发展贡献了智慧和力量。经过七十年的发展,云南民盟从最初的仅有六名盟员的昆明支部,发展成为截至2014年12月31日全省共有盟员八千四百五十三人、十个州(市)级地方组织、四个县(市)级地方组织、三百二十二个基层组织的省级组织,成为云南参政党地方组织中的重要力量。

今天,中国民主同盟一代又一代民盟人的奉献和努力,都为了实现中华民族伟大复兴的中国梦。为了追逐这个梦想,云南盟员与全国盟员一道,为之坚忍奋斗了七十年。七十年的逐梦历史,造就了云南民盟,锻造了弥足珍贵的民盟魂。

2013年5月,民盟云南省委以"中国梦·民盟魂"为主题,举办了纪念云南民盟成立七十周年系列活动。旨在重温云南民盟历史、弘扬优良传统,讴歌云南民盟先贤前辈的光辉业绩,用民盟精神激励广大盟员为实现中华民族伟大复兴的中国梦而不懈努力。

"纪念云南民盟成立七十周年学术研讨会"拉开了系列活动的序幕。5月20日,民盟云南省委副主委施哲、肖宪、徐宁、刘吉开、梅妍及民盟云南各州市、省直属基层组织代表、民盟云南省委机关全体干部三百余人参加了研讨会。民盟中央副主席、云南省政协副主席、民盟云南省委主委倪慧芳出席会议并讲话。民盟中央研究室主任刘圣宇,中国社会科学院近代史研究所研究员闻黎明,原云南省政协副主席、原民盟云南省委副主委杨维骏等九位专家学者做了主题发言。

倪慧芳指出,作为民盟的第一个地方组织,同时也是第一个在云南成立并开展活动的民主党派组织,诞生在抗日战争烽火中的云南民盟,有着与中国共产党团结合作、风雨同舟的光荣历史。重温历史是为了开创未来，云南民盟将坚守民盟先辈的政治理想和政治承诺，以更加坚定的信念、更加奋发有为的精神、更加开阔的视野，与中国共产党同心同德、同心同向、同心同行，为民盟事业的薪火相传，为云南与全国同步实现全面建成小康社会的目标做出新的更大的贡献。

5 月 26 日晚，以“中国梦 · 民盟魂”为主题的“云南民盟成立七十周年纪念大会”在昆明市人民胜利堂隆重举行。

全国人大常委会副委员长、民盟中央主席张宝文亲临纪念大会并讲话。中共云南省委主要领导出席大会。中共云南省委常委、省委统战部部长黄毅在大会上致辞。民盟中央副主席、省政协副主席、民盟云南省委主委倪慧芳在大会上讲话。省人大常委会副主任、民革云南省委主委杨保建代表各民主党派省委、省工商联致贺词。省人大常委会副主任张百如，副省长、民建云南省委主委高峰，省政协常务副主席白成亮，省政协副主席、民进云南省委主委罗黎辉，民盟云南省委老领导高晓宇、杨维骏等出席大会。

张宝文主席代表民盟中央对纪念大会表示热烈的祝贺，向云南全体盟员致以亲切的问候，向长期以来关心、支持民盟工作的中共云南省委、省人大、省政府、省政协及中共云南省委统战部，各兄弟民主党派、工商联以及社会各界表示感谢。他说，云南民盟具有光荣的传统，成立七十年来，在各个历史时期为云南的革命和建设事业做出了积极贡献。2012 年以来，新一届民盟云南省委领导班子团结带领全省各级盟组织和广大盟员，紧紧围绕中共云南省委、省政府中心工作，切实加强自身建设，充分发挥参政党作用，为促进云南经济社会科学发展、和谐发展、跨越发展做出了新的贡献。他指出，当前，中国处在一个最接近实现中国梦的关键时期。中共十八大提出在中国共产党成立一百年时全面建成小康社会、在新中国成立一百年时建成富强民主文明和谐的社会主义现代化国家的“两个百年”目标，从而开启了实现中国梦的新航程。这次纪念大会以“中国梦·民盟魂”为主题，显示了云南民盟缅怀先贤、继承传统、坚定信念、奋发有为的精神风貌，他希望云南民盟进一步增强履行参政党职能的使命感和责任感，继续坚持“奔走国事，关注民生”的优良传统，努力保持求真务实、勇于担当的政治品格，坚定不移地做中国特色社会主义的拥护者、科学发展的推动者和改革的促进派。

黄毅部长在致辞中指出，云南民盟七十年来，在民盟中央和中共云南省委的领导下，始终坚持正确的政治立场和政治方向，继承发扬民盟优良传统，充分发挥界别特色优势，围绕中心、服务大局，切实履行参政党职能，为中共云南省委、省政府民主、科学决策提供了依据。他期望包括民盟在内的各民主党派深入学习贯彻中共十八大精神，夯实同中国共产党团结奋斗的思想政治基础，坚定不移地沿着中国特色社会主义道路前进，发挥智力密集、联系广泛的独特优势，把全面建成小康社会作为参政议政、建言献策、民主监督的着力点、聚焦点，紧扣经济社会发展重点、事关民生的热点难点问题，深入开展调查研究，多建科学发展之言，多献共建和谐之策，多做富民惠民之事。深化政治交接，继承和发扬民主党派的优良传统，不断提高履行职能的水平。

倪慧芳主委在讲话中回顾了云南民盟七十年来走过的光辉

历程和发挥的重要作用。她表示，民盟云南省委将以纪念云南民盟成立七十周年为契机，把学习实践同心思想和学习践行社会主义核心价值体系结合起来，与深入学习贯彻中共十八大和民盟十一大精神结合起来，切实加强思想建设。要坚持以科学发展观为统领，围绕中共云南省委、省政府的中心工作，找准参政议政的切入点，在推进“两强一堡”建设，经济结构调整、推动城乡发展一体化以及人民群众最关心、最直接、最现实的利益问题上，深入调查研究，提出真知灼见。要通过参加“农村教育烛光行动”，参与新农村建设，以及开展科技培训、引资引智、医疗服务等多种形式的社会服务活动，积极为人民群众做好事，做实事，进一步增强社会服务工作的实效性，更好地关注民生，奉献社会。

纪念大会全面展示了云南民盟七十年来与中国共产党风雨同舟、患难与共的光辉历程。来自各民主党派省委、省工商联、省级有关单位、昆明市有关部门、有关州市统战部，以及参加民盟西部城市盟务工作会的嘉宾和民盟全省各基层组织的盟员代表一千余人参加了纪念大会。张宝文感慨地赞扬说，“整个晚会简朴、隆重、热烈，观后，很受教育、很受感动、很受启发。”

一位有四十多年盟龄的老盟员感慨万千：“云南民盟有着光辉的历史，也有着辉煌的今天，我相信云南民盟的明天会更加灿烂。我为云南民盟而骄傲，也为自己是位盟员而深感自豪，愿我们民盟事业万古长青。”一位来自地、州的基层盟员表示：“作为基层盟员，我们将更加努力工作，把家乡建设好，把祖国建设好，为实现中国梦而贡献自己的一份力量。”与会青年盟员深有感触:“重温历史,不仅仅让我们深切缅怀云南民盟先辈,更重要的是使我们从中领悟到民盟作为知识分子群体的社会责任和激励我们不能懈怠、薪火相传的精神。”“纪念云南民盟成立七十周年,就是要继承民盟老一辈以‘天下为己任、正直正派、学有专长、甘于奉献,修德守身、淡泊名利、自尊自强’的光荣传统,继承民盟与中国共产党‘肝胆相照、荣辱与共’的合作传统。”

二、薪火相传,继往开来

云南民盟七十年的征程中,涌现了不少杰出的代表人物。他们中既有在民主革命时期为争民主、求解放、反独裁而抛头颅洒热血的革命先烈李公朴、闻一多,有为反内战、争和平、为民主进步而大声疾呼、奔走努力的前辈先贤罗隆基、潘大逵、周新民、潘光旦、曾昭抡、吴晗、楚图南、冯素陶、尚钺、费孝通、李文宜、赵沨、张光年……也有为云南民盟的发展壮大而呕心沥血、辛勤工作、不懈奋斗的寸树声、竺良甫、杨明、方仲伯、杨维骏、高国泰、高晓宇、倪慧芳……

新中国建立以来,尤其是改革开放以来,广大盟员立足本职、矢志报国、勤奋工作、奉献社会,涌现出了一大批优秀盟员,他们用知识为人民谋福祉,用知识为社会的发展和进步服务,践行了民盟立盟为公、以天下为己任的优良传统和精神。他们建功立业,荣获各级自然科学奖、科学技术进步奖、社科优秀成果奖、优秀论文奖等各种奖励,获得“国突”“省突”“全国优秀教师”“省级优秀教师”和各级“劳动模范”等称号及享受“国务院专家津贴”“省政府专家津贴”,为国家的发展和社会的进步作出了贡献，也展示了云南盟员的卓越风采。他们中，有林业教育家徐永椿、森林植物学家薛纪如、植物病理学家段永嘉、物理学专家顾建中、民族学家杨堃、物理学专家张永立、冶金学专家刘纯鹏、冶金学专家谭庆麟、临床妇产科学专家杜棻、胸外科专家刘崇智、植被生态学家朱彦丞、机械专家竺良甫、历史学家尤中、民族学家江应梁、经济学家刘学愚、分子生物学专家刘次全、经济学专家胡桐元、蜜蜂生物学专家匡邦郁、美术家廖开、音乐教育家徐守廉、土壤学家叶惠民、中医专家孟如、结构工程专家涂津、计算数学专家廖鸿志、新闻学专家高宁远、作曲家刘晓耕、兽医学专家高洪、国际关系专家肖宪、植物化学专家刘吉开、环境科学专家卢云涛等等。

跨入新世纪后，云南盟员中的不少杰出代表成为云南全体盟员的骄傲——

著名植物学家、中科院院士、民盟云南省委原副主委吴征镒荣获2001年度云南省科学技术奖突出贡献奖、2003年度何梁何利基金奖、“2011国家最高科学技术奖”，入选“‘十一五’云南十大科技人物”。

云南外科学奠基人、昆明医学院第二附属医院教授蓝瑚，是云南省首批获得国家级“有突出贡献知识分子”荣誉称号和迄今唯一获“中华医学会资深会员”殊荣的专家，2009年荣获云南省“首届兴滇人才奖”。

中国著名药理专家、大理学院药物研究所李树楠教授，是享受国务院政府特殊津贴的专家，先后获得“全国先进工作者”“全国优秀科技工作者”“国家级有突出贡献专家称号”“五一劳动奖章”。

昆明医学院主任医师李秉权教授，是中国神经外科开拓者之一，云南省神经外科奠基人，全国科学大会奖、解放军一等军功奖获得者，全国劳动模范和云南省劳动模范，云南医学界捐献遗体第一人。

云南大学赵仲牧教授，是一位有创造力和原创性的哲学家，一生甘于寂寞，潜心于学术理论的探究，荣获专门褒奖有广泛影响的杰出文学艺术家的民间“王中文化奖”，并多次荣获“云南社会科学优秀成果奖”和省教委与云南大学科研奖、教学优秀奖。

民盟云南省委原副主委、中国水电顾问集团昆明勘测设计研究院副院长邹丽春，先后荣获云南省“三八红旗手”称号及“云南省有突出贡献的优秀专业技术人才”，2011 年被云南省住房和城乡建设厅授予“云南工程勘察设计大师”称号。

云南大学工程技术研究院院长、教授、博士生导师，民盟云南大学委员会主委柳清菊教授，先后主持国家及省部级项目十九项，荣获“全国巾帼发明家奖”“云南省十大杰出青年”“云南省十大女杰”“全国三八红旗手”“全国妇女创先争优先进个人”“全国三八红旗手标兵”“全国最美女性”等十余项荣誉称号，担任“十二五”国家八百六十三计划新材料技术领域主题专家、教育部首批“新世纪优秀人才计划”入选者、云南省中青年学术和技术带头人。

云南大学博士生导师、云南省高校动物遗传多样性与进化重点实验室主任于黎，主持完成国家自然科学基金两项，国家 973 计划二级子课题一项。主持国家自然科学基金重点项目一项，先后荣获“云南省自然科学奖一等奖”“第六届云南省青年科技红云红河奖”“第十届中国青年女科学家奖”“第十九届中国青年五四奖章”等多项奖励，入选“云南省中青年学术带头人后备人才”和“教育部新世纪优秀人才支持计划”“国家青年拔尖人才计划”。

云南白药集团高级工程师高鹰，主持或参与课题十六项，获省级科技成果奖五项，荣获“云南省科技进步三等奖”，2012 年被评为全国“各民主党派、工商联、无党派人士为全面建设小康社会做贡献”先进个人。

云南大学公共管理（社会工作）学院社会工作研究所所长、副教授向荣，创建了我省首家社区照顾服务中心，带领团队长期对流浪儿童、少数民族农村妇女、外来流动人口开展专业化社会服务与法律救助服务。在少数民族地区建立了三个村级社工站。与省妇联合作建立妇女之家和流动妇女儿童示范工作站，针对家庭暴力防治建立隐蔽的受暴妇女庇护所，共为十余万妇女儿童提供服务。在昆明“3·01”暴恐事件、鲁甸“8·03”地震等重大突发事件中，协助建立灾害社工支持体系。2015 年荣获第四届“兴滇人才奖”殊荣，受到中共云南省委、云南省人民政府表彰。

《红河日报》记者、盟员丁莲在做好本职工作的同时，长期关注基层群众的生存状态，关心社会弱势群体的疾苦，十余年坚持帮助贫困学生和贫困家庭，并带动上百人参与做好事，先后荣获“2009 年昆明好人”“红河州第二届道德模范”“红河州希望工程二十年优秀个人组织奖得主”等荣誉称号，2011 年被评为“民盟中央纪念中国民主同盟成立七十周年"先进个人,代表民盟云南省委参加"与党同行·身边的榜样"先进人物事迹报告会。2015年10月,丁莲荣获中国消除贫困奖感动奖,受到中共中央总书记、国家主席、中央军委主席习近平的亲切接见。

西南林业大学盟员退休教授李乡旺、陆素娟夫妇退休后继续发挥余热,为治理石漠化,践行着知识分子朴素的社会责任,二十年知行合一,用白发换来青山,让石漠化区域变成希望之地,把自己的专业知识贡献给社会,做最实际的事情,先后荣获"全国离退休干部先进个人""云岭楷模""2013年昆明好人"等荣誉称号。

……

杰出盟员的不断涌现,彰显了云南民盟的强大活力与凝聚力!追逐"中国梦",传承"民盟魂"!

云南民盟广大盟员满怀信心,站在新的历史起点上,坚守民盟前辈铸就的"民盟魂",弘扬民盟的优良传统,坚定地走在追求"中国梦"的道路上……

附录

一、历任民盟中央常委及以上职务的云南盟员名录

楚图南——曾任民盟中央副主席、主席、名誉主席。

费孝通——曾任民盟中央副主席、主席。

李文宜——曾任民盟中央副主席、全国政协常委。

闻家驷——曾任民盟北京市委副主委、主委，民盟中央常委、副主席、名誉副主席。

倪慧芳——曾任民盟中央副主席、全国政协常委、云南省政协副主席、民盟云南省委主委。

曾昭抡——曾任民盟中央常委、高教部副部长、全国科联副主席。

周新民——曾任民盟中央常委兼组织部部长、全国政协副秘书长、中央人民政府办公厅副主任。

冯素陶——曾任民盟中央常委、民盟山西省委主委、山西省人大常委会副主任、山西省政协副主席、全国政协常委。

潘大逵——曾任民盟中央常委、民盟西南总支部副主委、民盟重庆市支部主委、民盟四川省委主委。

吴富恒——曾任民盟中央常委，民盟山东省委员会副主委、主委、名誉主委，山东省政协副主席。

潘光旦——曾任民盟中央常委、全国政协委员。

杨　明——曾任民盟中央常委、全国人大常委会委员、云南省人大常委会副主任、云南省政协副主席、民盟云南省委主委。

高晓宇——曾任民盟中央常委、全国政协委员、云南省人大常委会副主任、民盟云南省委主委。

二、民盟云南省委员会历届主委、副主委名录

中国民主政团同盟昆明支部(1943 年 5 月 5 日成立)

主　委:罗隆基

中国民主同盟云南省支部(1944 年 10 月 1 日更名)

主　委:罗隆基

民盟云南省第一届支部委员会(1945 年 12 月 23 日第一次盟员大会)

主　委:楚图南

民盟云南省临时工作领导小组(特殊时期)(1946 年 8 月 10 日至 1947 年 2 月)

负责人:戴今生(1946 年 12 月止)、汪大受(1946 年 12 月始)

民盟云南省临时工作领导委员会(特殊时期)(1947 年 2 月至 1953 年 4 月 22 日)

张默涛(1947 年 2 月—1948 年 7 月),吴邦彦(1948 年—1950 年 1 月 15 日)

主　委:苏鸿纲(1950 年 1 月 16 日—1953 年 4 月 22 日)

民盟云南省第二届支部委员会(1953 年 4 月 23 日第二次盟员代表大会)

主　委:苏鸿纲

副主委:寸树声　方仲伯　杨明

民盟云南省第三届委员会(1956 年 4 月 30 日第三次盟员代表大会)

主　委:寸树声

副主委:方仲伯　杨　明　杜　棻　竺良甫

秘书长:杨维骏

民盟云南省第四届委员会(1959 年 2 月 23 日第四次盟员代表大会)

主　委:寸树声

副主委:杨　明　杜　棻　竺良甫

秘书长:丁维铎

民盟云南省第五届委员会(1962 年 8 月 22 日第五次盟员代表大会)

主　委:寸树声

副主委:杨　明　杜　棻　竺良甫

秘书长:丁维铎

民盟云南省第六届委员会(1980 年 2 月 26 日第六次盟员代表大会)

主　委:杨　明

副主委:方仲伯　杜　棻　吴征镒　朱彦丞(1980 年 12 月止)　王源璋　杨维骏

秘书长:高国泰

民盟云南省第七届委员会(1984 年 12 月 9 日第七次盟员代表大会)

主　委:杨　明

副主委:杜　棻　王源璋　杨维骏　高国泰　袁德政　孟如(女)

秘书长:吕培炎

民盟云南省第八届委员会(1988 年 5 月 27 日第八次盟员代表大会)

主　委:杨　明

副主委:杨维骏　高国泰　袁德政　孟　如(女)　陈永民　高晓宇

秘书长:吕培炎(1990 年 9 月止)　冯　齐(1990 年 11 月始)

民盟云南省第九届委员会(1992 年 8 月 5 日第九次盟员代表大会)

主　委:杨　明

副主委:杨维骏　陈永民　孟　如(女)　高晓宇　周曾敏

1996 年 6 月 15 日九届四次全会增补:廖鸿志　倪慧芳(女)

秘书长:冯　齐

民盟云南省第十届委员会(1997 年 5 月 9 日第十次盟员代表大会)

主　委:高晓宇

副主委:孟　如(女)　周曾敏　廖鸿志　倪慧芳(女)

2001 年 4 月十届五次全会增补:施　哲

秘书长:刘建群(1999 年 2 月止)　赵国贤(1999 年 2 月始)

民盟云南省第十一届委员会(2002 年 5 月 19 日第十一次盟员代表大会)

主　委:高晓宇

副主委:廖鸿志　倪慧芳(女)　施　哲　戴　抗(女)　邹丽春

2003 年 1 月十一届二次全会增补:陈龙江

2006 年 4 月十一届五次全会增补:肖　宪　毕　励(女)

秘书长:赵国贤

民盟云南省第十二届委员会(2007 年 6 月 22 日第十二次盟

员代表大会）

主　委：倪慧芳（女）

副主委：廖鸿志　施　哲　戴　抗（女）　邹丽春（女）　肖　宪　毕　励（女）

2010 年 8 月十二届五次全会增补：徐　彬　徐　宁

民盟云南省第十三届委员会（2012 年 6 月 13 日民盟云南省第十三次代表大会）

主委：倪慧芳（女）

副主委：施　哲　肖　宪　徐　彬　徐　宁　刘吉开　梅　妍（女）　李江虹（女）　刘　亮

三、担任省级以上政协委员、人大代表的云南盟员名录

云南省第一届第一次各界人民代表会议协商委员会会议

（1950 年 12 月 25 日至 1951 年 1 月 2 日）

代表：苏鸿纲　杨维骏　杨　明　杨白仑

当选协商委员：苏鸿纲　由云龙　张子斋　杨　明

云南省第一届第二次各界人民代表会议协商委员会会议

（1951 年 11 月 22 日至 28 日）

苏鸿纲　寸树声　杨维骏　杨白仑

政协云南省第一届委员会（1955 年 2 月 21 日至 24 日）

民革：陈复光　普梅夫

民盟:李德家　黄秋帆　杨维骏　苏鸿纲
　　寸树声(1956年4月8日始)
科技:苗仲华　张永立　黄佑文
医卫:杜　棻
教育:竺良甫　邓孝慈
特邀:丁兆冠　刘达夫　张德光　王士魁　王源璋
　　吴乾就　张其浚　杨　涛　倪思培　由云龙
　　秦淑贞(女)　　李嘉谟
云南对外友好和平团体:马仲明　杨青田

政协云南省第二届委员会(1959年7月10日至17日)

中共:唐登岷
民革:李济五
民盟:丁维铎　寸树声　杜　棻　李丕章　竺良甫　杨维骏
民进:赵毓英　杨绍鸿
科技学会:朱彦丞　黄佑文　张永立　杨桂宫
社科:张德光
教育:邓孝慈　徐永椿　杨　涛
医卫:刘崇智
民族:张子斋
特邀:王士魁　王源璋　由云龙　刘达夫　梁家椿
　　黄秋帆　贾光涛　赵雁来　陈复光　倪思培
　　李嘉谟
云南对外友好和平团体:马仲明　杨青田

政协云南省第三届委员会(1963 年 12 月 25 日至 1964 年 1 月 9 日)

中共:张子斋

民革:李济五

民盟:丁维铎　寸树声　杜　棻　李丕章　贾光涛　杨维骏

民进:赵毓英　杨绍鸿

科协:赵雁来　黄佑文　杨桂宫　张永立　倪思培

社科:江应樑　张德光

教育:邓孝慈　杨　涛　顾建中

医卫:兰　瑚

特邀:王士魁　刘达夫　唐登岷　梁家椿　黄秋帆　李嘉谟

增补:周禾书

云南对外友好和平团体:马仲明　杨青田

政协云南省第四届委员会(1977 年 12 月 12 日至 16 日)

民革:李济五

民盟:寸树声　杜　棻　李丕章　贾光涛　杨兆钧　杨维骏

九三学社:杨绍廷

民进:杨绍鸿

科技:杨桂宫　赵雁来

社科:张德光　江应樑

教育:顾建中　黄佑文　魏　鋹(女)　段永嘉　唐登岷

医卫:姚贞白　李秉权

归侨:周禾书

民族:张子斋

特邀:刘伯泉(女) 刘纯鹏 刘鸿壁(女) 林书城
倪思培 王槐靖 范启新 胡以仁
黄秋帆 阙振寰 叶孝怡 李嘉谟
窦维中 杨青田

四届二次会增补:马仲明

1979 年 12 月 31 日增补:
普梅夫 杨 明 李德家 王兰清 方仲伯
冯 竞 叶惠民 向景云 李振家 张其浚
陆乃雄 崔毓宇 薛纪如 徐守廉 张致中
卢子元

1980 年 12 月 21 日增补:线东升

1982 年 1 月 10 日增补:高国泰 缪安成

政协云南省第五届委员会(1983 年 4 月 22 日至 30 日)

民革:李济五

民盟:刘鸿壁(女) 李丕章 李德家 杨 明 杨兆钧
杨维骏 范启新 贾光涛 高国泰 崔毓宇

九三学社:杨绍廷

妇联:田 颤(女) 周立端(女)

文艺:徐守廉

科技:叶孝怡 杨桂宫 周焕昌 赵雁来 阙振寰
王兰清 倪思培

社科:江应樑 张德光

教育：王槐清　许子健　吴光华　段永嘉　卢子元
黄佑文　顾建中　薛纪如　魏　鋹（女）

医卫：李秉权　钱清明（女）

归侨：黄　光

特邀：王灿辉　冯　竞　叶惠民　刘纯鹏　王　锟
向景云　李振家　陆乃雄　杨增义　邱世福
罗诗恺　林书城　线东升　胡以仁　黄秋帆
田　柱　黄泽润　张致中　普梅夫　李嘉谟
刘德伟（女 1984 年 5 月 3 日始）
吕培炎（1985 年 8 月 14 日始）

五届四次会增补（1986 年 5 月 4 日）：刘国信　刘崇智
李宏国　杨宏录　杨绍鸿　袁德政

政协云南省第六届委员会（1988 年 4 月 28 日至 5 月 7 日）

民盟：王　骏　王　锟　王文富　王兰清　王源璋
冯　竞　田　颢（女）　卢明义　刘次全
刘纯鹏　吕培炎　杜　棻　李宏国　李振家
杨维骏　孟　如（女）　林书城　范启新
胡桐元　顾建中　钱松伟　高晓宇　普梅夫
喻盛甫　薛纪如　陈永民（1988 年 7 月 19 日始）
冯　齐（1992 年 3 月 1 日始）

农工党：刘崇智　李德家

致公党：陆乃雄

九三学社：杨绍廷

工商联:严湘成

科技:卫志祖　阙振寰　吴晋初

农林:叶惠民　杨宏录　黄泽润

教育:卢子元

医卫:李秉权　钱清明(女)

民族:线东升

特邀:庄梅瑛(女)　李炳尧　李树楠　董坤维

政协云南省第七届委员会(1993 年 4 月 21 日至 30 日)

民盟:寸镇西　卫志祖　王　骏　王文富　王家驹
田　颢(女)　匡邦郁　刘次全　刘学愚
刘宗周　李芝喜　李宏国　李炳尧　陈永民
周天忠　周培武　孟　如(女)　段昆生(女)
钱松伟　高晓宇　喻盛甫　舒　建(1995 年 2 月 14 日始)

农工党:刘崇智

科协:廖鸿志

科技:吴晋初　涂　津

经济:孙绍湘　胡桐元　冯　齐

农林:杨宏录

教育:余永强

民族:线东升

特邀:杨大光(女)　杨绍廷

政协云南省第八届委员会(1998 年 1 月 14 日)

寸镇西	马　娅(女)	冯　齐	王丽华(女)
倪慧芳(女)	朱镇坤	刘次全	刘学愚
刘建群	李宏国	杨大光(女)	肖　宪
陈龙江	周天忠	周曾敏	徐正会
董　杰	孟　如(女)	胡桐元	喻盛甫
段昆生(女)	舒　昉	线东升	肖　平(女)
崔桂华(女)	舒　建	匡邦郁	廖鸿志
周培武	潘　红(女)	陈昱君(女)	肖　丽(女)
周立端	马子旭(女)	孟启诚	施　哲
刘大昆(女)	董瑶英(女)	玉香约(女)	杨国卫
李家瑞			

八届三次全会增补(2000):郭韦琦　赵国贤

政协云南省第九届委员会(2003 年 1 月 8 日至 18 日)

民盟:	寸镇西	么恩泽	卢云涛(女)	毕　励(女)
	吕昭萍(女)	朱　旗	刘齐宣(女)	张国儒
	肖　宪	陈龙江	周天忠	赵国贤
	施　哲	徐正会	郭凤根	黄遵锡
	龚　明	蒲元华(女)	廖丕博	谭应中
	潘　红(女)	戴　抗(女)		

农工党:朱永平

团省委:肖　平(女)

青联:袁　野　徐　彬

科协:廖鸿志

科技:张晓明

经济:孙　航(增补)

农林:杨国顺　李家瑞　陈少瑜(女)

教育:马子旭(女)　孟启诚

体育:肖　丽(女)

医卫:曾银秀(女)

民族:吴光洲

特邀:闫英骥　杨国卫　杨映雪(女)

列席:高晓宇(九届一次)

政协云南省第十届委员会(2008 年 1 月 16 日至 23 日)

民盟:王继龙　卢云涛(女)　吕昭萍(女)　朱　旗
　　刘剑雄　毕　励(女)　李　惠(女)　李丛玉(女)
　　肖　宪　张国儒　陈家祥　邵宛芳(女)
　　夏　静(女)　倪慧芳(女)　徐正会　黄遵锡
　　龚　明　蒲元华(女)　廖鸿志　谭应中
　　潘　红(女)　戴　抗(女)

团省委:袁　野

省总工会:文建凡

科技:杨国顺　陈少瑜(女)

教育:马子旭(女)　徐　彬

体育:胡宝林

医卫:袁嘉丽(女)　高　鹰(女)

民族:李金良(女)　吴光洲　何立昆　张毅敏　卢仕海

特邀:周国珍(女)

政协云南省第十一届委员会(2013年1月13日至26日)

民盟:王继龙　卢云涛(女)　朱　旗　刘　亮

刘吉开　刘剑雄　刘湘云(女)　李江虹(女)

李国锋　李金良(女)　杨　斌　邹丽春(女)

张国儒　陈　军(女)　陈宇龙　周国珍(女)

柳清菊(女)　倪慧芳(女)　夏　静(女)　龚　明

梅　妍(女)　管建华

省总工会:文建凡

文化艺术:杨艳琼(女)

科　技:陈少瑜(女)

经　济:毕　励(女)

教　育:张毅敏　徐　彬

体　育:胡宝林

医　卫:袁嘉丽(女)　高　鹰(女)

民　族:卢仕海　吴光洲

云南省第一次各届人民代表会议(1950年12月15日至1951年1月3日)

苏鸿纲　杨维骏　杨　明　杨白仑

由云龙　张子斋　刘宝煊　李嘉谟

列席:丁维铎

云南省第一届人民代表大会(1954 年 8 月 6 日至 12 日)

昆明市:杨　明
路南县:赵体恭
寻甸县:由云龙
景东县:唐登岷
下关市:苏鸿纲
腾冲县:寸树声
大理县:纪士孔
德钦县:张子斋
景谷县:杜　棻
龙陵县:线东升
补　选:秦淑贞(女)
列　席:范启新

云南省第二届人民代表大会(1958 年 11 月 2 日至 6 日)

大理州:寸树声　杨　明　张子斋
昆明市:邓尊六
曲靖专区:由云龙　张德光
楚雄州:高昌华
昭通专区:杨静娴(女)
玉溪专区:王树勋
思茅专区:唐登岷
红河州:吴乾就
路南县:赵体恭

云南省第三届人民代表大会(1963 年 12 月 26 日至 1964 年 1 月 8 日)

昆明市:邓尊六　何昆华　姚贞白
大理州:张子斋　纪士孔　杨　明

思茅专区:孙　载

红河州:杜　棻　李铸铭　吴乾就

曲靖专区:卫念祖　张德光

保山专区:寸树声　魏　鋹(女)

文山州:肖竹英(女)　徐永椿

临沧专区:王源璋

昭通专区:刘崇智

楚雄州:高昌华

玉溪专区:王树勋

东川市:唐登岷　杨静娴(女)

宜良县:赵体恭

云南省第五届人民代表大会(1977年12月13日至17日)

昆明市:邓尊六

东川市:谭庆麟　王树勋

昭通专区:刘崇智

曲靖专区:杨正南　张德光

迪庆州:杜　棻

红河州:王源璋　兰　瑚

保山专区:徐永椿

大理州:纪士孔　杨　明

文山州:唐登岷　吴征镒　卫念祖

补选:张子斋

云南省第六届人民代表大会(1983 年 4 月 23 日至 29 日)

昆明市:杜　棻　徐永椿　　曲靖地区:杨正南

文山州:卫念祖　　昭通地区:刘崇智

玉溪地区:方仲伯　　西双版纳州:杨　明

大理州:纪士孔　张子斋

二次会补选:尤　中

云南省第七届人民代表大会(1988 年 4 月 29 日至 5 月 1 日)

昆明市:孟秀鸾(女)　　曲靖地区:姜　华(女)　袁德政

文山州:廖俊祥　　保山地区:叶玉华(女)

怒江州:尤　中　　昭通地区:杨彝道　陇承弼

红河州:李殿生

大理州:纪士孔　杨　明　张子斋　肖绍琼(女)

云南省第八届人民代表大会(1993 年 4 月 26 日至 5 月 9 日)

昆明市:武新文　周曾敏　黄廷基

红河州:吴征镒　王文紫(女)　李殿生

文山州:廖俊祥　周立端(女)

大理州:王　福　杨　明

昭通地区:陇承弼

曲靖地区:姜　华(女)

思茅地区:刘大昆(女)

保山地区:张有政

丽江地区:刘凤云

云南省第九届人民代表大会(1998 年 1 月)

高晓宇　黎　英　苏天听　姚本礼

雷　明　李任之　杨　明　陇承弼

后补:熊若蔚

云南省第十届人民代表大会(2003 年 1 月 10 日至 21 日)

高晓宇　倪慧芳(女)　邹丽春(女)　姚本礼

吕燕玲(女)　张继红(女)　杨泽恒

云南省第十一届人民代表大会(2008 年 1 月 18 日至 25 日)

玉溪市:邹丽春　曲靖市:施　哲　浦绍鑫

昆明市:姚本礼　昭通市:雷贤慧(女)　晋文波(女)

云南省第十二届人民代表大会(2013 年 1 月 21 日至 28 日)

昆明市:叶　明　马丽波(女)　玉溪市:施　哲

楚雄市:徐　宁　曲靖市:寸　颖(女)

四、民盟云南省委在云南省政协会议上的提案目录(1991 年—2016 年)

1991 年(省政协六届四次会议)

1. 今后十年云南区域布局的建议
2. 进一步改善投资软环境,引进外资为云南经济服务
3. 关于"八五"期间省内粮食基本自给的几点建议

1992 年(省政协六届五次会议)

1. 建议成立“大农委”加强对我省大农业的指导

2. 关于九十年代云南经济发展的几点意见

3. 创造依靠科技促进经济发展的环境与机制

4. 云南乡镇企业发展中亟待解决的几个问题

5. 关于云南计算机推广运用的对策和建议

6. 建立云南省地理信息数据库的提案

1993 年(省政协七届一次会议)

1.“入关”对我省的影响与对策建议

2. 抓紧机遇加快云南全方位对外开放的建议和意见

3. 云南在新形势下发展乡镇企业方向的建议

4.“开发区热”应适度降温,对借“开发区”之名乱占滥用良田好地应采取果断措施制止

1994 年(省政协七届二次会议)

1.“我省高新技术的培育与推广应用”列入课题研究的提案

2. 加速发展我省高新技术及其产业的对策建议

3.“尽快落实建立我省地理信息数据库基地”的提案

4. 重视和加强我省高等教育,增加教育经费的投入

5.“关于净化青少年成长的社会环境”的提案

1995 年(省政协七届三次会议)

1. 采取有效对策,避免我省贫富差距进一步加剧。

2. 我省民族教育发展的困难及建议。

3. 深化国有企业的改革,充分发挥主力军作用。

4. 我省税制改革运行中存在的问题与建议。

1996 年(省政协七届四次会议)

1. 云南中医事业发展中的问题与建议的提案

2. 关于加快小湾水电站建设,扭转我省供电被动局面的提案

1997 年(省政协七届五次会议)

1. 提案关于改善云南外商投资软环境的建议案

2. 关于加快云南城市化进程的建议案

1998 年(省政协八届一次会议)

1. 大力扶持我省民办高等职业教育的发展

2. 对离退休科技人力资源二次开发的建议

3. 对我省农村可持续发展的若干意见

4. 对当前昆明高新级宾馆饭店建设的忧虑和建议

1999 年(省政协八届二次会议)

1. 关于设立云南省小城镇发展指导委员会的提案

2. “十五”实施第二期“滇中现代化农业示范工程”的建议

3. 云南优质米产业化开发的建议

4. 面向 21 世纪,我省的高等教育必须大力发展

5. 重视启动与发展我省农村消费市场

2000 年(省政协八届三次会议)

1. 金沙江流域生态保护系列提案

(1)建立金沙江流域云南地区生态保护规划管理机构的建议

(2)加速建立森林生态经济评估体系和生态效益补偿机制的建议

(3)建立我省生态环境数据库地理信息系统和动态监测网络的建议

(4)有计划、分步骤地推进小流域治理

(5)对生态环境建设及治理项目实行监理制的建议

(6)开发替代能源从根本上解决流域内群众的燃料问题

2. 为适应入世形势,必须加强云南农村信息网络建设及信息服务工作

3. 加快小城镇建设做好城镇体系规划工作

4. 建设我省高校高质量教师队伍的意见和建议

5. 实施西部开发战略,加速研究修建滇缅铁路的工作

2001 年(省政协八届四次会议)

1. 关于"十五"期间开工建设马鹿塘、高桥、阿鸠田、雷打滩大中型水电站的建议

2. 营造良好的法制环境的基本措施系列提案

(1)制定吸引、鼓励和保护外来投资和省内民间投资的地方性法规和规章

(2)制定鼓励创立投资和高新技术成果转化的地方性法规和规章

(3)制定促进和振兴我省市场经济发展的地方性法规和规章

(4)加大执法力度,加强司法监督,确保法规的尊严

3. 改进职能部门对民办高校的管理模式

4. 落实现行政策,为发展云南民办高校提供强有力的措施保障

5. 简政放权,给民办学校有颁发学历证书的资格

6. 培育和完善城镇劳务市场,促进农村剩余劳动力的转移

7. 关于制定农村土地流转政策的提案

2002 年(省政协八届五次会议)

1. 关于有效推进云南企业的股份制改革的建议

2. 关于建设、规范发展云南的产权交易市场的提案

3. 关于探索发行云南地方政府市政债券、壮大企业债券市场的提案

4. 加速发展云南债券经营机构的思路

5. 对我省天然药用植物资源蕴藏量进行调查,制定合理的开发规划

6. 制定《云南省野生药材保护条例》,公布《云南省重点保护野生药材名录》

7. 完善新药审批制度,制定《云南省利用野生药材生产新药的准入规定》

8. 加大投资力度,推进现代生物技术在天然药物资源可持续发展中的应用

9. 支持云南农大“中草药栽培与鉴定”专业的申报工作

10. 关于完善民族文化知识产权保护的法规的提案

11. 关于加强民族文化产业的立法，制定符合市场经济发展规律要求的法规的提案

12. 加强民族文化产业开发规划立法的提案

13. 关于建立云南中医药管理局的提案

14. 进一步加强昆明城市绿化规划和实施管理，创建生态旅游城市

2003 年（省政协九届一次会议）

1. 尽快设立国家知识产权局昆明专利代办处的建议

2. 关于尽快设立我省专利事业发展资金的建议

3. 把专利战略的实施纳入全省经济社会发展战略的建议

4. 关于在职称评定中制定明确的专利政策导向的建议

5. 关于进一步做好退耕还林还草工作的建议

6. 退耕还林要与农村产业结构调整和农民增收相结合

7. 关于提高退耕还林的种苗补助费的建议

8. 履行好退耕还林后的土地变更手续，及时发放林权证

9. 关于组建畜牧食品安全厅的建议

10. 加大对畜牧业资金投入的建议

11. 建议适当增加贫困地区畜牧业科技人员编制

12. 用好“绿箱”政策，提高政府对农业的支持力度

2004 年（省政协九届二次会议）

1. 关于让老百姓吃上“放心肉”的建议（党派联合提案）

2. 关于进一步拓宽高等教育经费投入渠道的建议

3. 关于合理调整办学结构的建议

4. 以新思路解决“三农”问题的建议

5. 关于尽快制定《云南省生物安全条例》的建议

6. 加大国家投入,改善云南公路建设投资结构

7. 关于制定怒江流域的综合保护和发展规划的建议

8. 根据边境贸易人民币结算的特殊性,修改出口退税政策的建议

9. 关于在云南边境地区逐步取消人民币出入境政策限制的建议

10. 关于修改完善《云南省老年人权益保障条例》的建议

11. 关于制定老龄产业的扶持优惠政策的建议

12. 关于进一步理顺老龄工作机构、落实人员经费的建议

13. 关于充分发挥农业科技示范园作用促进农民增收的建议

14. 关于加大环境监测工作经费投入、人才培训等问题的建议

15. 关于积极推行合格评定制度的建议

16. 关于我省城市生活垃圾卫生填埋中渗滤液处理问题的对策建议

17. 关于加强政府职责,发展社区卫生服务的建议

2005 年(省政协九届三次会议)

1. 进一步加强耕地质量保护的建议

2. 关于大力发展循环经济减轻资源和环境压力的对策建议

3. 建立效益评估机制科学统筹九大高原湖泊主要环保工程投资的对策建议

4. 建立公众参与环保的促进机制的建议

5. 加强与南亚国家区域经济合作的对策建议

6. 关于预防控制血吸虫病流行的建议

7. 关于我省艾滋病病毒职业暴露防护的建议

8. 关于协调解决楚图南故居修缮经费的提案

2006 年(省政协九届四次会议)

1. 关于编制全省循环经济发展规划的建议

2. 充分发挥政府引导作用,切实推进我省循环经济发展的对策建议

3. 深化科技体制改革,发挥高校和科研院所在自主创新中的作用

4. 增强自主创新能力,建立和完善以企业为主的技术创新体制

5. 加快发展云南文化事业的建议

6. 加大抢救和保护我省非物质文化遗产力度的建议

7. 对我省企业职业技能人才培养的建议

8. 关于发展云南生物质能源的建议

2007 年(省政协九届五次会议)

1. 积极稳妥地发展云南生物能源产业的思路及对策建议

（大会发言）

2. 积极推进我省新农村建设中小康环保行动计划的对策建议

3. 进一步加大“两免一补”工作力度,扩大政策覆盖面的建议

4. 省市两级财政承担贫困县“两免一补”寄宿生生活补贴的建议

5. 加快中越红河航运通道合作开发建设的建议

6. 完善政策措施,提高我省转制科研院所的科技创新能力

7. 亟待建立西双版纳地区合理的生态补偿机制的建议

8. 云南省退耕还林现状及对策建议

9. 关于加快发展我省养老服务业的对策建议

10. 大力发展节本增效农业技术的建议

11. 发展云南林产业的建议

2008 年(省政协十届一次会议)

1. 关于构建城市社区为老服务网络体系的建议

2. 关于建立刑事被害人补偿机制的建议

3. 关于社会保险资金运营及监管的对策建议

4. 关于我省“新一轮工业企业倍增行动”的对策建议

5. 运用专利制度保护普洱茶发展的建议

6. 关于巩固我省退耕还林成果后续政策的建议

7. 关于省财政应安排退耕还林配套工作经费的建议

8. 关于提高退耕还林户生活补助费和种苗补助费的建议

2009年(省政协十届二次会议)

1. 关于我省高职院校毕业生就业的提案

2. 加强少数民族地区师资队伍建设的提案

3. 建立少数民族地区义务教育经费分担、管理监督机制的提案

4. 加大对云南省少数民族地区基础教育投入的提案

5. 提高我省企业科技创新能力的提案

6. 完善我省农民工社会保障的提案

7. 关于加强我省耕地保护与合理利用的提案

8. 加强云南矿产资源综合利用的提案

9. 关于加快对昆明市燃油汽车进行燃气/燃油两用改造的提案

10. 关于落实我省基层退耕还林机构及人员编制的提案

11. 进一步落实我省基层退耕还林工作经费的建议

12. 关于增加云南省自然保护区管理人员编制的提案

13. 关于调整与完善我省现行老年优待政策的提案

14. 加快推进我省农村以电代燃工程的提案

2010年(省政协十届三次会议)

1. 关于促进我省高校毕业生就业的提案

2. 关于制订我省执行《中等职业学校设置标准(试行)》的具体实施办法及农村中职教育财政拨款生均最低标准的提案

3. 关于落实中职学校教师待遇,鼓励优秀人才到农村中职学校任教的提案

4. 关于分步实施全省农村中职免费教育的提案

5. 云南省沼气池建设及利用的提案

6. 关于云南省森林资源非木材产业发展的提案

7. 关于东川再就业特区后五年税收优惠政策给予全额奖补的提案

8. 加快推行我省新型农村养老保险的提案

9. 云南省中医药人才培养的提案

10. 关于构建农村商品流通体系的提案

11. 应对气候变化——云南省发展低碳经济的对策建议

2011 年(省政协十届四次会议)

1. 政府应加大扶持力度,保障茶产业可持续发展的提案

2. 关于加快民营养老服务机构发展的建议

3. 关注天保工程区国有森工企业的生存和发展,巩固天保工程成果的提案

4. 关于改善云南高等教育经费支出结构的提案

5. 关于推动中东西部职业教育合作的提案

6. 进一步重视和加强博物馆在社会文化发展中作用的提案

7. 关于“十二五”时期我省优化投资结构的提案

8. “订单式”培养农村中西医结合医疗卫生人才的提案

9. 关于增加省级民主党派、工商联扶贫工作经费的提案

10. 关于加强我省高校招收外国留学生的提案

11. 关于积极向印度洋沿岸国家推广汉语,加强我省非通用小语种学习的提案

12. 促进我省能源结构低碳化转型的对策建议

2012 年(省政协十届五次会议)

1. 关于在实施桥头堡战略中推进对外开放的提案

2. 关于推进我省电子政务建设的提案

3. 关于继续推进云南边境地区基础教育改革与发展的提案

4. 尽快明确在州、市财政部门设立道路交通事故救助基金管理机构的提案

5. 实施“便利运输协定”应推动解决的几个重点问题的提案

6. 关于明确各部门实施“便利运输协定”职责的提案

7. 关于云南省教育立法应该突出地方特色的提案

8. 关于建立东南亚南亚文化艺术中心的提案

9. 关于举办面向东南亚、南亚科技成果展洽会的提案

10. 关于实施“云南省企业科技特派员行动计划”的提案

11. 关于建立科技成果信息发布与转移平台的提案

12. 关于加快培养“东南亚”和“南亚”通的提案

13. 关于推进滇桂合作的提案

14. 关于合理利用云南水资源的提案

15. 关于深化改良云南中低产田地的提案

16. 关于强化公共文化事业公益性的提案

17. 关于加强我省儿童白血病救治工作的提案

18. 关于推动民办社会工作机构在流动人口服务与管理方面发挥积极作用的提案

19. 关于加快推进流动人口基本公共服务均等化建设的

提案

20. 关于提高云南省野生动物肇事补偿标准的提案

21. 关于应迫切解决我省重点信息灾备问题的提案

2013 年(省政协十一届一次会议)

1. 关于完善教育财政投入机制、促进教育均衡发展的提案

2. 关于改革和完善我省高等教育少数民族优惠政策的提案

3. 关于解决失地农民若干问题的提案

4. 关于积极应对云南周边国际环境新变化对桥头堡建设的影响的提案

5. 关于保障云南旅游业健康发展的提案

6. 关于财政补贴小微企业社保费的提案

7. 关于加强地理标志产品工作的提案

8. 关于促进我省农村专业合作社发展的提案

9. 关于加强云南省农村实用技术培训的提案

10. 关于完善云南省公益林生态效应补偿机制的提案

11. 关于开展森林碳汇交易和补偿的提案

12. 关于在滇中产业新区建设中超前布局环境功能区划的提案

13. 关于推动普洱茶产业集群发展的提案

14. 关于加强金沙江下游梯级水电站税收征管的提案

15. 关于云南边境疟疾等输入性传染病防治的提案

16. 关于对城市垃圾进行科学化处理的提案

17. 关于建立劣质食品无公害处理设施的提案

18. 关于多方位打造广南地母文化旅游项目的提案

2014年(省政协十一届二次会议)

1. 关于创新金融服务,破解小微企业融资难题的提案

2. 关于提升创新能力,促进小微企业发展的提案

3. 关于开展云南省"人口、土地、空间"三维新型城镇化建设示范区试点工作的提案

4. 云南新型城镇化建设进程中应特别重视人口城镇化发展的提案

5. 开展"昆明建设为国家中心城市"规划的提案

6. 关于云南集体林权制度改革的提案

7. 关于加强婴幼儿疫苗管理的提案

8. 关于提请教育部门加强汉字书写建议的提案

9. 发展云南省低碳旅游对策建议

10. 关于实现我省水资源可持续利用的提案

11. 关于发展高原特色农业机械的提案

12. 整合我省财政支农与扶贫支出资金,提高资金的使用效益

13. 关于有序推进我省休闲农业与农业庄园建设的提案

14. 关于进一步完善我省灾害社会救助体系的提案

15. 推进我省农业类高职教育发展的提案

16. 云南高职教育专业设置应与区域经济相适应

17. 关于把握国家建设"一带一路"战略机遇,大力提升云南对外开放水平的提案

18. 关于加快推进云南水路通道建设的提案

2015 年(省政协十一届三次会议)

1. 关于提升我省与南亚各国教育合作水平的提案
2. 关于高等职业教育校企深度融合的提案
3. 关于完善我省“绿色学校”建设的提案
4. 关于解决农民市民化过程中随迁子女受教育问题的提案
5. 关于推进我省境外经济贸易合作区建设的提案
6. 关于强化市场主体监督管理的提案
7. 关于促进互联网金融创新发展的提案
8. 关于建立农业转移人口市民化成本分担机制的提案
9. 关于开展孟中印缅地区生物多样性保护合作的提案
10. 关于加强与东盟可再生能源合作开发的提案
11. 综合规划水利资源利用,科学推进我省水电开发的提案
12. 关于做好我省新一轮退耕还林工作的提案
13. 发挥社会工作在社会治理创新中作用的提案
14. 加强“单独两孩”生育新政前瞻性政策研究的提案
15. 发挥云南民族医药在构建“新农合”体系中作用的提案
16. 关于农村劳动力转移就业培训的提案
17. 关于培育新时期民族团结民间机制的提案
18. 关于加强和优化科研项目管理的提案

联合提案:

19. 关于充分发挥民主党派在我省协商民主建设中作用的提案

20. 关于建立“云南人民抗日战争纪念馆”的提案

2016 年(省政协十一届四次会议)

1. 关于推进瑞丽国家重点开发开放试验区建设的提案

2. 关于破解生态文明排头兵机制障碍的提案

3. 关于推动社会工作参与云南省边疆少数民族地区社区公共服务治理的提案

4. 关于改进我省科技项目经费管理有关问题的提案

5. 关于促进我省旅游改革与创新发展的提案

6. “十三五”期间科学规划云南省现代职业教育发展的提案

7. 关于促进我省跨境电子商务发展的提案

8. 关于我省民族传统村落文化遗产保护与开发的提案

9. 关于推动高原特色农业发展的提案

10. 云南省生态文明建设中推进企业环境责任的提案

11. 关于做好我省农村土地经营权转移后科技服务的提案

12. 关于治理我省矿区水土资源破坏的提案

13. 关于发挥昆明滇中城市经济圈“中央处理器”作用的提案

14. 关于切实加强高海拔地区林草地保护管理的提案

15. 关于尽快推进云南省现代学徒制建设的提案

16. “十三五”期间推进“多规合一”构建空间规划体系的提案

联合提案:

17. 充分发挥民主党派民主监督职能作用的提案

参考文献

[1]中国民主同盟云南省委员会编:《云南民盟大事记》(内部印刷),2013年5月。

[2]中国民主同盟云南省委员会编:《云南盟讯》(全套)(内刊)。

[3]中国民主同盟云南省委员会编:《云南民盟》(全套)(内刊)。

[4]中国民主同盟云南省委员会工作文件、会议记录(全套)(内部材料)。

[5]历届中国民主同盟云南省代表大会文件。

[6]中国民主同盟中央委员会编:《中国民主同盟七十年》,群言出版社,2011。

[7]中国民主同盟文史委员会编:《我与民盟》,群言出版社,1991。

[8]中国人民政治协商会议西南地区文史资料协作会

议编:《抗日民族统一战线在西南》,四川人民出版社,1990。

[9]闻黎明:《闻一多传》,人民出版社,1992。

[10]张维:《楚图南传》,云南教育出版社,1999。

[11]张维:《熊庆来传》,云南教育出版社,1992。

[12]苏双碧、王宏志:《吴晗传》,上海人民出版社,1998。

[13]刘烜:《闻一多评传》,北京大学出版社,1983。

[14]戴美政:《曾昭抡评传》,云南人民出版社,2010。

[15]许纪霖等:《近代中国知识分子的公共交往(1895—1949)》,上海人民出版社,2008。

[16]闻黎明:《美国对李公朴、闻一多被刺事件的反应与对策》,《汉江论坛》2006 年第 11 期。

[17]肖宪:《民盟与云南大学》,《云南大学校报》第 1062 期,2011 年 4 月 25 日。

跋

在《民盟历史文献》丛书付梓之际，掩卷回首，民盟先贤们的音容笑貌挥之不去，不绝如缕，久久难忘。在编辑此丛书的过程中，我们每每被他们为信仰、为理想奋斗的坚定精神所感召和感动。

人不能没有理想和信仰，一个民族也不能没有自己的理想和信仰。我们的先辈们，正是怀揣民族富强、人民福祉的赤诚之心，身先士卒、鞠躬尽瘁；凭借自身高尚的人文品格和社会良知，与中国共产党团结合作，为中国社会的前途和命运探索了一条新的宪政之路；和平、民主是人类社会的两大主题，也是中国共产党人和各民主党派所共同追求的理想。

如今，面对着他们的拳拳之心和丰功伟绩，我们感叹！赞叹！怀念！更要继承！

《民盟历史文献》在整个创作和出版过程中，得到了来自社会各界人士的关注和厚爱。我们要特别感谢为此丛书孜孜不倦地考证、核实、梳理、完善的各位专家、学者，是他们的认真严谨，才使此丛书能够客观地展现历史的真貌；更要特别感谢中共中央统战部与民盟中央给予我们的鼎力支持和重视，没有他们的指导和帮助，我们不可能完成如此厚重的出版工作任务；还要感谢各省、市、地区的民盟组织，为搜集、挖掘、抢救民盟的历史文献资料做出的不懈努力和贡献；感谢每一本书的作者，是他们的辛勤笔耕和一点一滴的忠实记录，才集成了民盟历史的全貌；感谢为此丛书付出辛劳的编辑以及所有工作人员，感谢你们辛勤的劳动和无私的奉献。

谨以此丛书献给所有伟大的民主革命先驱者；献给为共和国诞生抛洒了智慧和热血的先贤们；献给那一段筚路蓝缕、以启山林的峥嵘岁月。

《民盟历史文献》编委会